Die Weisheit und das Mitgefühl von Dilgo Khyentse Rimpoche haben uns zu diesem Buch angeregt. Mögen sie noch vielen Menschen Trost und Hilfe sein.

Dieses Buch wurde konzipiert von

MATTHIEU RICARD
OLIVIER & DANIELLE FÖLLMI
BENOIT NACCI

unter Mitarbeit von

SEINER HEILIGKEIT, DEM 14. DALAI-LAMA

MONISHA AHMED
MATTHEW AKESTER
PHILIPPE CORNU • JIGMÉ DOUCHE
MIREILLE HELFFER
DAVID JACKSON
CORNEILLE JEST • CLAUDE B. LEVENSON
FERNAND MEYER
JAMYANG NORBU • CLARA OSEL
JETSUN PEMA
FRANÇOISE POMMARET
JANET RIZVI • GALEN ROWELL
LOBSANG SANGYÉ
GENE SMITH

Buddhismus

Matthieu Ricard
Olivier und Danielle Föllmi

im Himalaya

KNESEBECK

Inhalt

Tod

Wiedergeburt

Schluss

Das riesige Gebirgsmassiv des Himalaya entstand, als sich der indische Subkontinent einst gegen die tibetische Hochebene schob und das »Dach der Welt« anhob. Der Buddhismus hingegen wurde in den heißen Ebenen Nordindiens geboren, von wo aus er seine Zuflucht im »Land des Schnees« fand, bevor er sich über die Karawanenstraßen weiter verbreitete. Der buddhistische Himalaya, die Festung, in der die mächtigsten Ströme Asiens entspringen, umfasst mehrere Länder: Tibet, Indien, Nepal und Bhutan. Seine Grenzen sind fast ausschließlich auf natürliche Weise definiert. Es ist das Land der Yaks, der Gerste und des salzigen Buttertees. Der Himalaya beherbergt eine Kultur, die seit zweitausend Jahren von den Lehren der spirituellen Meister geprägt wird, deren einziges Streben darin besteht, ein Erwachter zu werden wie Buddha.

Das Anliegen dieses Buches ist es, die unerschütterliche Kraft der Bewohner des buddhistischen Himalaya sichtbar zu machen – ihre Seele, Weisheit, Liebe und Schönheit, aber auch ihre Tragödie, Botschaft und Hoffnung. 21 Autoren aus sechs Ländern haben im Dienste eines unvergleichlichen Kulturerbes an diesem Buch mitgewirkt. Als Fachleute auf dem Gebiet der Spiritualität, der Wissenschaft, der Kunst und der Politik haben sie ihr Bestes gegeben, um mit dieser Textsammlung einen reichhaltigen Bilderbogen der tibetischen Kultur und ihrer einzigartigen Botschafter entstehen zu lassen, der Menschen des Himalaya.

Die Bedeutung des spirituellen Meisters

von Matthieu Ricard

Es ist eine ganz besondere Erfahrung, einem Menschen zu begegnen, der sich nicht nur darauf beschränkt, eine Lehre zu vermitteln, sondern der diese Lehre durch seine ganze Lebenseinstellung verwirklicht. Der Buddhismus hat eine Reihe solcher bemerkenswerter Männer und Frauen hervorgebracht, die uns als lebendes Beispiel der Vollkommenheit das wahre Sein vor Augen führen. Sie erinnern uns an die Worte des Buddha: »Ich habe euch den Weg gewiesen, nun ist es an euch, ihn zu beschreiten.«

Im Idealfall suchen sich diejenigen, denen die Begrenztheit des modernen Lebens bewusst geworden ist, einen spirituellen Meister und widmen sich dann in einem Kloster oder einer Einsiedelei ernsthaften Studien und der Meditation. Wenn sie in der Familie leben, meditieren sie in den langen Stunden der Muße, die das traditionelle Leben in den Bergregionen des Himalaya noch erlaubt. Nach langen Jahren der Übung erlangen einige von ihnen selbst die Fähigkeit, sich anderen Menschen anzunehmen, denn das Ziel eines jeden Schülers ist es, sich selbst zu verwandeln, um die Welt verwandeln zu können.

Im Verhältnis zwischen Meister und Schüler erwartet der Meister keine Gegenleistung für das, was er dem Schüler vermittelt. Es handelt sich hierbei um kein Herrschaftsverhältnis, wie man es in der heutigen Welt so oft antrifft. Der Meister nimmt sich des Schülers spontan und bereitwillig an, vergleichbar einem Ortskundigen, der dem Fremden den Weg weist. Er teilt seine Erfahrungen mit, wie man die Unwissenheit und die negativen Empfindungen überwinden kann. Aus seinem umfassenden Wissensschatz an spirituellen Methoden wählt er diejenigen aus, die für den Schüler jeweils am besten geeignet sind. Solche Fähigkeiten können nur aus einer tiefen inneren Vollendung entspringen. Von dieser Vollendung und dem damit verbundenen Wissen und Mitgefühl sind die schlichtesten Handlungen des Meisters ebenso durchdrungen wie die tiefsten Lehren. Die Begegnung mit einem solchen Menschen, wie selten sie auch sein mag, ist ein prägendes Erlebnis, das einen während des gesamten Lebens wie ein kostbarer Schatz begleitet.

Im tibetischen Buddhismus ist der Yoga des Meisters eine unverzichtbare Praxis. Der Ausdruck bedeutet wörtlich »Vereinigung mit der Natur des Meisters«, denn diese spirituelle Praxis gibt uns die Möglichkeit, unseren eigenen Geist mit dem erwachten Geist des Meisters zu verbinden. Streng genommen ist natürlich der spirituelle Meister schon eins mit der wahren Natur unseres Geistes, das heißt der Essenz der Buddhaschaft. Und doch gelangen wir nur dank des äußeren Meisters und seiner Lehren zur Erkenntnis des inneren Meisters, der die absolute Erleuchtung verkörpert. Khyentse Rimpoche, einer der bedeutendsten spirituellen Meister, erläuterte dies einmal: »Er ist das große Schiff, das die Wesen über den Ozean des Daseins trägt; er ist der Steuermann, der die Passagiere sicher in das Land der Befreiung bringt; er ist der Regenschauer, der die Stürme der Leidenschaft zum Schweigen bringt. Wie der helle Schein der Sonne und des Mondes zerreißt er die Finsternis der Unwissenheit; er ist das feste Land, das die Last des Guten und des Bösen gleichermaßen trägt. Wie Vater und Mutter liebt er alle Wesen gleichermaßen. Als ein großer Strom des Mitgefühls, als ein Berg, der sich über die irdischen Besorgnisse erhebt, unberührt von den Wallungen der Gefühle, ist er allen Buddhas gleich. Welche Beziehung wir auch immer zu dem Meister aufbauen, ihn zu sehen, seine Stimme zu hören, die Berührung seiner Hand zu fühlen sind Akte, die uns zur Befreiung führen. Völliges Vertrauen in ihn zu haben, ist der beste Weg zur Erleuchtung. Die Wärme seiner Weisheit und seines Mitgefühls zerbricht das taube Gestein, das unser Wesen umgibt, so dass das Gold der Buddhaschaft hervortritt.«

Dilgo Khyentse Rimpoche

Das Leben eines spirituellen Meisters von Matthieu Ricard

Dilgo Khyentse Rimpoche ist das Urbild eines spirituellen Führers. Dieser Meister aller Meister war einer der Lehrer des 14. Dalai-Lama. Seine innere Reise hatte ihn in einzigartige Wissenstiefen geführt. Allen, die ihm begegneten, offenbarte er sich als Quelle der Liebe, der Weisheit und des Mitgefühls. Er strahlte eine wissende, unbestechliche Güte aus, die einen dazu zwang, sich selbst vorbehaltlos und mit offenem Blick anzusehen. Denn Strenge und Ehrlichkeit gegenüber der eigenen Person sind für eine wirkliche innere Verwandlung unerlässlich.

Dilgo Khyentse Rimpoche wurde 1910 in Osttibet geboren. Schon in seiner frühesten Jugend trat der Wunsch zutage, sich einem spirituellen Leben zu widmen. Über seinen wichtigsten Meister Shechen Gyaltsap schrieb er: »Bei seinen philosophischen Unterweisungen war ich oft von der Erhabenheit seines Ausdrucks und seines Blicks beeindruckt. Ich glaubte, den großen Padmasambhava selbst vor mir zu haben. Wenn er mit dem Finger auf mich wies und fragte: ›Was ist die Natur des Geistes?‹, dann dachte ich voller Verehrung: ›Das ist wirklich ein großer Yogi, der die Absolutheit des Wirklichen zu sehen vermag!‹ Und ich begann allmählich zu begreifen, wie man meditiert.«

Nach dem Tod seines Meisters verbrachte Khyentse Rimpoche, gerade erst 15 Jahre alt, die nächsten 13 Jahre überwiegend in stiller Abgeschiedenheit. In Höhlen und Einsiedeleien, auf den steilen Hängen der waldigen Hügel seines heimatlichen Denkhok-Tals meditierte er unermüdlich über die Liebe, das Mitgefühl und den Wunsch, alle Wesen zur Erleuchtung und Erlösung zu führen. Nach dem Ende seiner ersten Rückzugsperiode blieb Khyentse Rimpoche mehrere Jahre bei seinem zweiten großen Meister, Khyentse Chökyi Lodrö. Eines Tages vertraute er ihm an, dass er den Rest seines Lebens in einsamer Zurückgezogenheit verbringen wolle. Aber Chökyi Lodrö gab ihm eine klare Antwort: »Dein Geist und mein Geist sind wesensgleich. Jetzt ist der Augenblick gekommen, um anderen Menschen die Lehren weiterzugeben, die du empfangen hast.« Von diesem Tag an wirkte Khyentse Rimpoche unermüdlich zum Wohle der Menschheit.

Ein intimes Porträt des Dalai-Lama

von Matthieu Ricard

Zu Füßen der mächtigen, noch dunklen Gipfel des Himalaya schlummert friedlich der Ort Dharamsala. Auf einem bewaldeten Hügel flammen einige schwache Lichter auf. Es ist halb vier Uhr morgens. Der Tag des Dalai-Lama beginnt mit Gebet und Meditation. Das geistliche und weltliche Oberhaupt des tibetischen Volkes meditiert jeden Morgen vier Stunden, wo auch immer es sich befindet. Es ist vor allem ein tiefes Gebet für das Wohlergehen aller Lebewesen.

Der Raum ist schlicht eingerichtet: Holzvertäfelung, nichts von dem reichen Schmuck, wie er in tibetischen Tempeln üblich ist. Auf dem kleinen Altar des Dalai-Lama befinden sich eine Buddha-Statue, Bilder seiner spirituellen Meister und heilige Texte. Um sechs Uhr nimmt er mit gutem Appetit sein Frühstück ein, denn wie alle buddhistischen Mönche isst er abends nicht. Dabei hört er die Nachrichten des englischen Senders BBC. Danach meditiert er wiederum bis acht oder neun Uhr. Der Dalai-Lama hält dieses Schema unbeirrbar ein, denn hieraus schöpft er die Kraft, die er für seinen unermüdlichen Einsatz für Tibet braucht. Als ihm 1989 der Friedensnobelpreis verliehen wurde, eilten die Journalisten schon in aller Frühe herbei, um seine ersten Reaktionen zu hören. Aber der liebenswürdige Mönch, der dem Dalai-Lama seit dreißig Jahren treu als Privatsekretär zur Seite steht, vertröstete sie mit den Worten: »Er hat die Neuigkeit noch nicht vernommen. Wir stören ihn niemals im Gebet.«

»Wenn Besucher kommen«, berichtet der Dalai-Lama, »gehe ich um neun Uhr in mein Büro. Andernfalls widme ich mich den heiligen Schriften. Ich rufe mir die Texte wieder in Erinnerung, die ich einst studiert habe, und vertiefe mich in die Kommentare der großen Meister verschiedener Schulen des tibetischen Buddhismus. Dann meditiere ich ein wenig über diese Lehren. Um 14 Uhr gibt es Mittagessen. Bis 17 Uhr erledige ich dann die aktuellen Geschäfte. Ich empfange die gewählten Vertreter des tibetischen Volkes, Minister und Beamte der Exilregierung und andere Besucher. Um 18 Uhr trinke ich Tee. Wenn ich Hunger habe, bitte ich den Buddha um Erlaubnis und knabbere ein wenig Gebäck. Dann spreche ich meine Abendgebete, und um neun Uhr abends gehe ich zu Bett. Das ist der angenehmste Augenblick des Tages! Dann schlafe ich ruhig bis halb vier Uhr morgens.«

Besonders schmerzlich für den Dalai-Lama sind die Begegnungen mit den vielen Besuchern aus Tibet. Um ihn wenigstens einmal in seinem Leben zu sehen, überquerte Tenzin mit seiner Frau und den beiden Kindern über fünftausend Meter hohe verschneite Pässe. Dabei mussten sie sich vor den chinesischen Grenzposten hüten, weil es den Tibetern verboten ist, nach Indien zu reisen. Einigen Begleitern Tenzins mussten erfrorene Zehen amputiert werden. Als sie endlich angekommen waren, ließen sie ihren Tränen freien Lauf. Nur mit Mühe konnten sie dem Dalai-Lama antworten, der sich mit seiner warmherzigen Stimme nach ihrer persönlichen Odyssee und der Lage in Tibet erkundigte. Den Mönch Gedun, der zwanzig Jahre inhaftiert war und viele Male gefoltert wurde, fragte er einmal: »Hattest du jemals Angst?« Und dieser antwortete ihm mit gesenktem Kopf: »Meine größte Angst war es, Hass gegenüber meinen Peinigern zu empfinden.«

Der Sitz des Dalai-Lama liegt hoch über den Ebenen Indiens, die sich unendlich weit unter seinen Fenstern erstrecken. Im Norden erinnern einige stolze Gipfel daran, dass Tibet in Luftlinie nur hundert Kilometer entfernt ist – so nah, und doch so fern. Der Ort zeichnet sich durch eine gedämpfte Atmosphäre und eine wohltuende Ruhe aus. Es wird mit leiser Stimme gesprochen, weil man weiß, wie eitel nutzlose Worte sind, wie unwiederbringlich die kostbare Zeit verstreicht. Jede Geste, jedes Wort sind wohl überlegt. Diese Stille wird nur vom ebenso herzlichen wie beeindruckenden Lachen des *Kundun* unterbrochen, der Gegenwart, wie die Tibeter den Dalai-Lama voll liebevoller Achtung nennen. Er ist niemals abwesend, wenn man vor ihm steht, und immer gegenwärtig, wenn man fern von ihm ist. Manchmal weicht dieses fröhliche Lachen einem stillen Lächeln, wenn der Dalai-Lama für einige Wochen oder einen Monat in Klausur geht: Seine einzigen Worte sind dann Gebete, und er kommuniziert nur mit Hilfe von Gesten.

Doch nicht immer verläuft der Tag des Dalai-Lama so beschaulich und ruhig. Für mehrere Monate im Jahr ist dieser Rhythmus unterbrochen, denn er gibt in Indien oder im Ausland Unterweisungen, zu denen oft Hunderttausende kommen. Die Notwendigkeit, den Erwartungen so vieler Menschen entgegenzukommen und die Sache Tibets zu vertreten, das unter dem totalitären Joch des kommunistischen China leidet, spornt diesen unermüdlichen Pilger des Friedens zu einer Aktivität an, die ihm oft nur wenige Minuten der Ruhe lässt. Aber trotzdem verliert der *Kundun* niemals seine Heiterkeit und Aufrichtigkeit. Für jeden Menschen, dem er auf seinen vielen Reisen begegnet, ist er ganz unmittelbar da, und für jeden hat er einen Blick voller Güte, der einem ins Herz dringt.

Doch seine Güte bedeutet niemals Schwäche. Wenn sich die Gelegenheit dazu ergibt, zeigt sich plötzlich der wortgewaltige Redner. Vor der Anwaltschaft von Paris, die ihm einen herzlichen Empfang bereitete, erklärte er: »Mein Kampf für das tibetische Volk ist kein Kampf, bei dem es Sieger und Besiegte gibt oder, wie es so oft der Fall ist, zwei Besiegte; worum ich mich mit all meinen Kräften bemühe, ist der Sieg der Wahrheit.« Dies schließt wiederum Humor und Demut nicht aus. Wie oft habe ich es erlebt, dass der Dalai-Lama, nachdem er sich von einem Staatsmann oder Minister verabschiedet hatte, dem Pförtner in der Loge die Hand drückte oder dem stramm stehenden Gardesoldaten in seiner prächtigen Uniform schalkhaft auf die Schulter klopfte, dem die Verblüffung darüber ins Gesicht geschrieben stand, dass ihn jemand einfach als Mensch behandelte.

Seine Botschaft ist immer dieselbe, und er wiederholt sie für jeden, der sie hören will: »Jeder Mensch, auch derjenige, der mir feindlich gesinnt ist, ist für mich ein Lebewesen, das das Leid meidet und das Glück sucht. Und er hat ein Recht darauf, von allem Leid verschont zu bleiben und das Glück zu genießen. Aus dieser Überlegung ergibt sich, dass uns das Glück anderer Menschen, unserer Freunde wie unserer Feinde, unbedingt am Herzen liegen muss. Dies ist die Grundlage eines echten Mitgefühls.« Die unerklärliche Macht des Mitgefühls wird besonders bei zufälligen Begegnungen deutlich. Ich erinnere mich an einen Abend nach einer Veranstaltung mit Studenten der Universität Bordeaux. Der Dalai-Lama bahnte sich einen Weg durch die Menschen, die im Hörsaal keinen Platz mehr gefunden hatten. Ein älteres Ehepaar sah etwas abseits des Gedränges zu, der Mann stand hinter seiner gebrechlichen Frau, die im Rollstuhl saß. Der stets wache Blick des Dalai-Lama fiel sogleich auf die beiden; spontan eilte er mitten durch die Menge auf sie zu. Er nahm die Hände der alten Frau in die seinen und sah sie lächelnd an. Nach einigen Augenblicken, die wie eine Ewigkeit schienen, sagte der Mann zu seiner Frau: »Siehst du, das ist ein heiliger Mann.«

Als man den Dalai-Lama einmal fragte, warum ihm überall auf der Welt eine so große Sympathie entgegenschlägt, sagte er: »An mir ist nichts Besonderes. Vielleicht liegt es daran, dass ich mein Leben lang mit der ganzen Kraft meines Geistes über Liebe und Mitgefühl meditiert habe.«

Der Wert des Daseins

von Matthieu Ricard

Im Buddhismus sind alle Lebewesen wertvoll. Dies hat einen einfachen Grund: Jedes von ihnen trägt ein unschätzbares Potenzial in sich, nämlich die Möglichkeit, in seinem jetzigen oder künftigen Leben die Vollkommenheit der Erleuchtung zu erlangen, den Buddha-Zustand. Natürlich kann dieses Potenzial verborgen sein, etwa im Morast der Unwissenheit, im Panzer des Egoismus oder in den Flammen des Hasses und anderer Seelengifte – aber es ist in jedem Lebewesen vorhanden, so wie der kleinste Sesamsamen mit Öl getränkt ist.

Die Unwissenheit besteht darin, dass man sich dieser Tatsache nicht bewusst ist. Wir gehen durch die Welt wie ein Bettler, der nicht weiß, dass unter seiner Hütte ein Krug mit Goldmünzen vergraben ist. Doch den buddhistischen Weg einzuschlagen heißt, zum eigenen Wohl und dem der anderen diesen vergessenen Schatz wieder in Besitz zu nehmen. Auch wenn das Potenzial oft nicht wahrgenommen wird, verleiht es dem Dasein einen unvergleichlichen Wert. Ohne diesen Schatz würde man sich umsonst bemühen, die Vollkommenheit zu erlangen. Aus Golderz lässt sich mit entsprechendem Aufwand ein Goldkörnchen gewinnen, aber es wäre vergebliche Mühe, ein Stück Kohle zu waschen: Niemals würde man in ihm etwas Weißes entdecken, weil es in seiner Natur einfach nicht vorhanden ist.

Der Schleier der Unwissenheit ist je nach Lebewesen unterschiedlich dicht. Nehmen wir etwa die Tiere: Durch den Grad ihrer Unwissenheit (in dem Sinne, wie wir Menschen dies verstehen) und ihre beschränkte Fähigkeit zur Kommunikation, die ihnen die Überwindung jener Unwissenheit erlauben würde, ist für sie die Verwirklichung des Erweckungspotenzials auf ein späteres Dasein aufgeschoben.

Betrachtet man die Vielfalt der Arten, die die Welt bevölkern, wird deutlich, wie selten und kostbar unsere Existenz ist. Der Mensch befindet sich in einer einzigartigen Verfassung, die einem Festmahl gleichkommt, das nicht alle Tage begangen wird – ein Privileg, dessen man sich nur in einer einzigen Daseinsform unter unzähligen anderen erfreuen kann.

Der große tibetische Meister Khyentse Rimpoche sagte einmal: »Wenn wir unsere Chance nicht nutzen, dann sind wir wie der Bettler, der einen Edelstein findet, ihn einen Augenblick lang in seiner Hand hält und wieder in den Staub wirft, weil er ihn für Tand hält. Aber es gibt noch Schlimmeres«, fährt der Meister fort. »Der Gipfel der Verwirrtheit ist es, wenn man im vollen Bewusstsein des Wertes der menschlichen Existenz diese in Zerstreuungen und in der Verfolgung eitler Ziele vergeudet. Umsonst hat der Reisende dann mit unendlichen Mühen die Meere durchquert, wenn er von der Schatzinsel mit leeren Händen heimkehrt.«

Sich des Wertes der menschlichen Existenz bewusst zu sein, heißt jener Bettler zu sein, dem plötzlich klar wird, dass er keine Glasperle in der Hand hält, sondern einen Diamanten, und der dann spontan beschließt, ihn für die Erlangung edler Ziele zu nutzen. Denn wenn der Mensch durch die Kraft seiner Intelligenz fähig ist, unendlich viel Böses zu verursachen, dann ist er ebenso fähig, unendlich viel Gutes zu bewirken. Das Juwel unseres menschlichen Daseins kann unsere kühnsten Hoffnungen in Erfüllung gehen lassen: Wir brauchen nichts weiter zu tun, als nach der Erleuchtung zu streben, nach Wahrheit, Liebe und Mitgefühl, statt uns der Selbstsucht, dem Hass und der Verblendung anheimzugeben.

Die Erleuchtung des Buddha

von Matthieu Ricard

Der Buddha steht für die Möglichkeit der Erleuchtung. Er ist der Inbegriff dessen, was wir werden können, der Kulminationspunkt der inneren Verwandlung. Er ist »kein Heiliger, kein Prophet, kein Gott – er ist der Erwachte.« Wenn er der Welt entsagte, dann nicht deshalb, weil ihm das Leben als Sohn eines Fürsten nicht glanzvoll genug war, weil seine Ambitionen gescheitert oder ihm Vergnügungen vorenthalten worden wären. Er verzichtete keineswegs auf das, was das menschliche Leben an wahrhaft Gutem zu bieten hat, sondern er versuchte, das Leid der Welt zu überwinden.

Siddhārtha Gautama wurde vor rund 2500 Jahren in der Nähe des Dorfes Lumbini bei Kapilavastu im Süden des heutigen Nepal geboren (die Angaben schwanken von 569 bis 451 v. Chr.). Er war der Sohn des Königs der Shākyas, Suddhodana, und seiner Gemahlin Māyādevi.

Bei seiner Namensgebung sagten acht Brahmanen dem Knaben Siddhārtha voraus, dass er entweder ein Weiser werden würde, der die Welt erleuchtet, oder aber ein mächtiger *rājā*. Diese Prophezeiung veranlasste den König, der Siddhārtha zu seinem Nachfolger erkoren hatte, dem Prinzen jegliche Annehmlichkeiten zu verschaffen und alles Leid von ihm fernzuhalten. Aber es war vergebliche Mühe – wie so viele Utopien von Menschen, die das Glück dort suchen, wo es nicht zu finden ist.

Siddhārtha verbrachte eine freudvolle Jugend mit allem Luxus, den ein Leben am Königshof zu bieten hatte. Doch eine Vision genügte, um ihn auf all dies verzichten zu lassen: Es waren die Begegnungen mit einem Greis, einem Kranken, einem Toten und einem Eremiten. Ist dies nicht eine treffende Zusammenfassung des *samsāra*, des Kreislaufs der ewigen Wiedergeburten, und des Weges, der aus ihm hinausführt? Denn Geburt, Alter, Krankheit und Tod sind die vier großen Ströme des menschlichen Leidens. Der Eitelkeiten am Hof überdrüssig und im Bewusstsein, dass jeder Augenblick, der vergeht, ein Stückchen unseres Lebens nimmt, fällte Siddhārtha die Entscheidung, das Reich der Welt gegen jenes der Erkenntnis einzutauschen. Er verzichtete nicht etwa auf den Reichtum, um sich des Glücks zu berauben, sondern um es zu gewinnen. Die Seligkeit, in die er erleuchtet eintauchte, ist jenseits allen Leidens, weil sie seine Wurzeln aufhebt.

So verließ er den schlafenden Palast um Mitternacht. Denn seine Umgebung hätte den gewaltigen Plan nicht verstanden, der ihn beseelte. Man hätte versucht, ihn mit allerlei nichtigen Begründungen zurückzuhalten. Er musste also heimlich gehen. Die einzige Möglichkeit, den rastlosen Geschäftigkeiten der Welt zu entfliehen, bestand darin, sie »wie Auswurf im Staub« zurückzulassen. Der Prinz floh in die Wälder. Am Morgen schor er sich das Haupthaar und schloss sich einigen Wanderpredigern an. Dann suchte er zwei der größten Meister seiner Zeit auf. Ihre Lehren nahm er rasch auf, aber sie befriedigten ihn nicht, weil sie nicht die Grundursachen des Leidens betrachteten.

So wurde Siddhārtha Gautama Asket. Sechs Jahre lang unterwarf er sich Kasteiungen, bis ihm bewusst wurde, dass auch extreme Askese nicht der wahre Weg sein kann: Man muss vielmehr den Geist begreifen und bezwingen, nicht den Körper. Er setzte sich über die Enttäuschung seiner fünf Begleiter hinweg und begab sich an einen Ort, der heute Bodh-Gayā heißt. Unter einem Feigenbaum sitzend, beschloss er, sich nicht wieder zu erheben, ehe er nicht die vollkommene Erleuchtung erlangt hätte. Weil diese Nacht der Höhepunkt einer langen Suche war, die sich über viele Leben hingezogen hatte, ist sie eine der bedeutendsten in der Geschichte der Menschheit, der erhabene Augenblick, in dem sich die reife Frucht schließlich vom Baum löste.

Im Verlauf der drei Nachtwachen befreite sich Gautama von den letzten Fesseln *māras*, den Zuckungen der Selbstsucht. Er erkannte, dass die Unwissenheit von der Vergänglichkeit, die den Menschen an seinem Dasein festhalten lässt, auch die Wurzel des Leidens ist. So erreichte er die letzten Stufen der Versenkung in die absolute Wahrheit. Nichts existiert aus sich selbst: Es gibt nur den dynamischen Strom des bedingten Entstehens, dem kein Eigensein zukommt. Form ist Leerheit, Leerheit ist Form. »Ich habe«, verkündete er, »eine tiefe, gelassene, leuchtende, nicht geschaffene und von den Konstrukten des Denkens freie Wahrheit gefunden, die einem Nektar der Unsterblichkeit gleicht«. Am Morgen hatte er an jenem Ort, der seither *vajrayāna* genannt wird, der Diamantenthron, alles erhellt, was es zu erhellen gab, alles geklärt, was es zu klären gab. Es blieb nichts weiter zu tun als das zu betrachten, »an dem es nichts zu sehen gibt«, ohne Anstrengung in der Nichtdualität des Erwachens zu ruhen, jenseits der Begriffe von Subjekt und Objekt.

Er glaubte zunächst, dass diese tiefe Wahrheit denjenigen nicht vermittelt werden könne, die in der Welt der Täuschung befangen sind. Sieben Wochen lang verharrte er in der Versenkung des *samādhi*. Dann aber fügte er sich der an ihn gerichteten Forderung, »das Rad der Lehre anzudrehen«. Im Wildpark von Sārnāth bei Benares begegnete er den ehemals mit ihm befreundeten Asketen wieder. Von seiner Erscheinung tief beeindruckt, wurde ihnen klar, dass sie nun den Buddha vor sich hatten, den Erwachten. Vor ihnen hielt er seine erste Lehrrede von den Vier Edlen Wahrheiten: von einem dem Leiden unterworfenen Leben, von der Ursache der Leidensentstehung, von der Beseitigung dieser Ursache und schließlich vom erlösenden Pfad, der zur endgültigen Aufhebung des Leidens führt. So wurde der Buddha zum spirituellen Führer. Seine Lehre, der *dharma*, war fortan der Weg zur reinen Lehre, und alle, die ihm anhingen, seine Weggefährten. Diejenigen, die vom unaufhörlichen Kreislauf des *samsāra* erschöpft waren, fanden hier eine Pforte, die sie durchschreiten, ein Feld, das sie bestellen konnten, ein Schiff, das sie an die Gestade der Befreiung trug.

Bis zum Alter von achtzig Jahren gab der Buddha Unterweisungen, jedem nach seinen Fähigkeiten. Als der Zeitpunkt des Todes gekommen war, hielt er seine höchste Lehrrede vom großen vollständigen Verlöschen. Im nordindischen Kushinagara verließ er seinen Leib und ging in den Frieden des *mahaparinirvāna* ein. Die schlichte Tatsache zeigt, dass die Erleuchtung nicht unerreichbar ist. Die Buddhaschaft ist in jedem Menschen veranlagt.

Jenseits des Leidens

Die Vier Edlen Wahrheiten von Matthieu Ricard

Der Buddhismus ist im Grunde die Lehre und das Wissen von der Erleuchtung. Sein Ziel ist es, das Leiden und seine Ursache, die Unwissenheit, zu überwinden. Die Voraussetzung dafür ist ein Verständnis der grundlegenden Natur unseres Geistes sowie der Erscheinungswelt. Darüber hinaus muss man das Potenzial zur Vollendung erkennen, das in jedem Menschen angelegt ist.

Ausgangspunkt der Lehre ist die im Wildpark bei Benares verkündete Predigt Buddhas von den Vier Edlen Wahrheiten. Die erste Rede handelt von der Wahrheit des Leidens. Damit ist aber nicht nur die offenkundige alltägliche Leidenserfahrung gemeint, sondern auch das subtile Leiden an der Veränderung: das vermeintliche Glück, das sich bald in Qual verwandelt, und ein noch untergründigeres Leiden, das jeden heimsucht, dessen Unwissenheit noch nicht beseitigt wurde.

Die Unwissenheit ist letztlich die Grundursache des Übels, jene Verblendung, die uns das Dasein als substanzielle Wirklichkeit vorgaukelt. Die Unterscheidung zwischen uns selbst und dem anderen führt zu Gier nach Besitz und Macht, zu Stolz, Eifersucht und vielen anderen Regungen, die unser Glück zerstören und unsere Existenz und die der anderen ruinieren. Die zweite Wahrheit ist also die Erkenntnis der Ursache des Leidens. Diese mentalen Gifte können jedoch beseitigt werden, da sie das Ergebnis von Ursachen sind, die überwindbar sind. Eine Aufhebung des Leidens ist also möglich – und darin besteht die dritte Wahrheit. Die vierte Wahrheit handelt vom Pfad der Erkenntnis, der zur endgültigen Überwindung des Leidens führt. Dieser Heilsweg ist ein achtfacher Verwandlungsprozess, bei dem alle Verfahren eingesetzt werden, die letztlich die Grundursachen des Übels beseitigen.

Die Vier Edlen Wahrheiten sind die erste Stufe des Rades der Existenzweisen. Doch Buddha lehrte auf verschiedenen Ebenen. Je nach den Fähigkeiten der Zuhörer setzte er die Sprache der relativen oder der absoluten Wahrheit ein. Den einen führte er die Unvollkommenheit der gewöhnlichen Welt vor Augen, den anderen legte er die Vollkommenheit dar, die die Grundnatur der Erscheinungen ist. Den einen erläuterte er die Leere, den anderen das unendliche Mitleid, das deren Essenz ist. Er zeigte, dass jedes Wesen das Potenzial in sich trägt, die Buddhaschaft zu erlangen. Er wies den Weg, den jeder beschreiten kann, um dieses innere Potenzial zum Leben zu erwecken.

Der Kern des Buddhismus besteht in der Verbindung von Weisheit und Mitgefühl. Die Weisheit erlaubt es uns, unsere Wesensnatur zu erkennen, und das Mitgefühl lässt uns begreifen, dass das Glück und das Leid anderer wichtiger sind als unser eigenes. Doch die Lehre Buddhas ist keine Spielwiese für den Intellekt: Sie hat nur insoweit einen Wert, als sie praktiziert wird. Der Buddhismus ist der Weg zur Wahrheit. Er lässt uns die Mechanismen von Glück und Leid erkennen und offenbart uns, wie wir uns von negativen Emotionen befreien und eine unvergängliche innere Freude erleben können.

Bodh-Gayā

Der Diamantenthron Indiens von Matthieu Ricard

Fast 2500 Jahre nach der Erleuchtung des Siddhārta Gautama unter dem Bodhi-Baum, einige Zeit vor der Jahrtausendwende, versammelten sich Zehntausende von Menschen, allein zweitausend aus dem Westen, in Bodh-Gayā, um einer Unterweisung über das Mitleid beizuwohnen, die der 14. Dalai-Lama gab, das geistliche Oberhaupt des »Schneelandes«. Über eine Woche lang sprach er täglich fünf Stunden über eines der schönsten Gedichte der altruistischen Liebe, den *Pfad der Erkenntnis*, verfasst von Shāntideva, einem großen Meister des siebten Jahrhunderts.

Fern aller leidenschaftlichen Rhetorik brachte der Dalai-Lama seinen Zuhörern eine gelassene und tiefe Philosophie nahe, die zeigt, wie man ein besserer Mensch werden kann. Immer wieder gab er praktische Ratschläge und Kostproben seines unerschütterlichen Humors. Seine Lehre ist stets durchdrungen von Vernunft und Pragmatismus. Aber gerade weil die einfachen Dinge, über die er redet, die Frucht seiner unmittelbaren Erfahrung und einer lebenslangen spirituellen Praxis sind, klingen sie niemals banal. Wenn er beispielsweise erklärt, dass die Güte des Herzens die kostbarste Eigenschaft ist, die man entwickeln könne, dann ist diese Aussage kein Gemeinplatz, da er selbst eine grenzenlose Güte verströmt.

»Möge ich der Hüter sein der Verlassenen,
Der Führer der Wandernden,
Und das Boot, die Straße, die Brücke,
Für die, die hinüber wollen an das andere Ufer,
Möge ich das Licht sein für die, die des Lichts bedürfen,
Das Bett für die, die eines Betts bedürfen,
Und der Knecht für die, die eines Knechts bedürfen.«

Wenn diese Verse Shāntidevas den Dalai-Lama zu Tränen rühren, dann hält er einen Augenblick inne und wartet, bis er wieder Worte findet. Eine solch gelassene Äußerung von Gefühlen ist niemals eine berechnende Zurschaustellung. Manchmal illustriert er eine Aussage mit Anekdoten, oder es fällt ihm etwas Ungewöhnliches in der Menge auf, und er bricht mit seiner sonoren Stimme in ein plötzliches Lachen aus – Ausdruck der Freiheit eines Menschen, dem alle Sorgen dieser Welt nichts mehr anhaben können. Am Ende einer jeden Unterweisung rezitiert er jeweils einen Vers:

»Solange der Raum währt,
Solange es Wesen gibt,
Möge es auch mich geben,
Um das Leiden der Welt zu lindern.«

Heute umschreiten vom frühen Morgen bis zum Anbruch der Nacht Tausende von Pilgern den Bodhi-Baum und den großen Tempel, der hinter ihm errichtet wurde. Mit diesem Gelöbnis im Herzen murmeln sie *mantras*, lassen ihre Rosenkränze durch die Finger gleiten, rezitieren die heiligen Worte des Buddha und preisen seine Weisheit. Bergbewohner, die aus den fernen Hochebenen des Himalaya herabgestiegen sind und noch in Kleider aus Fellen und dichter Wolle gehüllt sind, treffen hier auf Gläubige aus Sri Lanka in makellos weißer Baumwolle, thailändische Mönche in safrangelben Gewändern, chinesische Nonnen in blauer Tracht, schwarz gewandete Japaner und unterschiedlichst gekleidete Menschen aus dem Westen. Im Schatten der Bäume sitzen ältere Mönche, die ohne Unterlass ihre Gebetsmühlen drehen.

Hunderte von Pilgern, meist aus Tibet, werfen sich vor dem Tempel nieder. Sie beten keinen Gott an, sondern bringen damit ihre Verehrung gegenüber der höchsten Weisheit des Buddha zum Ausdruck. Zwei- bis dreitausend Mal knien sie täglich nieder, um den Leib, das Wort und den Geist des Erleuchteten zu preisen. Sie beten, damit ihr eigener Leib, ihre eigenen Worte und ihr eigener Geist von allen Verdunkelungen befreit werden. Denn der Feind ist die Unwissenheit, das Schlachtfeld ist *samsāra* – der Kreislauf der Existenzen –, und das Ziel ist die Überwindung des Leidens.

Es heißt, dass nicht nur der Buddha Shākyamuni, sondern auch die 1002 Buddhas jener Zeit an diesem Ort die Erleuchtung erlangt haben. Der indische Dichter Ashvaghosha, einer der vier großen buddhistischen Weisen, bezeichnete Bodh-Gayā, das ihm in diesem dunklen Zeitalter wie die Hängenden Gärten erschienen sein muss, fortan als den »Nabel der Welt«.

König Ashoka soll im dritten Jahrhundert v. Chr. am Bodhi-Baum das erste Monument zum Gedächtnis der Erleuchtung des Buddha errichtet haben. Den ausführlichen Berichten des berühmten chinesischen Pilgers und Gelehrten Hsüan-tsang zufolge wurde dort im siebten Jahrhundert ein größeres Gebäude errichtet. Zudem berichtet er von der Entstehung einer Gemeinschaft von mehreren Tausend Mönchen. Doch als muslimische Invasionswellen im zwölften Jahrhundert den Buddhismus von indischem Boden vertrieben, wurde auch dieses Gebäude zerstört. Im 14. Jahrhundert stellten die Könige Birmas den großen Tempel wieder her. Aber er verfiel im Lauf der Zeit. Von Wind und Überschwemmungen verfrachteter Sand bedeckte ihn, bis ihn im 19. Jahrhundert das Königreich Birma und ein entschlossener Engländer namens Alexander Cunningham in seiner heutigen Form neu entstehen ließen.

Vor dreißig Jahren kamen noch wenige Pilger nach Bodh-Gayā, damals ein stiller Ort inmitten der schönen Landschaft des indischen Bundesstaats Bihar. Und noch heute ist es trotz der vielen Besucher von einem unbeschreiblichen Frieden erfüllt, ganz im Gegensatz zum lärmenden Treiben der Nachbarstadt Gayā. Über zwanzig Klöster aus verschiedenen buddhistischen Ländern entstanden nur wenige Kilometer vom Hauptmonument entfernt; sie nehmen heute die Pilger auf, die in immer größerer Zahl herbeiströmen.

Als der Dalai-Lama 1985 die Einführung in das Tantra des Rades der Zeit (*kālachakra*-Tantra) verkündete, kamen mehr als 200 000 Gläubige, um an dieser Unterweisung teilzunehmen, darunter die wichtigsten spirituellen Meister der verschiedenen Schulen des tibetischen Buddhismus. Auch Tausende Bewohner Tibets nahmen es auf sich, dorthin zu reisen. Auf den hohen verschneiten Gebirgspässen mussten sie die chinesischen Grenzposten überlisten, um für einige Wochen der unerbittlichen Unterdrückung durch das kommunistische Regime zu entgehen. Einige von ihnen mussten diese gefährliche Unternehmung mit ihrem Leben bezahlen.

Es war ein bewegender Anblick, all diese Tibeter in den ersten Reihen sitzen zu sehen. Ihre kühnsten Träume waren in Erfüllung gegangen. Sie konnten nicht nur ihr geistliches Oberhaupt sehen, das sie so sehr verehrten, sondern durften eine ganze Woche lang Tag für Tag vor ihm sitzen. Selbst im heißen Klima Indiens trennten sie sich nicht von ihren Filzstiefeln, ihren Schaffellmänteln und ihren zerrissenen chinesischen Wolljacken, die sie vor kurzem noch vor der klirrenden Kälte des Himalaya geschützt hatten. Sie betrachteten diesen Ort mit ganz anderen Augen als ihre Landsleute, die schon vor dreißig Jahren aus Tibet geflohen waren. Für sie war alles neu, vor allem die Freiheit. Unter dem aufmerksamen Publikum sah man Gesichter von beeindruckender Schönheit. Von einer tief verborgenen Glut beseelt betrachteten sie den Dalai-Lama mit einem Blick, der so klar war wie der Himmel.

Im Westen wäre für ein solches Ereignis eine monatelang ausgefeilte Logistik notwendig gewesen. Hier hingegen schossen in einem Zeitraum von höchstens zwei Wochen Tausende von Zelten aus dem Boden, die am Tag als Garküchen und nachts als Schlafstellen dienten. Hunderttausende waren gekommen, um dem Dalai-Lama zu lauschen. Und als seine Unterweisung schließlich beendet war, zerstreuten sie sich wieder so ruhig, wie sie gekommen waren – mit diesen Versen im Herzen:

»Sehe ich die Scharen von Pilgern
Auseinandergehen und sich zerstreuen,
Denke ich, dass diese Trennung in Wahrheit
Die Vergänglichkeit aller Erscheinungen verdeutlicht.
Das Leben ist so flüchtig wie die vorüberziehenden Wolken,
Verwandte, liebe Menschen sind die
Vorübereilenden auf dem Marktplatz,
Wie der Tau auf den Halmen
Flieht das Glück,
Wie eine Luftblase auf dem Wasser
Vergeht der zerbrechliche Leib,
Eitel sind die Geschäfte des samsāra,
Es zählt nur der heilige dharma.
Die Gelegenheit, sich ihm zu weihen,
Kommt nur einmal: Jetzt.«

Die drei Kostbarkeiten

von Matthieu Ricard

Die drei Kostbarkeiten Buddha, *dharma* und *sangha* (*triratna*) gehören zu den wesentlichen Bestandteilen des Buddhismus. Sie sind Gegenstand der Verehrung und stellen Orte der Zuflucht dar.

Der uneingeschränkte Anführer ist Buddha. Als derjenige, der aus dem Schlummer der Unwissenheit erwacht ist, hat er alle Merkmale eines Erwachten verwirklicht. Den Weg zur Erleuchtung weist hingegen der *dharma*, der die gesamten Lehren Buddhas umfasst. *Sangha* bezeichnet die Gemeinschaft seiner Anhänger. Sie sind die Weggefährten. Dem *vajrayāna*, dem Diamantfahrzeug, zufolge sind die drei Kostbarkeiten im spirituellen Meister verkörpert: Sein Geist ist der Buddha, sein Wort der *dharma* und sein Leib der *sangha*.

Bezeichnenderweise vereinen alle drei Kostbarkeiten zwei Aspekte in sich: Buddha den »formellen Leib«, etwa den des historischen Buddha Shākyamuni, sowie den »absoluten Leib«, die höchste Natur des Erwachten; *dharma* sowohl den *dharma* der Übertragung, das heißt die Schriften und die Lehren, als auch den *dharma* der Verwirklichung, die Eigenschaften, die der Meditierende auf dem Weg zur Erleuchtung entwickelt; und *sangha*, die buddhistische Gemeinde, nicht nur die Erleuchteten, die den *dharma* bereits praktizieren, sondern auch diejenigen, die noch nicht zur Buddhaschaft vorgedrungen sind, etwa die *arhats* und die *bodhisattvas*.

Die »Zuflucht zu den drei Kostbarkeiten« (*trisharana*) gilt als Zugangspforte zum Buddhismus. Sie ist allen Formen des Buddhismus gemeinsam und bildet das Fundament der täglichen Praxis. Es gibt jedoch verschiedene Gründe für diese Zufluchtnahme. Sie kann durch die Furcht vor dem Leid motiviert sein, das heißt durch die Sorge um das eigene Heil. Dies wäre eine niedrige Motivation. Sie kann aber auch aus dem Wunsch entstehen, alle Wesen vom Leid des *samsāra* zu befreien, um sie zur Erweckung zu führen. Dies wäre dann die edle Haltung des Großen Fahrzeugs.

Voraussetzung für die Zuflucht ist ein unerschütterliches Vertrauen. Die buddhistischen Schriften sprechen von vier Stufen der Glaubensentfaltung: dem reinen, dem begierigen, dem überzeugten und dem unumkehrbaren Glauben. Die erste Stufe besteht darin, dass sich der Schüler die Eigenschaften Buddhas und seiner Lehre bewusst macht. Erkennt er dann mit klarem und reinem Geist, dass ihm diese Eigenschaften zur Erleuchtung verhelfen, um allen Wesen nützlich sein zu können, entsteht in ihm der sehnliche Wunsch, diese Eigenschaften zu erwerben. In diesem Stadium verwandelt sich der aufrichtige Glaube in ein sehnsuchtsvolles Verlangen. Gewinnt der Übende durch eigene Erfahrungen die Gewissheit, dass diese Eigenschaften genauso erhaben sind, wie es die Schriften lehren, gelangt er zur tiefen inneren Überzeugung. Wenn schließlich der Glaube durch die spirituelle Vollendung zum unverzichtbaren Teil des Geistes wird, ist er unumkehrbar geworden. Buddha Shākyamuni hat seine Anhänger stets vor der Gefahr eines blinden Glaubens gewarnt: »Glaubt nicht aus Achtung vor mir, sondern entdeckt durch eure eigene Erfahrung die Wahrheit dessen, was ich euch lehre.«

Die Buddhaschaft mag als sehr fernes, ja unerreichbares Ziel erscheinen. Doch die natürliche Leerheit unseres Geistes ist nichts anderes als die Buddha-Natur. Weil wir dies nicht begreifen, betrachten wir sie als ein Ziel außerhalb von uns selbst. Die Unwissenheit kann sie vorübergehend verschleiern, wie Staub einen Goldklumpen bedeckt, ohne in ihn eindringen zu können. Der spirituelle Pfad besteht jedoch nicht darin, dass man die Buddhaschaft künstlich herbeiführt, sondern darin, dass man sie erkennt. Wenn es die Unwissenheit wirklich gäbe, gäbe es keine Möglichkeit, sie zu beseitigen, wie man Kohle nicht weiß waschen kann. Dies zu verstehen, bedeutet die tiefste Form der Zuflucht: Buddha ist die höchste Natur des Geistes, *dharma* sein strahlendster Aspekt und *sangha* das daraus erwachsende Mitleid.

300 000 Pilger versammeln sich in Bodh-Gayā

von Olivier und Danielle Föllmi

Als er den Friedensnobelpreis entgegennahm, bemerkte der Dalai-Lama bescheiden: »Nicht der Mönch sollte belohnt werden, sondern seine Motivation.«

In Gayā, einer Stadt in der indischen Bihar-Ebene, treffen jeden Tag hoffnungslos überfüllte Züge aus Delhi oder Kalkutta ein. Tausende von tibetischen Flüchtlingen, die Taschen mit grünen Bananen gefüllt, kommen aus dem Süden Indiens an. Nach strapaziösen Wochen der Reise halten zahlreiche Bergbewohner aus dem Himalaya Einzug – eingehüllt in bunte Schals aus dem fernen Dolpo, Wollmäntel aus Mustang und Ladakh und bedeckt mit den typischen bestickten Hüten aus Khinor und Lahaul. Etwa fünftausend Tibetern aus den Hochebenen ist es gelungen, heimlich zu Fuß den Himalaya zu überqueren. Sie trotzten Pässen in 5500 Meter Höhe und, schlimmer noch, den chinesischen Soldaten, die vielerorts im Hinterhalt liegen. Alle verfolgten ein und dasselbe Ziel: in Bodh-Gayā, der heiligen Stätte, an der Buddha einst unter dem Bodhi-Baum die vollkommene Erleuchtung erlangte, den 14. Dalai-Lama – ihr spirituelles Oberhaupt – erleben zu dürfen.

Drei riesige Zeltlager säumen das Dorf Bodh-Gayā. Das erste beherbergt die Pilger, die direkt aus dem besetzten Tibet kommen: Die tibetische Exilregierung übernimmt die Unterbringung und Verköstigung. Kaum eingetroffen, bieten die Pilger dem Dalai-Lama eine Opfergabe dar. Die Zeremonie findet in einem großen Zelt statt, in dem einer der Mönche akribisch jede Gabe in ein umfangreiches Register einträgt. Mit ernster Miene betritt ein Mann das Zelt. Ein geflochtenes Band aus roter Wolle hält sein vom Staub ergrautes Haar zusammen. Auf dem Rücken trägt er einen Jutesack, der von zwei Holzstangen wie ein Rucksack gehalten wird. Er ist soeben aus den tibetischen Hochplateaus eingetroffen. Tief bewegt, die Hände vor der Stirn gefaltet, grüßt er den Mönch. Dann greift er in die Tasche seines weiten Wollmantels, der einen Geruch nach Rauch verströmt, und zieht behutsam eine kleine, in alten, vergilbten Stoff gewickelte Rolle hervor. Er verneigt sich über seinem abgewetzten goldbemalten Bild, das er vor den Plünderungen der Roten Armee gerettet hat, und überreicht es dem Mönch mit beiden Händen: »Ich wünsche dem Dalai-Lama ein langes Leben. Drei Monate bin ich mit meinen vier Kindern gewandert, um ihn zu sehen. Eines von ihnen ist auf dem letzten Pass gestorben.«

Die Pilger beten zu Tausenden und bewegen sich dabei langsam um den *stūpa*, der beim Baum Buddhas errichtet wurde. Heute Abend herrscht eine außergewöhnliche Spannung in Bodh-Gayā, die sich in jedem Blick widerspiegelt. Der *stūpa* wird von Hunderten von Kerzen erhellt, die auf drei konzentrischen Ebenen aufgestellt wurden. Morgen wird der große Tag sein, das Ereignis, für das man sein Vermögen geopfert, seine Kräfte verschlissen hat, um gemeinsam mit dem Dalai-Lama zu beten und seinen Lehren zu folgen. Punkt acht Uhr morgens wird er erscheinen und das *kālachakra*-Tantra beginnen. Nach Jahrzehnten des Leids unter dem maoistischen Joch werden Tausende von Tibetern endlich ihr spirituelles Oberhaupt zu sehen bekommen.

Bereits um drei Uhr morgens wird vor jedem Zelt ein Feuer mit Kuhfladen und Reisig entzündet. Um vier Uhr zerreißt ein heller Trompetenschall die nächtliche Stille. Unter einer gewaltigen Zeltkuppel von zweihundert Meter Länge stimmen achttausend Mönche in safranfarbenen Gewändern inbrünstig und wie mit einer Stimme ein ernstes Gebet an. Ringsum sitzen etwa 300 000 Menschen, dicht an dicht, schweigend im Dunkeln. Vier Stunden noch, dann wird der Dalai-Lama hier Platz nehmen, auf seinem Thron, den Mönchen zugewandt. Das Gebet schwebt über die Köpfe hinweg in den dunklen Sternenhimmel und wogt mit dem Auf und Ab der Stimmen. Es herrscht eine konzentrierte Atmosphäre. Bisweilen weint ein Kind, und seine Mutter bedeckt es mit ihrem Mantel, gibt ihm die Brust. Am Horizont beginnt es zu dämmern. Die Sonne erscheint blutrot. Das Gebet der Mönche wird lauter. Es ist fast acht Uhr. Angespannt, die Augen auf die Tür geheftet, die sich bald öffnen wird, lassen sie ihre Gebetsschnüre durch die Finger gleiten. Wild schlagen die Herzen unter den schweren Wollmänteln, heftig pocht das Blut in den Adern. Das Gebet ist nur noch leises Gemurmel. In der darauf folgenden Stille, in der niemand mehr betet, in der keiner mehr atmet, erscheint *Er* in der Türöffnung und bleibt schließlich vor dem

Thron stehen. Er führt die Hände zusammen, verneigt sich in alle Richtungen vor seinem Volk. Kein Laut, kein Schrei. Fast 300 000 Augenpaare sind, ruhig und gesammelt, auf einen einzigen Mann gerichtet. Spontan erhebt sich die Menge in vollkommener Stille. Niemand applaudiert. Doch viele weinen geräuschlos, mit stockendem Herzen.

Der Dalai-Lama nimmt die Gebetsstellung ein. Fast alle folgen seinem Beispiel und begeben sich in den Schneidersitz, einige aber bleiben wie erstarrt aufrecht stehen. Das Gebet beginnt, ernst und sanft. Doch es zerreißt die Stille. Die Stimme des Dalai-Lama kommt über Lautsprecher. Jeder fixiert diese Metallrohre, um seinem geistigen Oberhaupt näher zu sein. Die Nerven sind so angespannt, dass manche beim Klang seiner Stimme den Kopf in die Hände legen, um den Tränen nach 25 Jahren des Leidens freien Lauf zu lassen. An jenem Tag in Bodh-Gayā hört die Erde auf sich zu drehen, ist *Er* für immer in die Herzen gebrannt.

Im Januar 2002, im Jahr des Eisens und der Schlange, bietet sich folgendes Bild: Die Bihar-Ebene ist dem Banditenunwesen ausgeliefert. Die ganze Welt ist gewalttätiger geworden, der Frieden unter den Menschen in Gefahr. In Afghanistan, nur wenige hundert Kilometer entfernt, droht der Krieg unsere Erde in Brand zu stecken. Zur Unterstützung des Weltfriedens beschließt der Dalai-Lama, noch einmal in Bodh-Gayā seine kostbare *kālachakra*-Lehre zu verkünden, als Opfergabe zur Reinigung des Geistes von Hass, Gier, Neid und Hochmut. Diesmal haben sich 400 000 Pilger eingefunden. Sie sind aus den entlegensten Tälern des Himalaya gekommen und tragen in sich das erleuchtete Bewusstsein eines »intuitiven Volkes«. Sie bergen das Wissen von der Gemeinschaft aller Wesen in sich. Als demütige Akteure des Weltfriedens treffen sie mit der Gebetsschnur in der Hand und einem Gebet auf den Lippen in Bodh-Gayā ein.

Und wieder macht das Dorf eine Verwandlung durch. Die kleinsten Winkel der Gehsteige werden zum Schlafen, Essen, Handeln und Beten genutzt. In einem Umkreis von zwei Kilometern sind Zeltlager in den Reisfeldern errichtet worden. Etwa 20 000 Mönche und Nonnen aller tibetischen Schulen, darunter allein 150 als Reinkarnation großer spiritueller Meister anerkannte Mönche, haben sich unter dem Pippal-Baum versammelt. Bodh-Gayā scheint Tag und Nacht zu vibrieren, entsprechend der Stunde, des Lichts, in das die Stadt getaucht ist, des Staubs in den Straßen, des Weihrauchs der Räucherstäbchen, der Kraft der Gebete.

Dieses Jahr aber trifft der Dalai-Lama geschwächt in Bodh-Gayā ein. Er muss auf die Unterweisung in der *kālachakra*-Lehre verzichten. Bei der Ankündigung dieser Nachricht über Lautsprecher sinkt die Stadt plötzlich gleichsam in sich zusammen. Der Dalai-Lama, Seine Heiligkeit, ist leidend. Angesichts dieser Botschaft beginnt seine ganze Gefolgschaft zu trauern. Die Gesichter wirken verletzt, die Blicke trüben sich. Man liest den Schmerz darin, aber auch das Leid, als nähme jeder von ihnen ein wenig vom Leiden ihres Meisters auf sich, um es ihm zu ersparen. Ist die Ursache ein Virus, das er sich auf einer seiner vielen Reisen eingefangen hat, oder Erschöpfung von seinen Bemühungen um die Erhaltung des Friedens? Ist es ein Zeichen des Schicksals, ein Vorbote des Friedens auf Erden? Jeder der Anwesenden deutet die Mitteilung auf seine Art – rational, gläubig oder abergläubisch. Die ganze Nacht über beten unter dem gewaltigen Zeltdach Tausende von Gläubigen für ein langes Leben des Dalai-Lama. Jeder geht in sich, um aus seiner Mitte Kraft hervorzuholen für den geschwächten Meister. Die Gesichter sind konzentriert, die Augen geschlossen, die Hände gefaltet. In Richtung auf einen einzigen Mann. Für einen einzigen Mann. Von einem ganzen Volk. Doch der Dalai-Lama muss in eine größere Stadt geflogen werden, um sich behandeln zu lassen. Das tibetische Volk bleibt nicht lange tatenlos. Als hätte die auf dem Weg hierher bereits entfaltete Energie zur Schaffung des Friedens schon etwas bewirkt. Die Gebete des Mitgefühls werden erneut mit noch größerer Inbrunst aufgenommen. Gebete für eine zerrüttete Welt. Wenige Tage später kehren die Pilger, bereichert durch ihre Gebete, in ihre Täler zurück. Sie wissen, dass die Gebete, wie die Felder, den Samen des Friedens entfalten werden.

Die Bedeutung der Pilgerreise

von Matthieu Ricard

Welchen Sinn haben Wallfahrten für Buddhisten? Manche Orte gelten als heilig, weil sie mit einer bestimmten Gottheit in Verbindung gebracht werden. So ist der Berg Kailash der Sitz des Chakrasamvara. Andere sind als Aufenthaltsort großer Heiliger bekannt. Oft vereint ein Ort beide Aspekte in sich und zieht deshalb bedeutende Einsiedler an, die dort meditieren wollen. Milarepa, Götsangpa und Shabkar zählen zu jenen großen Meistern, die am Berg Kailash Jahre der Abgeschiedenheit verbrachten. Heute umwandern zahllose Pilger den heiligen Berg, während sie unablässig das *mantra* des Chakrasamvara rezitieren. Sie suchen die Höhlen auf, in denen diese Gurus lebten, um sich dort für einen Moment zu sammeln. Manchmal bleiben sie auch mehrere Tage, Monate oder sogar Jahre.

Die gesegneten Stätten gelten als mächtige Quellen der Inspiration. Man sagt, ein Monat der Meditation dort bewirke denselben Fortschritt wie ein ganzes Jahr in einer anderen Umgebung. Dies hat verschiedene Gründe. Zum einen ist das Nachsinnen über das Leben außergewöhnlicher Menschen an dem Ort, an dem diese einst selbst meditierten, weitaus inspirierender als die bloße Lektüre ihrer Biografie. Der Ort wird zur beständigen Erinnerung ihrer starken Entschlossenheit, den Weg der Erleuchtung zu gehen. Diese Mahnung bestärkt den Gläubigen in seinem Eifer und seiner Bewunderung, so dass es ihm leichter fällt, sich ganz der Askese zu widmen. An einer solchen Weihestätte ist jeder Augenblick etwas Besonderes. Selbst in Zeiten, in denen man nicht meditiert – während der Ruhephasen, beim Einnehmen der Mahlzeiten oder den sonstigen einfachen Verrichtungen eines Einsiedlers –, ist die inspirative Atmosphäre wie eine unsichtbare Macht allgegenwärtig.

Auf einer subtileren Ebene wohnt diesen Orten eine besondere Segenskraft inne. Die spirituelle Gegenwart der damaligen Eremiten übt eine so starke Verwandlungskraft aus, weil dort die innere Verbundenheit aller Phänomene, die auch jede unserer Handlungen in eine Kontinuität stellt, konkret fühlbar ist. Oft hört man einen Pilger ausrufen: »Es ist, als ob er gerade erst weggegangen wäre!« Diese Wahrnehmung wird noch durch sichtbare Spuren der einstigen Anwesenheit des Heiligen verstärkt: Die von ihm errichtete Feuerstelle, die kärglich ausgestattete Höhle, in der er lebte, das Steinmäuerchen, mit dem er die Höhle verschloss. Manchmal sind es auch Zeugnisse von Wundertaten, wie etwa der Abdruck einer Hand oder eines Fußes im Felsen.

Der Besuch der Höhlen und Einsiedeleien Osttibets, in denen Dilgo Khyentse Rimpoche fast zwanzig Jahre in absoluter Zurückgezogenheit verbrachte, war und ist für uns Schüler nicht nur ein bewegendes Erlebnis, sondern vor allem auch eine Unterweisung und eine Quelle der Kraft, die uns in jedem Augenblick zur Verfügung steht und unsere spirituelle Praxis stets aufs Neue belebt. Darüber hinaus wird die Wallfahrt als eine Art Reinigung empfunden: Der Pilger scheut keine Mühe und geht zu Fuß. Manche werfen sich während der Reise sogar fortwährend zu Boden und messen gewissermaßen mit ihrem Körper die Länge des Weges ab. Solch ein Pilger braucht für die Strecke von Kham oder Amdo aus nach Lhasa ein volles Jahr. Wir sind einmal einem Pilger begegnet, der 13-mal den Berg Kailash umrundete, wobei er sich ständig niederwarf. Für jede Runde brauchte er zwanzig Tage, den Auf- und Abstieg des 5900 Meter hohen Drolma-Passes eingeschlossen.

Es erstaunt daher nicht, dass jene heiligen Orte die Poeten und Sänger Tibets zu herrlichen Versen inspirierten. Shabkar bringt hier seine Freude über die Ankunft am Fuße des Berges Amnye Machen zum Ausdruck:

»Eine Zier aus weißer Seide
Schmückt diesen majestätischen Gipfel.
Wer diese diamantenen Gletscher betrachtet
Schwelgt in reinen Gedanken und erfreut sich am dharma.

Die wilden Tiere tummeln sich unbeschwert
Auf den Weiden des sanften Vorgebirges.
Ihre Luftsprünge und sorglosen Kapriolen
Reizen den Betrachter zum Lachen.

Eine kleine Hütte aus Stein,
Wasser, Holz und einige Schieferplatten
Decken leicht alle Bedürfnisse.
Nutzlos sind hier Diener.

Auf diesem Berg gehen Glück und spirituelle Entfaltung Hand in Hand,
Frei von allen Widrigkeiten bist du hier.
Wer an diesem Ort meditiert,
Sieht die Sonne der spirituellen Verwirklichung aufgehen.

Unter diesem Gipfel vergiss alle weltlichen Sorgen,
Es genügt, hier zu leben, um Freude und Wonne zu erfahren.«

Besonders inspirierend ist die Wallfahrt in Begleitung einer Person, die mit den mündlichen Traditionen der Gegend vertraut ist. Die Details und Anekdoten kann man durch die Lektüre von Berichten über die besondere Geschichte der Stätte ergänzen. Indem man ohne festen Plan von einem Ort zum anderen wandert, wird einem die Vergänglichkeit der Dinge und das Verhaftetsein am irdischen Dasein (*upādāna*) erst bewusst. Diese Einsicht führt zu einer relativierten Sichtweise der Sorgen des Alltags, über denen oft das Wesentliche in Vergessenheit gerät. Opfergaben, die man an diesen heiligen Stätten spendet, fördern die Freigiebigkeit und Überwindung des *upādāna*. Die Ehrerbietung gegenüber den Gottheiten festigt die Achtung gegenüber dem Buddha und dem *dharma* – dem kosmischen Gesetz –, während Freud und Leid, das man mit anderen Pilgern teilt, das Gemeinschaftsgefühl (*sangha*) stärken. Das Ziel einer Pilgerfahrt besteht letztlich darin, zur reinen Schau zu gelangen, die sich darin äußert, die Buddha-Natur in allen Wesen und Erscheinungen zu erkennen. Die Welt wird als *mandala* wahrgenommen, die Klänge als *mantras* und die Gedanken als Manifestationen der Erleuchtung. Hören wir noch einmal Shabkar:

»Im unvergleichlichen Palast
Der ursprünglichen, aus sich selbst geborenen Reinheit,
Erscheinen Welt und Wesen als Entfaltungen
Der Gottheiten, sichtbar und daher unwirklich.

Weil alle Klänge ein Widerhall der Leerheit sind,
Wird das Gebet niemals unterbrochen.
Die von sich selbst befreiten Gedanken
Sind unermesslich im Reich des Absoluten.«

Wie inspirierend sie auch sein mag – die äußere Pilgerfahrt wird immer von der inneren Reise übertroffen, die zum vollkommenen Erwachen führt, das sich auf den wenigen Quadratmetern einer Klause vollziehen kann.

Padmasambhava, der aus dem Lotos Geborene

von Matthieu Ricard

In Tibet wird Padmasambhava, der aus dem Lotos Geborene, als zweiter Buddha verehrt. Der indische Gelehrte ist dort meist unter dem Namen Guru Rimpoche bekannt, der kostbare Meister. Mit ihm kam der Buddhismus nach Tibet. Auf Einladung des Königs Trisong Detsen leitete er den Bau des imposanten und ältesten Klosters Samye (775). Darüber hinaus ließ er den gesamten Kanon der buddhistischen Texte übersetzen und erteilte die ersten *vajrayāna*-Initiationen. Damit legte er den Grundstein für die tibetische Linie des Buddhismus, die so genannte Tradition der »Alten Schule« (*nyingmapa*), die in Tibet zwischen dem neunten und elften Jahrhundert die einzige Lehrmeinung darstellte.

Für die Tibeter ist Padmasambhava eine Manifestation des Buddha Shākyamuni. Im *parinirvāna-sūtra* gibt es tatsächlich eine Weissagung, in der der Shākyamuni ankündigt, dass er dereinst in einer makellosen Wiedergeburt zurückkehren und die Lehre der Tantras verkünden werde. Der Lotos, der sich makellos aus dem Schlamm erhebt, symbolisiert das unbefleckte, wahre Wesen des Menschen, das durch die Erleuchtung verwirklicht wird. Auch wenn es bezüglich der Historizität des Padmasambhava wenig Belege gibt, die man im Westen anzuerkennen geneigt wäre, beschreiben doch zahlreiche Texte, von denen manche visionären Ursprungs sind, und eine reiche mündliche Tradition sein legendäres Leben. Nachfolgend einige Auszüge und Anmerkungen dazu.

Im mythischen Königreich Orgyen (Uddiyāna), das einigen Gelehrten zufolge im heutigen Swat-Tal in Nordpakistan lag, lebte einst der blinde König Indrabodhi, der ohne männliche Nachkommen geblieben war. Sein Kanzler empfahl ihm deshalb, Werke der Großherzigkeit zu verrichten. So gab der Herrscher großzügig Almosen, bis sich seine Schatzkammer zu leeren begann. Da machte er sich auf, um den Wunschstein zu suchen. Als er ihn auf der Juweleninsel gefunden hatte, wünschte er sich, das Augenlicht wiederzuerlangen, und in der Tat öffnete sich sein rechtes Auge. Auf der Rückreise in sein Reich überquerte er den See Danakhosha, wo er Zeuge einer wundersamen Begebenheit wurde:

»Im Widerhall der Schreie scharlachroter Enten,
Saß ein Knabe von etwa acht Jahren auf einer Lotosblume,
Von schönem Antlitz, herrlich anzusehen,
Sein Leib war von der Farbe einer Purpurschnecke,
Da rief der König aus:
›Oh, wunderbarer Knabe!
Wer ist dein Vater? Wer deine Mutter?
Wo ist dein Land? Welcher Kaste gehörst du an?
Wovon ernährst du dich, und was tust du hier?‹
Darauf der Knabe:
›Mein Vater ist die Weisheit des Wissens,
Meine Mutter Samantabadhra die heilige Wonne und Hingabe an die Leere,
Land besitze ich keines, ungeboren bin ich im Bereich des Seins,

Ich gehöre der Unteilbarkeit des Raums und des Erwachens an,
Meine Speisen sind zweifache Wahrnehmungen und der Verlauf der Gedanken,
Und hier widme ich mich der Überwindung des Leidens.‹

Bei diesen Worten brach der König in Tränen aus, und auch sein linkes Auge öffnete sich.
Der Prinz wurde fortan ›der aus dem See geborene Diamant‹ genannt.
›Er muss die Inkarnation eines himmlischen Wesens sein‹, dachte der König bei sich.
Der Lotosstängel mit dem Kind wurde fortgetragen.
Gänse, Graureiher und anderes Getier des Wassers,
Einander verfolgend, stießen Schreie aus,
Andere ließen sich über das Kind fallen,
Wieder andere umkreisten die acht Spitzen der vier Ufer des Sees,
Und einige, den Schnabel zu Boden gerichtet, glitten über die Erde dahin.«

Das Kind wurde mit großem Prunk im Palast empfangen, und der König setzte es sogleich zu seinem Erben ein. Der Prinz erkannte aber bald, dass er als Herrscher über ein so großes Reich den Menschen nicht besonders hilfreich sein würde. Um sich beim König und den Ministern in Misskredit zu bringen, ließ er sich vermeintliche Vergehen zuschulden kommen, bis er in die Verbannung geschickt wurde. Er begab sich auf den »Friedhof des kalten Gesträuchs«, wo er Yoga-Übungen verrichtete, die Dākinīs lehrte und reglos in der Betrachtung der absoluten Wahrheit verharrte.

Dann ging er nach Vārānasī (Benares), wo er sich Studien der Astrologie, Medizin, Sprachen, Kunst und des Handwerks widmete. Da er wusste, dass er zur Unterweisung der Menschheit den spirituellen Stufenweg gehen musste, begab er sich zunächst zum Meister Prabahasti, dem Elefanten des Lichts, der ihm die Mönchsordination erteilte. Damit bekräftigte er den besonderen Rang der Lehre des Kleinen Fahrzeugs, des *hīnāyana*. Danach empfing er von den »Acht Hütern der Erleuchtung« die wichtigsten tantrischen Lehren und von Shri Sing-ha die Belehrungen der großen Vollendung. Als Padmasambhava ihn um die Unterweisung im höchsten Sinn bat, wies Shri Sing-ha mit dem Finger zum Himmel und sagte:

»Leerheit! Ursprüngliche Leerheit!
Vollkommene Leerheit! Ewige Leerheit!
Dieser Kern der absoluten Wahrheit ist ein Schatz,
Der alle Richtungen des Raums erleuchtet,
Vom Zenit bis zum Nadir:
Shri Sing-ha ließ sie entstehen,
Aus dem vollkommenen Gefäß des Handelns,
Das von der Anschauung nicht zu trennen ist.«

Nach diesen Erfahrungen spürte Padmasambhava, dass es nun Zeit sei, das Königreich Zahor in Nordindien zu bekehren. Dort nahm er sich der Prinzessin Mandāravā als Lehrmeister an. Vom König angeklagt, seine Tochter vom rechten Weg abgebracht zu haben, und daraufhin zum Tode auf dem Scheiterhaufen verurteilt, verwandelte sich Padmasambhava in einen See. In dessen Mitte erhob sich strahlend *padma*, der Lotos. Da wurde der König von Reue ergriffen und bot Padmasambhava sein Reich an.

In Begleitung von Mandāravā suchte er die Höhle Maratika in Nepal auf, wo ihm der Buddha des Unermesslichen Lebens (Amitāyus) in einer Vision erschien. Nun hielt er den Zeitpunkt für gekommen, das Königreich Orgyen zu bekehren, aus dem er einst vertrieben worden war. Er verwandelte sich in einen Bettler, doch er wurde sogleich erkannt, und die Leute riefen: »Das ist der Mann, der das Gesetz des Königs gebrochen und den Sohn unseres Ministers getötet hat. Er muss bestraft werden, sonst wird er wieder Böses tun.« Sie banden ihn zusammen mit Mandāravā auf einen Scheiterhaufen. Das Feuer brannte 21 Tage lang, und als es nur noch rauchte, saßen in der Mitte des Sees, den das Öl des Scheiterhaufens gebildet hatte, unversehrt der Meister und seine Begleiterin.

In Bodh-Gayā, dem Diamantenthron Indiens, forderte Padmasambhava die mächtigen Tīrthika-Meister (»Ketzer«) zu philosophischen Streitgesprächen und Machtproben in den magischen Künsten heraus. Nachdem er in der Asura-Höhle in Nepal die Erkenntnis des wahren Geistes erlangt hatte, wurde er von den tibetischen Gesandten des Königs Trisong Detsen aufgesucht. Sie warfen sich vor ihm nieder und überreichten ihm ein volles Maß Goldstaub. Aber Padmasambhava zerstreute das Pulver im Wind. Als er das Entsetzen der Gesandten sah, füllte er ihre geschürzten Kleider mit Kieselsteinen, die sich sogleich in die verschiedensten Edelsteine und in Goldkörner verwandelten. Da wurden sie zu Gläubigen und überbrachten dem Meister die Einladung des Königs.

Auf dem Weg nach Tibet bezwang Padmasambhava Dämonen und böse Geister und nahm ihnen das Versprechen ab, die Lehre Buddhas zu verteidigen. Als ihn eine rasende Dämonin zwischen zwei Bergen zerschmettern wollte, erhob sich Padmasambhava in den Himmel. Die gedemütigte Dämonin legte daraufhin einen Schwur ab, niemals mehr jemandem Schaden zuzufügen. König Trisong Detsen empfing den Meister am Ufer des Brahmaputra. Padmasambhava dachte bei sich: »Der König ist aus einem menschlichen Mutterschoß geboren, ich aber auf wundersame Weise. Der Geist des Herrschers ist verdunkelt; ich aber habe die Erleuchtung erlangt. Wenn ich mich vor dem Herrscher verneige, wäre dies eine Entwürdigung der Lehre Buddhas.« Der König aber dachte: »Ich bin der Herrscher von Tibet. Der Guru muss sich zuerst vor mir verneigen.« Da verkündete Padmasambhava laut die Größe seiner Inkarnation. Er wandte die Hände gegen den König, und aus seinen Fingerspitzen schossen Flammen hervor, die dessen Kleider versengten. Nun konnte der Herrscher nicht länger widerstehen, und er warf sich mit seinem ganzen Hofstaat auf die Erde nieder.

Padmasambhava wurde zu dem Ort gebeten, auf dem das Kloster Samye errichtet werden sollte. Böse Geister zerstörten nachts wieder, was die Menschen am Tage aufgebaut hatten.

Nach dem Erscheinen des Meisters aber führten sie die am Tage begonnenen Arbeiten fort, und so war das Kloster bald fertiggestellt. Einige junge Tibeter, unter ihnen der legendäre Vairochana, wurden nach Indien geschickt, um dort Sanskrit zu lernen. Der große Pandit Vimalamitra und 108 Weise Indiens wurden im Gegenzug nach Samye eingeladen, wo sie mit einer gleich großen Gruppe tibetischer Übersetzer den buddhistischen Kanon übertrugen, *sūtras* sowie Tantras.

Die Bön-Priester pflegten zu jener Zeit anlässlich ihrer Rituale blutige Tieropfer darzubringen. Über diese Praxis entsetzt und betrübt, weigerten sich die buddhistischen Übersetzer, ihre Arbeit fortzusetzen. Bei einem Streitgespräch und magischen Wettkampf obsiegten die Buddhisten. Der König verbot daraufhin die blutigen Opfer und verbannte die Priester, die sich widersetzten. Er bat Padmasambhava, ihn in die Praxis des Diamantfahrzeugs einzuweihen, des *vajrayāna*. In der Höhle Chimphu erteilte Padmasambhava dem König, seiner Gemahlin Yeshe Tsogyel und sechs weiteren Schülern die Initiation. In Gestalt des Dorje Drollö, einem der acht Aspekte oder Namen, unter denen er sich manifestierte, versteckte er an vielen Orten Lehren in Form spiritueller Schätze, der so genannten *termas*, und sagte voraus, unter welchen Bedingungen sie zum Wohl künftiger Generationen wieder entdeckt werden würden.

Bald darauf kam König Trisong Detsen bei einem Pferderennen ums Leben. Sein Sohn Muney Tsenpo folgte ihm wenig später nach. Es war die Zeit, in der auch Padmasambhava seine Abreise in das Land Chamara ankündigte, wo der Herrliche Kupferberg liegt. In Begleitung des Herrschers Muney Tsenpo, der Königin Yeshe Tsogyel und vieler weiterer Schüler begab sich Padmasambhava auf den Gungthang-Pass. Dort predigte er zum letzten Mal, bevor er sich auf dem geflügelten Ross Bahala in die Lüfte erhob:

»Von schimmerndem Licht umstrahlt, fuhr er in den Himmel auf,
Wie Fische, die auf den sengenden Ufersand geworfen werden,
Blieben Fürst und Untertanen auf dem Gungthang-Pass zurück,
Ohne auf Hunger und Durst zu achten,
Meditierend sahen sie seine Erleuchtung in der Morgensonne,
Sie sahen ihn in goldenen Strahlen wie einen Raben, der in der Ferne auffliegt,
Im gleißenden Licht entfernte er sich,
Bald war er wie eine Ringeltaube, dann wie ein Sperling,
Bald wie eine Biene, schließlich wie eine winzige Kugel.
Bis er ihren Blicken entschwand,
Und wenn sie meditierten, sahen sie ihn,
Im kühlen Schatten einer Magnolie auf der Insel Lanka sitzen,
Nahe der Stadt des Feuers, wo er die Menschenfresser von Chamara lehrte,
die ihn verehrten.«

Zur Ikonografie des Padmasambhava

von Matthieu Ricard

Der Leib des Padmasambhava ist von der unzerstörbaren Natur des *vajra*, eines Diamanten, und er erscheint in der Gestalt eines achtjährigen Knaben in strahlender Jugend, als Symbol der Unvergänglichkeit der Erleuchtung. Er trägt neun Gewänder, die die neun *yānas* oder Fahrzeuge symbolisieren, die buddhistischen Lehrtraditionen. Dazu gehören unter anderem die drei Mönchsgewänder, die für die Beherrschung des Kleinen Fahrzeugs stehen, außerdem ein blaues Gewand für die Beherrschung des Großen Fahrzeugs, den Weg der *bodhisattvas*, und ein Brokatmantel für die geheimen Lehren des Diamantfahrzeugs.

Sein Antlitz drückt die einzigartige höchste Wahrheit aus, seine beiden Arme stehen für die Vereinigung von Weisheit und Methoden (*upāya*) oder von Leerheit und Mitgefühl, die beiden Beine für die Identität von *samsāra* und *nirvāna* in der höchsten Wirklichkeit. Seine beiden weit geöffneten Augen, die auf den Himmel vor ihm gerichtet sind, bedeuten, dass er sich unaufhörlich der absoluten Natur bewusst ist. Er ruht in der als »königliches Behagen« bezeichneten Haltung: Das rechte Bein ist leicht gestreckt, das linke abgewinkelt, was bedeutet, dass alle Welten des *samsāra* nur seinen Anweisungen gehorchen können, denjenigen des Königs der Erkenntnis. In der Rechten trägt er einen fünfeckig geschliffenen Diamanten, ein Symbol der Verwandlung der fünf Gifte – Gier, Hass, Unwissenheit, Neid und Eitelkeit – in fünf Weisheiten. In der Handfläche seiner Linken, die in der Geste der Gelassenheit in seinem Schoß ruht, liegt ein mit Nektar gefüllter Schädel, gekrönt mit dem Gefäß der Unsterblichkeit, Ausdruck dafür, dass die Erkenntnis des Padmasambhava über Geburt und Tod hinausgeht.

Padmasambhava trägt einen Lotos-Kopfschmuck, dessen fünf Blütenblätter die fünf Familien des Buddha symbolisieren – Buddha, Vajra, Ratna, Padma und Karma. Der Kopfputz bedeutet auch, dass Padmasambhava wie der Lotos, der sich makellos aus dem Schlamm erhebt, unmittelbar und unbefleckt durch den Vorgang der Geburt in der Welt erschien. Der Schmuck zeigt Sonne und Mond, Symbole der Methoden und der Weisheit, darüber erhebt sich eine weiße Geierfeder als Zeichen der höchsten Schau der großen Vollkommenheit. In der linken Armbeuge hält er einen Dreizack (*khatvanga*), dessen Spitzen die Leerheit aller Dinge symbolisieren, Padmasambhavas Erscheinungsform, die reines Licht und allgegenwärtiges Erbarmen ist. Unzählige Lichtstrahlen gehen von seinem Körper in die zehn Richtungen des Raums aus. Padmasambhava besitzt keinen physischen Leib aus Fleisch, Knochen und Blut, sondern einen Lichtleib, klar und durchsichtig wie ein Regenbogen, frei von aller Materialität wie die Spiegelung des Mondes auf dem Wasser. Er ist auch keine feste Form, sondern Weisheit, Liebe und hilfreiches Erbarmen.

Die Grundzüge des tibetischen Buddhismus

von Matthieu Ricard

Der tibetische Buddhismus umfasst vier Hauptschulen – *nyingmapa, gelugpa, sakyapa* und *kagyüpa* –, die bis heute das reiche Erbe der philosophischen und kontemplativen Richtungen Tibets tradieren. Sie sind Teil dessen, was man im Allgemeinen als die acht großen Fahrzeuge der spirituellen Vollendung bezeichnet. Die alte Bön-Religion hat ebenfalls überlebt, aber starke buddhistische Züge angenommen. Umgekehrt sind in den Buddhismus Bön-Einflüsse eingegangen.

Im siebten Jahrhundert brachten die großen indischen Weisen Shāntarakshita und Padmasambhava den Buddhismus nach Tibet. In dieser Zeit wurden die meisten kanonischen Texte ins Tibetische übersetzt. Zwei Jahrhunderte lang wurde die einzige buddhistische Tradition, die es in Tibet gab, als »Erste Zeit der Übersetzung« bezeichnet. Später wurde für die Vertreter dieser philosophischen Richtung die Bezeichnung »Alte Schule« (*nyingmapa*) geprägt. Dank einiger bedeutender Yogis widerstand die mönchische Tradition nur knapp den Verfolgungen während der Regentschaft des Königs Langdarma (836–841).

Die in neun Fahrzeuge (*yānas*) mit jeweils unterschiedlichen Aspekten der buddhistischen Theorie und Praxis gegliederte *nyingmapa*-Tradition gab die vollständige Lehre der *sūtras* und *mantras* weiter. Ein Fahrzeug ist definiert als eine Stütze, die es erlaubt, das Ziel des spirituellen Lebens zu erreichen, die Buddhaschaft. Die Vielfalt und die Abstufungen der Fahrzeuge sind auf die unterschiedlichen Eigenschaften und Fähigkeiten der Menschen abgestimmt. Jedes von ihnen bildet eine Etappe, die die vorangegangenen Etappen einschließt. Der Kulminationspunkt dieser Fahrzeuge ist die »leuchtende Diamantessenz« der großen Vollendung (*dzogchen*). »Vollendung« bedeutet hier, dass der Geist in seiner Wesensnatur spontan die Qualitäten der Erleuchtung in sich realisiert. »Groß« verweist darauf, dass diese Vollendung die Seinsweise aller Erscheinungen ist. Die drei Hauptübertragungswege der *nyingmapa*-Tradition sind die kanonische Linie (*kama*), die kurze Linie der spirituellen Schätze (*terma*) sowie die tiefen und reinen Visionen (*danang*).

Nachdem Padmasambhava seine Schüler in der Meditation auf der Grundlage eines bestimmten *mandalas* unterrichtet und ihnen alle notwendigen Anweisungen gegeben hatte, fasste er seine Lehren in Schriften zusammen, die er in der Erde, in Felsen, Seen, heiligen Bildnissen und sogar im Himmel versteckte. Dann ernannte er einen der anwesenden Schüler zum Erben dieser spirituellen Schätze und sagte vorher, wann und wo dieser Schüler in einem künftigen Leben diese heiligen Texte wieder entdecken und ihren Inhalt weitergeben würde. Im Lauf der Jahrhunderte sind mehrere hundert dieser Schatzfinder (*tertön*) aufgetreten. Die Tradition der Schatzfunde (*termas*) spielt für den Erfolg des tibetischen Buddhismus bis heute eine große Rolle.

Von den großen Meistern der *nyingmapa*-Tradition sind unter anderem zu nennen: Ronzom Mahāpandita (1012–1088), Longchen Rabjam (1308–1363), Minling Terchen (1646–1714) und sein Bruder Minling Lochen Shākya Shri (1646–1714). Longchen Rabjam gehörte zu den

Yogis, die die höchste Erleuchtung erlangt hatten. Er war zugleich ein hervorragender Gelehrter, der die Theorie und Praxis der neun Fahrzeuge in einer Reihe ebenso meisterlicher wie klarer Schriften darlegte.

Zu Beginn des elften Jahrhunderts brachen zum zweiten Mal Übersetzer nach Indien auf, um dort nach weiteren Texten zu suchen. Diese Zeit der so genannten »Zweiten Verbreitung« (*sarma*) beginnt mit dem großen Übersetzer Rinchen Sangpo (957–1055). Durch das Auftreten weiterer bedeutender Gelehrter und Heiliger entstanden neue spirituelle Linien. So wurde die Schulrichtung der *kadampa* (Höchste Eingeweihte), Vorläuferin der *gelugpa*, von Atīsha (982–1054) gegründet. Sie legte den Schwerpunkt auf die Läuterung des Geistes (*lo-jong*) durch die Reinigung von Begierden. Atīsha wurde in Bengalen geboren. Er studierte bei zahlreichen Meistern und reiste bis nach Indonesien, wo er seinem wichtigsten Guru begegnete, Serlingpa, bei dem er zwölf Jahre blieb. Nach seiner Rückkehr wurde er Abt der großen buddhistischen Universität Vikramashīla. Als ihn die Könige Yeshe Ö und Changchup Ö nach Tibet einluden, blieb er dort bis zu seinem Tod. Seine unzähligen Schüler, deren hervorragendster Dromtön (1004–1064) war, tradierten die Lehre des Stufenpfads (*lamrim*).

Im 14. und 15. Jahrhundert entwickelte sich aus der *kadampa*-Schule die *gelugpa*-Linie (Tugendschule). Sie entstand in Ganden, einem Kloster, das der bedeutende Meister Tsongkhapa Losang Dragpa (1357–1419) gegründet hatte. Tsongkhapa war der Urheber einer Reform, die den asketischen Anspruch des mönchischen Lebens und das Studium der Schriften wieder in den Vordergrund stellte. Von seinen zahlreichen Schriften erläutert *Der Große Stufenpfad* (*lamrim chenmo*) die Etappen des *bodhisattva*-Weges. Sein Schüler Gendün Drub (1391–1475) wurde später als der erste Dalai-Lama anerkannt, deren Linie die Geschichte Tibets bis heute nachhaltig prägt.

Die *sakyapa*-Schule, deren Fundament der Weg ist, »der bereits die Frucht enthält« (*lamdre*), gelehrt von dem großen indischen Meister Virūpa, wurde von dem charismatischen Übersetzer Drog-mi (993–1077?) nach Tibet gebracht. Diese Schule hieß *sakyapa* (Graue Erde) nach der Farbe des Erdbodens in der Gegend des Klosters, das von den wichtigsten Lehrern, unter anderem Sachen Künga Nyingpo (1092–1158) und Sakya Pandita (1182–1251) in Zentraltibet gegründet wurde. Letzterer war einer der Großen seiner Zeit, und sein Enkel Tsögyal Phakpa (1235–1280) war der Lehrmeister des Mongolenherrschers Kubilai.

Das metaphysische Fundament der *lamdre*-Lehren ist die Einheit von *samsāra* und *nirvāna*; ihr Weg ist die Reife, die durch die vier Initiationen erlangt wird, und ihre Frucht ist das Erscheinen der fünf ursprünglichen Weisheiten. Sie stellen im Grunde eine Weiterentwicklung der Lehren von der »Befreiung von den vier Anhaftungen« dar (die Anhaftungen gegenüber den Besorgnissen dieses Lebens, dem *samsāra*, den egozentrischen Begierden und den begrifflichen Festlegungen), wie sie Tragpa Gualtsen während einer Schau Mañjushrīs empfing, des Buddhas der Weisheit.

Die *kagyüpa*-Linie, diejenige der mündlichen Überlieferung, geht auf die großen Meister oder *mahāsiddhas* Indiens zurück, wie zum Beispiel Tilopa (988–1069), Nāropa (1016 bzw. 1060–1100) und dessen Schüler Marpa (1012–1097), der dreimal die gefährliche Reise nach Indien unternahm, um die Lehren seines Meisters zu empfangen. Sein Schüler wiederum war Milarepa (1040–1123), den Marpa härtesten Prüfungen unterwarf, bevor er ihm die Lehren übertrug. Zwölf Jahre seines Lebens verbrachte Milarepa in Askese und einsamer Meditation. Seinen Schülern gab er die Lehren in Form improvisierter Gesänge weiter. Milarepa ist der berühmteste Yogi Tibets, und sein Leben ist bis heute eine unerschöpfliche Inspirationsquelle.

Von den zahlreichen Schülern Milarepas seien Rechungpa und Gampopa erwähnt. Letzterer war der Guru von Phamo Drupa sowie des ersten Karmapa, Düsum Khyenpa (1110–1193). Aus der *kagyüpa*-Schule gingen vier Hauptlinien und acht Nebenlinien hervor. Zu den *kagyüpa*-Lehren zählen insbesondere die Sechs Doktrinen des Nāropa (Nāro Chödrug), die den Yoga der Inneren Hitze, des Trugbilds des eigenen Körpers, des Traums, des Klaren Lichts, des Zwischenzustands von Tod und Leben (*bardo*) und der Bewusstseinsübertragung im Augenblick des Todes umfassen. Diese Lehren finden ihren Kulminationspunkt im *mahāmudrā*, dem großen Siegel. Dieser Ausdruck bedeutet, dass die authentische Erkenntnis der höchsten Natur des Geistes alle Erscheinungen umfasst und so der Welt der Phänomene ihr Siegel aufprägt.

Die vier übrigen Linien innerhalb der acht Fahrzeuge sind die Traditionen *shangpa-kagyü*, *chöd* und *shitche*, *kālachakra* und *orgyen nyendrup*. Auch diese bestehen noch heute, jedoch meist in Verbindung mit einer der vier Haupttraditionen. Die *shangpa*-Schule, die der *kagyü*-Tradition sehr nahesteht, wurde im elften Jahrhundert von Khyungpo Naldjor gegründet. Die tiefe und komplexe Tradition des Rades der Zeit, die auf den *kālachakra*-Tantren beruht (deren Geschichte mit dem geheimen Land Shambhala verknüpft ist), ist bis heute sehr lebendig. Die Praxis des *chöd* wurde von der Yogini Machig Labdrönme (1055–1145) nach Tibet gebracht, einer der großen Frauengestalten des tibetischen Buddhismus. Ihr Meister Phadampa Sangye (gest. 1117) baute die *shijed*-Praxis aus, die Besänftigung des Leidens. Das Wort *chöd* bedeutet »abschneiden«. Damit ist die Loslösung vom Ich und von allen Formen der Abhängigkeit gemeint. Die Tradition des großen Siddha Orgienpa (1230–1309) schließlich überlebte nur dank der Bemühungen von Jamyang Khyentse Wangpo und Jamgön Kongtrül, die im 19. Jahrhundert alle noch in Tibet lebendigen Traditionen sammelten.

Wie Seine Heiligkeit, der 14. Dalai-Lama, so oft betont hat, ist die tibetische Tradition wohl die Einzige, die alle exoterischen und esoterischen Richtungen des Buddhismus, *hīnayāna*, *mahāyāna* und *vajrayāna*, nicht nur bewahrt, sondern darüber hinaus integriert und in einer harmonischen und wirksamen Weise in die Praxis umgesetzt hat. Diese drei Fahrzeuge entsprechen zugleich den drei grundlegenden Aspekten des Buddhismus, nämlich der Weltentsagung, dem Erbarmen und der reinen Schau.

Die Weltentsagung, die Grundlage des *hīnayāna* und damit der beiden anderen Fahrzeuge, beinhaltet den starken Wunsch, sich vom Leiden des *saṃsāra* zu befreien, dem leidvollen Kreislauf der Wiedergeburt. Das Erbarmen, das Kernanliegen des *mahāyāna*, entspringt der Einsicht, dass dem individuellen Ich und der Erscheinungswelt keine substanzielle Wirklichkeit zukommt. Denn die Quelle des Leids ist die Unwissenheit, die darin besteht, dass man das trügerische Spiel der Erscheinungen als etwas Beständiges auffasst. Von einem unendlichen Mitgefühl angetrieben, gelobt der Praktizierende, die Buddhaschaft zu erlangen, um alle Wesen zu erlösen, die unter dem Bann dieses Irrtums noch dem Leiden des *saṃsāra* unterworfen sind. Die reine Schau, die außerordentliche Perspektive des *vajrayāna*, des Diamantfahrzeugs, besteht in der Erkenntnis, dass alle Wesen und alle Erscheinungen von der ursprünglichen Reinheit und Vollkommenheit Buddhas durchdrungen sind.

Die Vision des Tantra

Matthieu Ricard

Der Begriff »Tantra« steht für die Vorstellung der Kontinuität und »der Tatsache, dass alles zu einem Ganzen verbunden ist, dass sich nichts unabhängig von etwas anderem ereignen kann.« Damit ist die Reinheit der Erscheinungen gemeint, die im *saṃsāra* wie im *nirvāna* unangetastet bleibt. Das Tantra steht aber auch für die höchste Natur des Geistes jenseits aller Subjekt-Objekt-Vorstellungen. So wie die Welt der Erscheinungen aus der ursprünglichen Natur hervortritt, verliert der Geist die Einsicht in diese Einheit und schafft sich eine Dualität zwischen Welt und Bewusstsein. Er verfestigt die Trennung zwischen Ich und Nicht-Ich, und so entsteht die Welt der Unwissenheit, das *saṃsāra*. Diese Genese geschieht in jedem Augenblick und mit jedem unserer Gedanken als Ausdruck der Unwissenheit, die die Welt verdichtet. Doch vergleichbar einem Traum oder einem Trugbild hat der Irrtum keine Wirklichkeit und kann vertrieben werden. Der Weg des Tantra besteht nun darin, die spirituelle Entwicklung voranzutreiben, denn die Buddhaschaft ist schon in uns.

XINJIANG
Longchen Rabjam
(1308–1363)
LADAKH
ZANSKAR
Atīsha
(982–1054)
Songtsen Gampo
(617–650)
Dharamsala
Kailash
Manasarovar
Purang
Limi
Humla
Jumla
NGARI
Sachen Kunga Nyingpo
(1092–1158)
Namts
Guru Padmasambhava
Magu
Tsangpo
Milarepa
(1040–1123)
TSANG
LHA
NEPAL
Dolpo
Mustang
Manang
Annapurna
Langtang
Tashilhunpo
Giantse
Sakya
INDIEN
Kathmandu
Bodhnath
Khumbu
Everest
Taplejung
SIKKIM
Darjeeling
Paro Taktsang
Vanaresi
Buddha
Shākyamuni
Bodh-Gayā
vajrayāna
BANGLADES

Tsongkhapa
(1357–1419)
Koko Nor
Kumbum
AMDO
Rebkong
Labrang
GOLOK
Machu
(Gelber Fluss)
Amnye Machen
HANGTANG
Jyekundo
IBET
Jamyang Khyentse Wangpo
(1820–1892)
NANGCHEN
LING
DERGE
Shechen
Dzogchen
NAKCHUKA
Chamdo
KHAM
MINYAG
Shāntarakshita
GONGJO
Drichu
(Yangtse)
NYARONG
Guru Rimpoche
Dzachu
(Mekong)
Datsedo
(Kanding)
Tsogyel
Trisong Detsen
(742–797)
Ngulchu
(Salween)
Lithang
MAKHAM
POWO
Dagpo
PEMAKÖ
DZAYUL
Brahmaputra
CHINA
Samye
Yarlung
Sekar Goutor
Assam
YUNNAN
UTAN
BIRMA

གཟའ་བདུད་རཱ་ཧུ་ལ།

རྟ་མགྲིན

Die Anfänge Tibets

von Matthew Akester

Tibet, ein ausgedehntes Hochplateau im Herzen des südlichen Zentralasien, auf allen Seiten von hohen Gebirgszügen umgeben, die die natürliche Grenze zu den Nachbarländern bilden, gehört wohl zu den markantesten Gebieten unserer Landkarte. Über weite Flächen zerklüftet, unwirtlich und nur dünn besiedelt, thront es über den landwirtschaftlichen Kerngebieten der alten Zivilisationen: den Ebenen von Indus und Ganges im Süden, den Tälern von Yangtse und dem Gelben Fluss im Osten und den Oasen des persischen Grenzlands im Westen. Alle großen Ströme Süd- und Ostasiens entspringen dieser gewaltigen Hochebene, die bei den Völkern der benachbarten Niederungen traditionell Ehrfurcht weckte.

Die Bezeichnung »Tibet« haben die europäischen Sprachen aus dem Arabischen entlehnt. Der Sanskritname *bhot*, der in Nordindien noch geläufig ist, steht dem einheimischen Namen näher, den moderne Tibeter *pö* aussprechen. Die Chinesen nannten die Hochebene *hsi-tsang* (westliche Schatzkammer). Für sie und auch für die alten Inder war dieses Land nicht nur die Quelle von Gletscherwasser, sondern auch von Gold, Salz und Heilmitteln, und überdies ein Refugium der Asketen und spirituellen Meister, die den Annehmlichkeiten und der Geborgenheit der bewohnten Welt entsagten. Jedenfalls besitzt kein anderes Binnenland der Welt so klar umrissene Grenzen: Ob man nun den monumentalen Südbogen von Himalaya und Transhimalaya betrachtet oder die unwirtliche, vom Kun-lun-Gebirge abgeschlossene Nördliche Ebene, die Trockenschluchten des Gansu-Korridors oder die Wolkenwälder von Szechwan, es hat nie einen Zweifel gegeben, wo die tibetische Welt begann und wo sie endete. Ungeachtet ihrer unterschiedlichen Dialekte, ihrer Bindungen an Region oder Clan und sogar ihrer rivalisierenden Königreiche, betrachten sich alle Völker dieses riesigen Gebiets in erster Linie als Tibeter und haben dies im Laufe ihrer Geschichte auch immer getan. Die Identität eines Volkes mit einem natürlich umgrenzten Territorium kommt in dem etwas poetischeren tibetischen Namen »Land des Schnees« zum Ausdruck. In Literatur und Lied idealisierten die Tibeter ihre Heimat als »umgeben von schneebedeckten Bergketten«, als »Land der hohen Berge und der reinen Erde«, als »Quelle des Wassers und Mittelpunkt der Erde«. Traditionell wurde Tibet in drei Regionen aufgeteilt, die den deutlich erkennbaren Abstufungen von Klima und Höhe entsprechen: Das waren erstens das tibetische Hochland, die hoch gelegene, windgepeitschte Wüste des Nordens und äußersten Westens, bewohnt von nomadischen Hirten, zweitens Zentraltibet mit dem weitläufigen Tal des Tsangpo oder Brahmaputra und seinen landwirtschaftlich genutzten Seitentälern, und drittens die bewaldeten Flusstäler und das Weideland des Ostens. Die politischen Unterteilungen der Clan-Gebiete und Regionalstaaten sind jedoch weitaus komplizierter.

Soviel man weiß, sind die Tibeter Nachkommen von Nomadenvölkern, die von Norden und Osten auf die Hochebene eingewandert waren. Die erste bekannte tibetische Zivilisation aus vorgeschichtlicher Zeit war das Königreich Shang-Shung, dessen Hauptstadt im äußersten Westen lag. Die Geschichtsschreibung beginnt mit der Yarlung-Dynastie, die dem Südosten des Landes entstammt, die regionalen Stämme einte und nach der Eroberung benachbarter Königreiche im Norden und Westen während des sechsten und siebten Jahrhunderts eines der großen Militärreiche des mittelalterlichen Asien errichtete. Als es schließlich Mitte des neunten Jahrhunderts zerfiel, erstreckte sich das Yarlung-Reich vom Pamir im Westen über das Tarimbecken und das östliche Zentralasien bis zum chinesischen Grenzland. Die Verwaltung des riesigen und rasch wachsenden Gebiets erforderte nicht nur die Organisation des Militärs, sondern auch eine zivile Bürokratie, daher kam es zur Entwicklung von Schriftkultur, Zentralregierung und Rechtswesen.

Noch bevor das Reich zur Großmacht wurde, machten sich fremde Einflüsse auf die tibetische Religion und Kultur bemerkbar. Die Bön-Religion der Shang-Shung- und der ersten Yarlung-Herrscher, häufig als einheimisch bezeichnet, wurde offenbar aus der iranischen Welt im Westen importiert. Infolge seiner ausgedehnten militärischen und diplomatischen Beziehungen mit Sogdiane und Khotan, dem China der Tang-Dynastie und Nan-chao, Kaschmir, Nepal und Bengalen herrschte der Yarlung-Hof zweifellos über ein kosmopolitisches kulturelles Milieu, und in diesem Kontext gelangte der Buddhismus, der in diesen Ländern längst heimisch war, ins Land des Schnees. Seit den zwanziger Jahren des siebten Jahrhunderts gründeten die Yarlung-Kaiser in ihrem Reich buddhistische Tempel, luden ausländische Heilige, Gelehrte und Künstler in ihre Hauptstädte ein und förderten die Übersetzung des buddhistischen Schrifttums ins Tibetische. Im Jahr 775 gründete Padmasambhava aus Orgyen in Samye im Herzen des Yarlung-Reiches das erste buddhistische Kloster.

Das Reich wurde durch interne Machtkämpfe geschwächt, unter denen es schließlich zerbrach. Bedingt waren diese Auseinandersetzungen teilweise durch den Unmut eines Teils des tibetischen Adels gegen die Vorliebe der Herrscher für eine ausländische, pazifistische Religion. Zu dieser Zeit war der Buddhismus in der tibetischen Gesellschaft außerhalb der höfischen Kreise noch nicht fest verwurzelt, und die Klosterkultur hatte noch keine weiter reichende Entwicklung erfahren. Der Zeitraum zwischen der Ermordung des letzten buddhistischen Königs Tritsuk Detsen (836) und der Wiederbelebung der buddhistischen Klosterkultur in Zentraltibet um das Jahr 1000 ist das finsterste Kapitel der tibetischen Geschichte. Es gilt als das dunkle Zeitalter, in dem alle sichtbaren Zeichen des buddhistischen Glaubens verboten waren, auch wenn die Lehren durch gläubige Laien (die so genannten *ngakpas*) überlebten. Unterdessen bildeten Nachkommen des Yarlung-Königshauses zahlreiche Fürstentümer. Zu Beginn des elften Jahrhunderts wurden sie die Schutzherren der tiefer greifenden Zweiten Verbreitung des Buddhismus. Einer von ihnen war Lha-lama Yeshe Ö, Mönch und Herrscher des Königreichs Guge im Westen; ihm wird die entscheidende Tat dieser Renaissance zugeschrieben, nämlich die Berufung des bengalischen Gelehrten Sri Dipankara Atīsha nach Tibet im Jahr 1042. Im Gegensatz zur ersten Phase stützte sich die Zweite Verbreitung des Buddhismus ausschließlich auf das indische *mahāyāna* und *vajrayāna* und festigte den Einfluss auf die tibetische Gesellschaft durch die rasche Neugründung großer Klöster. Zwei Jahrhunderte nach der Pionierarbeit Atīshas lag die staatliche Macht in den Händen der Äbte jener Klöster (Sakya, Drikung, Tsel und Taklung gehörten zu den wichtigsten), die von den tibetischen Schülern und Nachfolgern der indischen buddhistischen Meister des elften Jahrhunderts gegründet worden waren. Weitergegeben wurde die Herrschaft vom Vater auf den Sohn beziehungsweise vom Onkel auf den Neffen. Neben ihrer Rolle als religiöse Universitäten kümmerten sich die großen Klöster auch um Aufgaben wie die Schulbildung der Kinder, die medizinische Versorgung sowie Bankgeschäfte auf kommunaler Ebene. Wie in Indien galt das Schutz- und Treueverhältnis zu einem Guru (oder Lama) als wesentliche Komponente der weltlichen Autorität eines tibetischen Herrschers, aber in zunehmendem Maße vereinten die Klosterstaaten im 13. Jahrhundert selbst beide Formen der Autorität, vor allem nachdem die Mitglieder der Sakya-Linie von den Kaisern der mongolischen Yüan-Dynastie zu deren Lamas ernannt und im Jahr 1253 als Vizekönige mit der Herrschaft über Tibet betraut wurden.

Um die phänomenale Ausbreitung und die zentrale Bedeutung der Klosterstaaten im 13. Jahrhundert und auch die spätere Bedeutung der Klöster für die tibetische Gesellschaft zu verstehen, muss bedacht werden, dass Tibet ein Land ohne Städte war. Die typische tibetische Siedlung bestand aus einem *dzong*, dem befestigten Palast des lokalen Herrschers, der auf einer natürlichen Erhebung errichtet war und um den sich Häuser, Ställe und Vorratsgebäude der Untertanen drängten. Selbst Lhasa, die kulturelle Hauptstadt Tibets während seiner gesamten buddhistischen Geschichte, war kaum jemals größer als ein europäisches Dorf.

Die buddhistischen Klöster übernahmen angesichts der demografischen Verhältnisse in Tibet bald wichtige institutionelle und wirtschaftliche Funktionen und wurden zu Zentren, in denen sich – abgesehen vom klösterlichen Bildungsauftrag – Reichtum, Arbeitskräfte und politische Macht konzentrierten. Die großen Klöster wurden zu Unternehmen, die durch die jeweilige Schule eine eigene Identität gewannen und deren religiöse Unterweisungen im Mittelpunkt einer umfassenderen Organisation standen, die wirtschaftliche, administrative und sogar militärische Aufgaben erfüllte. Sie zogen nicht nur Tausende von Mönchen an, sondern auch Verwaltungsleute, Händler und Kunsthandwerker aus dem ganzen Land.

Im Zuge der Entwicklung der buddhistischen Scholastik formierte sich auch das Dogma der Überlegenheit Indiens und eine Abwertung der einheimischen Philosophie, aber wie in allen anderen Ländern der Region waren die kulturelle Darstellung und das allgemeine Verständnis der buddhistischen Lehren auch in Tibet zutiefst von vorbuddhistischen Traditionen und Überzeugungen gefärbt. Bezeichnenderweise legt der tibetische Buddhismus besonderes Gewicht auf die Lehren und Rituale, die den Tod betreffen und die offenbar in der vorbuddhistischen Religion der tibetischen Könige eine wichtige Rolle spielten. Besonders bemerkenswert ist auch die alte Tradition, die spirituelle Erbfolge bei Laien vom Vater auf den Sohn und bei Mönchen vom Onkel auf den Neffen festzulegen und die spätere Entwicklung einer Nachfolgeregelung durch Reinkarnation.

Seit jenen fernen Tagen ist das tibetische Denken und Handeln stark durch den Buddhismus geprägt, und zwar in einem Maße, dass religiöser Glaube und das Festhalten an der buddhistischen Moral als Wesensmerkmale der kulturellen Identität gelten können. Woran sollte man diese Identität sonst auch festmachen? Angesichts der tief verwurzelten Gliederung der Welt in Bauern und Nomaden, Zentrum und Peripherie und der Vielzahl regionaler Bindungen und buddhistischer Schulen sagen Tibeter gern, das Verbindende sei das *tsampa* (geröstetes Gerstenmehl, ein Grundnahrungsmittel, das ohne weitere Zubereitung verzehrt werden kann). Die gemeinsame Schriftsprache ist offenbar von ähnlicher integrativer Bedeutung.

Nach meiner eigenen begrenzten Erfahrung zu urteilen, ist das tibetische Denken von einer fest verwurzelten Toleranz und einem hartnäckigen Selbstvertrauen geprägt. Kennzeichnend für die Menschen, die auf dieser Hochebene ihr Auskommen suchen, sind einerseits ein starkes Schamgefühl und ein strenger Gehorsam, bedingt durch die hierarchisch gegliederte Gesellschaft, andererseits aber auch eine ungenierte Freiheit und Würde im alltäglichen Umgang.

Für die Tibeter ist die umgebende Natur lebendig und dynamisch, bevölkert von übernatürlichen Wesen aller Art. Doch trotz ihres nicht materialistischen Weltbilds lassen sie sich keineswegs davon abhalten, die Aufgaben des täglichen Lebens mit aller Entschlossenheit, Gespür für das Machbare und unnachahmlicher Freimütigkeit anzupacken. Einen wichtigen Stellenwert nimmt auch das Lachen ein. Ein Gespräch ist nicht zu Ende, ehe man die Dinge nicht von der humorvollen Seite betrachtet hat. Auch das Nomadentum hat die Lebenseinstellung stark beeinflusst. Stets ist man zum Aufbruch bereit, ausgedehnte Reisen schrecken niemanden ab, sei es zu Pilgerfahrten, zu Handelszwecken oder (früher) zu Raubzügen. Besonders gern treffen sich Tibeter zum Picknick, gemeinsam genießt man die schöne Natur, und auch die praktischen Grundnahrungsmittel – *tsampa* mit Tee gemischt, luftgetrocknetes Fleisch – verweisen auf sorglose Wanderlust und Mobilität. Geprägt durch die Macht der buddhistischen Lehren und durch eine reiche mündliche Überlieferung und Volkstradition, ist das tibetische Denken letztlich nicht zu trennen von seiner einzigartigen Umgebung, der lebendigen Klarheit und dem grenzenlosen Raum der Hochgebirgswildnis.

Im Tempel des gekrönten Buddha

von Olivier und Danielle Föllmi

Im Zentrum der tibetischen Hauptstadt, im Herzen von Lhasa, birgt der über tausend Jahre alte Jokhang-Tempel die Statue des Jowo Rimpoche, des gekrönten Buddha. Mönche, Schäfer, Nomaden und Bauern legen monatelange Fußmärsche oder tagelange Fahrten in Lastwagen zurück, um den Buddha mit einem weißen Seidenschal zu ehren. Rings um den Jokhang, das bedeutendste Heiligtum des tibetischen Volkes, führt eine schmale Gasse, Bar Khor genannt. Dort verrichten die Gläubigen beim Umrunden des Tempels im Uhrzeigersinn ihre zahllosen Gebete. An dem Weg, der von zweistöckigen Lehmhäusern gesäumt wird, sind eine Vielzahl von dunklen Läden untergebracht, in denen neben Devotionalien auch Knäuel aus grober Wolle, gelbliche Klumpen ranziger Butter oder Kleidungsstücke aus China feilgeboten werden. An den Enden des Tempels verschwimmen die Konturen der Pilger in Wolken aus glimmendem Wacholder, dessen Geruch in die schweren Mäntel der Passanten dringt wie ein reinigender Segen. Neben dem gleichmäßigen Strom der Pilger, der um den Tempel kreist, debattiert eine Gruppe von Schäfern aus Kham hitzig vor einem Ziegelhaus. Geldscheine wechseln den Besitzer, und einer von ihnen entfernt sich, das Fell eines Schneeleoparden über der Schulter. Etwas weiter vorne versucht ein Händler, sich einen Weg durch die bunte Menge zu bahnen, und preist dabei Weihrauch, Heilbalsam, Kräuter und Gebetsfahnen an. Dann bleibt sein Pferd stehen: Vor ihm am Boden liegt ein Mann um die dreißig Jahre mit kahl geschorenem Schädel und entblößtem Oberkörper. Den Blick ins Nichts gerichtet, betet er mit ernster Stimme, erhebt sich, geht drei Schritte voran, führt die Hände über dem Kopf zusammen und wirft sich erneut zu Boden. Die Knie mit einer großen Fellschürze geschützt, zwei Holzkufen in den Händen, um besser über den Boden zu gleiten, umrundet er den Jokhang 108-mal. Vor elf Monaten ist er aus seinem Dorf aufgebrochen und bis nach Lhasa gezogen, indem er sich alle drei Schritte auf die Staubstraße niederwarf. Er wird in sein fernes Dorf zurückkehren und sich dabei wieder alle paar Schritte auf den Boden werfen, um seine dreijährige Pilgerreise zu beenden.

Auf dem Vorplatz des Jokhang-Tempels werfen sich etwa hundert Pilger zu Boden. Die Ruhe in ihren Gesichtern, die Sanftheit ihrer Blicke verraten, dass sie ihr nobelstes Ziel verwirklicht haben. Unablässig murmeln sie Gebete, so energisch wie ihr Wille, so friedlich wie ihre Gedanken. Dann sinken sie auf die Knie und legen sich der Länge nach auf den Bretterboden, der schon blank gewetzt ist von Jahrhunderten des Glaubenseifers. Unter dem Portal des heiligen Tempels ist nichts zu hören als die Litanei der Gebete und das Geräusch der Holzkufen, die nach jedem Kniefall über den Boden schaben. Wer durch die schweren roten Holztore in den eigentlichen Tempelbereich gelangt, senkt sogleich die Stimme. Zwei Dutzend Mönche beten im Innenhof vor einem Meer von brennenden Butterlampen. Langsam schreiten Männer in schweren Fellmänteln und Frauen mit türkis durchwirkten Zöpfen von einem Butterlämpchen zum nächsten. Im hinteren Teil des Hofes führt eine niedrige Tür in einen Korridor, aus dem ein strenger Buttergeruch strömt. Am Ende dieses Gangs, im Tempel selbst, schmilzt vor Altären in den vergoldeten Schälchen der Opferlampen langsam die Butter, die die Menschen von ihren fernen Almen mitbrachten. Durch eine zweite Tür gelangt man ins Allerheiligste, das Herzstück des Tempels. Eine zeitlose Stille schwebt über den Tausenden von Gläubigen, die von Kapelle zu Kapelle ziehen, Weihrauch in den Händen, Tränen in den Augen, die Blicke leuchtend von den Flammen der kleinen Lampen. In der von chinesischen Siedlern, Militärs und Prostituierten überfluteten Stadt Lhasa ist der Tempel von Jokhang der letzte Rest der tibetischen Welt. Außerhalb des Tempels, auf dem Dach einer getarnten Polizeistation, filmt eine Videokamera ununterbrochen die Pilger. Ein Mikrofon mit großer Reichweite hält jedes ihrer Worte fest. So ist es leicht, im Fall einer aufkeimenden Revolte die Schuldigen zu verhaften – und zu erschießen.

Das Königreich Bhutan

Herausforderung und Wunder des Himalaya

von Françoise Pommaret, CNRS

Im Süden des Himalaya, auf der gegenüberliegenden Seite des steinigen tibetischen Hochplateaus, liegt eingebettet in Wälder das Königreich Bhutan. In den von den Gipfeln des Hohen Himalaya überragten schmalen Tälern wird vorwiegend Reis, Gerste und Buchweizen angebaut. Doch 72 Prozent dieses Landes, das die Größe der Schweiz hat und etwa 700 000 Einwohner zählt, sind von Laub- und Nadelwäldern bewachsen.

Bhutan ist stark von der tibetischen Kultur durchdrungen, die die Region gerade durch den Buddhismus prägte und jahrhundertelang als Vorbild diente. Doch gleichzeitig hat sich dort mit der Staatsgründung im 17. Jahrhundert eine eigene Kultur entwickelt, deren Besonderheiten sie von den anderen tibetischen Einflussbereichen unterscheiden. Ökologie, politisches System, Architektur, Textilien und nicht zuletzt die Küche machen dieses Land zu einer Enklave, die unter dem immer weniger wirksamen Schutz des Himalaya steht.

Man kann Bhutan mit einer riesigen, steilen Treppe vergleichen: Auf einer Strecke von etwa hundert Kilometer Luftlinie steigt die Höhe von Süden nach Norden von dreihundert auf 7400 Meter an. Zudem liegt es fast auf demselben Breitengrad wie Marokko und steht unter dem Einfluss des Sommermonsuns. Demzufolge verfügt Bhutan auf einer recht geringen Fläche (46 500 km^2) über sehr unterschiedliche ökologische Regionen, das heißt von subtropischem oder gemäßigtem Monsunklima bis hin zu alpinem Klima. Das Land bietet eine reiche Flora und Fauna, eine außergewöhnliche Bewaldung, zahlreiche Flüsse, viel Niederschlag und eine geringe Bevölkerungsdichte. Es verfügt über einen natürlichen Reichtum, der im Vergleich zu anderen, trockeneren Himalayagebieten eine bedeutende Rolle in der kulturellen Entwicklung gespielt hat und heute ein wichtiger Wirtschaftsfaktor ist. Durch seine Lage zwischen dem tibetischen Hochplateau und den Monsungebieten Asiens ist es ein wichtiges ökologisches Bindeglied.

Bhutan ist außerdem das einzige asiatische Land, in dem der *vajrayāna*-Buddhismus (auch *mahāyāna*-Buddhismus genannt) Staatsreligion ist. Der im 17. Jahrhundert gegründete Staat hat seine Unabhängigkeit gegenüber den beiden großen Vormachtstellungen, China und Indien, bewahrt. Auch die Invasionsversuche Tibets und Großbritanniens sind gescheitert. Für die fast wundersame Unabhängigkeit dieses kleinen, am Knotenpunkt geopolitischer Interessen gelegenen Landes gibt es viele mögliche Faktoren: Günstige historische Umstände, ein unwegsames Gelände, auf dem man mit Pferden nicht vorankommt, das aber bestens geeignet ist, um einen Hinterhalt zu stellen, sowie die Tapferkeit der bhutanischen Bogenschützen. Vielleicht war es auch einfach Glück oder der Schutz einer geneigten Gottheit. Bhutan war vom 17. Jahrhundert bis zum Anfang des 20. Jahrhunderts eine Theokratie, wurde 1907 zur Monarchie und erhielt 1953 eine eigene Nationalversammlung. Seit 1971 ist Bhutan Mitglied der Vereinten Nationen. Die Entwicklung des Landes wird durch internationale und bilaterale Hilfen sowie durch die Einkünfte aus dem Verkauf von Wasserkraft-Elektrizität finanziert. Dennoch wäre dieser Aufschwung ohne eine klare politische Linie nicht möglich gewesen: Einerseits soll die Entwicklung nicht nur der Ökonomie nutzen, sondern auch den

Menschen zugute kommen, was als »Bruttosozialglück« bezeichnet wird – ein Begriff, den König Jigme Singye Wangchuk Ende 1980 prägte. Andererseits sollen die Modernisierung und der Zugang zu Kommunikationsmitteln nicht auf Kosten traditioneller Werte gehen, wie etwa der Ehrfurcht vor den Ahnen, der Religion und dem kulturellen Vermächtnis. Dieses äußerst wichtige Erbe wird von einer nationalen Kommission für kulturelle Angelegenheiten verwaltet. Bauten und Werke werden nach und nach erfasst und katalogisiert, doch die Aufgabe ist gewaltig, denn allein die architektonischen Zeugnisse umfassen 13 000 *chorten* (beziehungsweise *stūpas*) und zweitausend Tempel, die auch vor Diebstahl und Feuer geschützt werden müssen, da sie bedeutende Kunstschätze beherbergen.

Die bhutanische Architektur ist von derselben Schönheit und Harmonie wie die der gesamten Himalayaregion, doch ihre Formen sind weniger streng und ähneln denen osttibetischer Bauten (*kham*). Zu den auffallendsten Unterschieden zwischen der Bauweise von Bhutan und Zentraltibet gehört die reiche Verwendung von Holz, was insbesondere in den Schindeldächern mit doppelter Neigung zum Ausdruck kommt, die in einem Land mit so starkem Monsunklima dringend nötig sind.

Zu den Besonderheiten Bhutans gehört auch, dass die Festungen in den Tälern (*dzongs*) zugleich staatliche Klöster und Machtzentren sind. Sie sind die eindrucksvollsten Bauten des Landes, da Tempel und Klöster von den Ausmaßen her oft deutlich bescheidener ausfallen. Die religiöse Kunst Bhutans gleicht in Stil und Technik weitgehend derjenigen der anderen tibetischen Kulturkreise und ist nach wie vor die Domäne der Männer. Die Frauen – und zwar Frauen jeglicher sozialer Schicht – sind hingegen für die Textilproduktion zuständig. Die künstlerische Qualität der Weberei ist im gesamten Himalayagebiet und in Tibet einmalig und spielt in der traditionellen Gesellschaft eine herausragende sozio-ökonomische Rolle. Verarbeitet werden Wolle, Baumwolle, Seide oder Nesselfasern, und zwar auf Trittwebstühlen, Litzenstabwebgeräten und Webstühlen mit Karton-Lochkarten. Der aufwendige Ornamentstil erinnert stark an die tibetoburmesischen Stämme von Arunāchal Pradesh sowie an Burma und Laos. Früher wurden die Stoffe von Bhutan, die man bis Ladakh findet, in Tibet gegen Teppiche getauscht, und bis 1959 bildeten sie neben Reis, Arzneipflanzen und Papier die Grundlage des Handelsverkehrs. In Lhasa ist ein Wildseidenhemd aus Bhutan ein Prestigeobjekt.

Durch die stark von der Natur geprägten materiellen Grundlagen der Kultur unterscheidet sich Bhutan mit am stärksten von den anderen Himalayaregionen und Zentraltibet. Bambus, Peddigrohr und Holz sind im Überfluss vorhanden und dienen zur Herstellung vieler Gebrauchsgegenstände, zu denen auch Pfeil und Bogen gehören. Zudem bietet die Natur reichlich Arzneipflanzen sowie Farbstoffe für die Textilien. Der Wald ist seit jeher die Nährmutter, die auch bei schlechten Reis- und Getreideernten das Überleben sichert. Dort findet man wilde Wurzeln, Jams und Taro, sowie vielerlei essbare Pflanzen, die den Speiseplan bereichern, beispielsweise Pilze, Farne, junge Bambussprossen, Bananen, Baumtomaten und sogar Orchideen.

Ein Gesamtbild von der Küche Bhutans zu geben, ist fast unmöglich, denn traditionell hatte jede Region klima- und ortsbedingt ihre eigenen Essgewohnheiten. Im Westen war Reis das Grundnahrungsmittel, im Osten Mais, im Zentrum waren es Buchweizen und Weizen. Heute ist fast überall der teilweise aus Indien importierte Reis das Hauptnahrungsmittel, doch auch Kartoffeln haben sich in den letzten zwanzig Jahren als Gemüsebeilage durchgesetzt. Die Bhutaner sind keine Vegetarier, am liebsten essen sie Yak-, Schweine- und Rindfleisch. Um einen Berg aus Reis herum werden Gemüsegerichte, oft in einer Käsesauce, neben Fleisch angerichtet. Als Besonderheit der bhutanischen Küche sind die kleinen, scharfen Peperoni zu erwähnen, die auf keinem Teller fehlen dürfen. Sie wachsen in den 1200 bis 2300 Meter hoch gelegenen Tälern sehr schnell und werden nicht als Gewürz benutzt, sondern als Gemüse zubereitet!

Als kulturelles Grenzland, ökologisches Bindeglied und geopolitischer Pufferstaat pflegt Bhutan seine Besonderheiten, die der Region innerhalb des weiten Himalayagebiets eine einzigartige Identität verleihen.

Im Land des Donnerdrachens

von Matthieu Ricard

In Bhutan trägt alles, was am Himmel und auf der Erde ist, einen Namen, der unmittelbar aus der buddhistischen Literatur stammt. Ebenen sind »achtblättrige Lotosblüten« (Symbol der Reinheit), Berge »versteckte Elefanten« (Symbol der Kraft), »majestätisch thronende Löwen« (Symbol des Mutes) oder »auffliegende Garudas« (Symbol des Aufstiegs zu metaphysischen Gedanken). Seen bezeichnet man als »Gefäße des Überflusses« oder »Nektarschalen«. Freie Himmelsstücke zwischen aufragenden Felsen sind »Spiralen der Freude« (*gakhyil*) oder Dolche, die für die Vernichtung der drei Seelengifte stehen (Gier, Hass und Unwissenheit). Das ganze Land ist heilig: Jedes Tal ist eine Pilgerstätte, jeder Felsen, jeder Fluss, jede Höhle verfügt über eine spirituelle Geschichte. Hier hat ein Eremit meditiert, dort hat ein Heiliger seinen Fußabdruck im Gestein hinterlassen, und wieder an einem anderen Ort wohnt ein Schutzgeist der heiligen Lehren. Diese Quelle ist von einer *naga* bewohnt, einem Mischwesen aus Mensch und Schlange, und jener Wald darf niemals abgeholzt werden, weil er in fernen Zeiten von einem Meister gesegnet wurde.

Viele dieser Orte sind außerhalb des Tals unbekannt, in dem sie liegen, während andere in der buddhistischen Welt des Himalaya einen mythischen Ruf haben. Berühmt ist Taktsang, die Tigerhöhle im Paro-Tal, einer der beeindruckendsten heiligen Orte des Himalaya. In dieser Höhle, in deren Nähe auf steilen Felshängen mehrere Klöster stehen, soll Padmasambhava eine große Zahl spiritueller Schätze versteckt haben. Erwähnt werden muss auch Monka Sengue Dzong, die Löwenfestung, ein weiterer Ort, der durch die Anwesenheit von Padmasambhava und seiner Schülerin Yeshe Tsogyel geheiligt wurde. Er liegt in über viertausend Meter Höhe, umringt von Felsgipfeln und Gletschern. Wer ihn aufsuchen will, muss einen mehrtägigen Fußmarsch über morastige Pfade durch einen subtropischen Dschungel auf sich nehmen.

Seit Padmasambhava (achtes Jahrhundert), Pema Lingpa – der im 15. Jahrhundert die bhutanischen »Schätze« entdeckte – sowie Shabdrung Ngawang Namgyiel (17. Jahrhundert) dort den *vajrayāna*-Buddhismus einführten, ist Bhutan mit seinen weitläufigen Wäldern und klaren Gewässern sowohl in spiritueller als auch in politischer Hinsicht weitgehend unberührt geblieben. Daher hat sich die buddhistische Kultur dort bis heute in einzigartiger Reinheit erhalten, und ihre Werte sind im Denken der Bewohner nach wie vor fest verankert. In einigen großen Klöstern, wie zum Beispiel nahe der Hauptstadt Thimphu, leben über tausend Mönche. Auf jedem Hügel thront ein kleiner Tempel mit Gebetsfahnen, die im Wind flattern. In den Bächen drehen sich Tag und Nacht Gebetsmühlen. Überall auf den Bergen und in den Wäldern gibt es Einsiedeleien, in denen sich Mönche, Nonnen und Laien der Meditation widmen. Im Lauf des Jahres gibt es zahlreiche prächtige Zeremonien und religiöse Tanzfeste.

Zwei Schulen des tibetischen Buddhismus sind in Bhutan hauptsächlich vertreten: die *drukpa-kagyü*, der praktisch alle der vom Staat geförderten Klöster angehören, und die *nyingmapa*, die hervorragende spirituelle Meister hervorgebracht hat und der ein großer Teil der Bevölkerung anhängt. Der oberste Abt von Bhutan, Je Khenpo, gehört der ersteren Tradition an und nimmt auf der geistlichen Ebene einen vergleichbaren Rang ein, wie ein König auf der weltlichen Ebene. Bhutan, das anders als das benachbarte Tibet von der kulturellen Verwüstung verschont geblieben ist, besitzt ein buddhistisches Kulturerbe, das in der Welt einmalig ist. Die verschiedenen Traditionen sakraler Kunst sind bis heute lebendig geblieben, die schönen Skulpturen der bhutanischen Bildhauer sind im ganzen Himalaya berühmt.

Bislang ist es dem Land gelungen, die Erhaltung seiner traditionellen buddhistischen Kultur mit den nützlichen Aspekten der westlichen Zivilisation zu verbinden, insbesondere im Bereich des Umweltschutzes, des Gesundheits- und des Bildungswesens. Ein hoher kanadischer Beamter, der Bhutan seinerzeit beim Aufnahmeverfahren in die UNO unterstützte, sagte einmal: »Bhutan könnte einmal wie ein anderes Land werden, aber kein anderes Land kann jemals so werden wie Bhutan.«

Nepal, Knotenpunkt der Kulturen

von Corneille Jest

Mañjushrī, der *bodhisattva* der Weisheit, wird als Schöpfer Nepals angesehen. Durch seine Allwissenheit war ihm bekannt, dass der ursprüngliche Buddha sich auf einem Berg südlich seiner Bleibe gezeigt hatte. Mañjushrī wohnte im nordchinesischen Wutai-Shan-Gebirge. In Begleitung seiner beiden Ehefrauen Varada und Mokshada sowie zahlreicher Schüler verließ er den heiligen Berg. Nachdem er die höchsten Gipfel überwunden hatte, kam er an einen von Bergen eingeschlossenen See. Mit seinem Schwert durchbrach er die »Talmauer«, damit das Wasser ablaufen konnte. Am Grunde des Sees fand sich tatsächlich der Stiel der kostbaren Lotosblume, die Swayambhū, der aus sich selbst Existierende, getragen hatte. Dann durchschritt Mañjushrī jenen Raum, der heute dem tibetischen Hochplateau entspricht, überwand den angrenzenden Himalaya-Gebirgszug und stieg hinab bis zum Ganges. Nachdem das Wasser des Sees durch das Schwert der Weisheit abgeflossen war, entstand das Tal von Kathmandu, das den Mittelpunkt eines riesigen heiligen Gebiets bildet.

In diesem Tal haben legendäre Buddhas, Heilige und Gelehrte gelebt und ihre Spuren hinterlassen. Es wird oft mit einem riesigen Reliquienschrein verglichen, dessen Juwele der Hügel des Swayambhū, die großen *stūpas* von Bodhnath und Chabahi sowie das Pashupati-Heiligtum sind. Tempel, heilige Stätten und Klöster, die es zu Hunderten gibt, sind Ausdruck eines sehr lebendigen Glaubens. Anlässlich des jährlichen rituellen Sühneopfers verwandelt sich jede Behausung in eine Kultstätte. Da es in dieser Gegend in der Vergangenheit keine größeren Auseinandersetzungen gab, ist das künstlerische und architektonische Erbe noch weitgehend erhalten geblieben. Dazu kam der glückliche Umstand, dass fromme Könige und gläubige Laien stets Restaurierungsarbeiten vornehmen ließen.

Geografischen Untersuchungen zufolge haben sich die Hänge des Himalaya von den höchsten Gipfeln bis zur Gangesebene in ein gigantisches Schachbrett verwandelt. Die Flüsse, die am Fuß dieser hohen Berge entspringen, durchschneiden die Bergketten und begrenzen die Gebiete, in denen heute Völker unterschiedlichen Ursprungs leben. Im Norden von Tibet begrenzt, im Osten, Süden und Westen von Indien, zählt Nepal heute 23 Millionen Einwohner. Im wegsamsten Teil des Himalaya, der in Nord-Süd-Richtung weniger als hundert Kilometer breit ist, haben sich im Lauf der Jahrhunderte Bevölkerungen verschiedenster Kulturen und Lebensweisen niedergelassen. Einige tibetische Völker, die vom Hochplateau Tibets und aus dem Tsangpo-Tal (Brahmaputra) stammen, haben im südlichen Teil des Himalaya Lebensbedingungen vorgefunden, die denen im Norden ähnlich sind, deshalb wurden sie dort sesshaft. Von West nach Ost haben sich entlang der Gebirgskette verschiedene Enklaven gebildet: Limirong, Dolpo, Lo, Solu-Khumbu. Die Geschichte gibt uns eine Erklärung für die Anwesenheit von Ethnien im nördlichen Teil Nepals, die über eine tibetische Sprache und Kultur verfügen. Zur Zeit der ersten Könige weitete Songtsen Gampo (gest. 649) den Einfluss Tibets weit über seine heutigen Grenzen auf einen Teil des südlichen Himalaya aus, der im Osten durch Bhutan, im Westen durch Zanskar begrenzt wurde. So sind diese kleinen ethnischen Gruppen heute Zeugen einer glorreichen Vergangenheit. Als Erben der großen tibetischen Traditionen haben sie bis in unsere Zeit kulturelle Gebräuche und Glaubensformen beibehalten, die es in ihrem Herkunftsland nicht mehr gibt. In diesen Gesellschaften herrscht nicht nur Endogamie, was bedeutet, dass nur innerhalb der Gemeinschaft geheiratet werden darf, sondern sie unterliegen auch einer bestimmten Hierarchie, die zwischen den alteingesessenen Familien und den Gemeindevorstehern unterscheidet. Sie sind überwiegend Bauern und pflanzen dank einer sparsamen Verwaltung des in diesen Regionen so knappen Wassers Gerste an. Der Rest des Lebensunterhalts wird zum einen durch Viehzucht (Schafe, Ziegen, Yaks, Pferde) und zum anderen durch Handel bestritten.

Die mittleren Täler dieses zerklüfteten Landstrichs sind von den Volksgruppen Magar, Gurung, Tamang und Kirant besiedelt, die der tibetoburmesischen Kultur- und Sprachfamilie angehören. Früher waren sie Hirten, doch heute haben sie in der unwirtlichen Bergregion zahlreiche Terrassen angelegt und nutzen die geringen Wasserressourcen. Ihre Glaubenswelt basiert auf dem Ahnen- und Geisterkult der Schamanen. Heute sind diese örtlichen Riten in den volkstümlichen Hinduismus eingegangen. In den südlichsten Regionen findet man Volksstämme aus der Gangesebene, die Reis anbauen und Büffelzucht betreiben. Sie unterscheiden sich von den Bewohnern der Bergtäler durch ein Kastensystem, die hinduistische Religion und die indo-arische Sprache. Neueren Entwicklungen zufolge ist die Vorherrschaft der früher stärker besiedelten Bergregionen bedroht, und zwar zugunsten der Tarai-Ebene, wo heute mehr als die Hälfte der Bevölkerung wohnt. Die Indo-Nepalesen bilden mit 45 Prozent die zahlenmäßig größte Hindu-Gruppe Nepals. Sie kamen im 13. bis 14. Jahrhundert ins Land und sind in einem Kastensystem organisiert. Die beiden höchsten Kasten, die Bahun-Chhetri, stellen traditionell die Priesterschaft und die Machthaber. Heute sind ihre Zuständigkeiten allerdings weiter gefasst. Sie bewohnen ein Gebiet, das sich von Osten nach Westen in der Mitte des Landes erstreckt. Die Newar, die sich als Ureinwohner des Tals von Kathmandu betrachten – schließlich sind sie mit Mañjushrī ins Land gekommen –, haben diese Region zu einem Zentrum des kulturellen, wirtschaftlichen und religiösen Austausches mit Indien und Tibet gemacht. Sie fühlen sich als Schöpfer und Hüter jener Zivilisation, die man als nepalesisch bezeichnet, wenngleich der größte Teil ihres kulturellen Erbes newarischen Ursprungs ist. Das erklärt sich zum Teil daraus, dass sie sich an einer kulturellen Nord-Süd-Kreuzung ansiedelten. Ihre Kreativität in allen künstlerischen Bereichen wurde durch diese geografische Lage gefördert. Jahrhundertelang haben sich in der Kastengesellschaft der Newar besondere Lebensweisen und religiöse Gebräuche erhalten, eine Mischung aus Buddhismus und Hinduismus, die vor allem in ihren Ritualen, ihren Zeremonien bei großen religiösen Festen und bei den Pilgerfahrten zum Ausdruck kommt.

Wenn man an einer buddhistischen oder hinduistischen Pilgerfahrt nach Bodhnath beziehungsweise Pashupati teilnimmt, erhält man einen aufschlussreichen Einblick in Reichtum und Vielfalt dieser multikulturellen Traditionen. So herrscht in Bodhnath anlässlich des tibetischen Neujahrsfests Losar alljährlich besondere Aufregung, denn alle Bewohner der Bergdörfer und des nahe gelegenen Tibet versammeln sich hier. Zu Anfang des Winters strömen die Menschen aus den Grenzgebieten mit ihren Familien ins Kathmandu-Tal. Einige bringen Wollstoffe, Salz und Arzneipflanzen mit, um sie gegen indische Waren einzutauschen. Manche schlagen ihre Zelte in Bodhnath oder Swayambhū auf, wo sie ihre kommerziellen und religiösen Aktivitäten entfalten. Da das Klima milder ist als in den hoch gelegenen Bergregionen, besuchen sie die unzähligen heiligen Orte im Tal, Stätten, die von Buddhas und großen Meistern der Vergangenheit wie Nāgārjuna, Padmasambhava oder Milarepa geheiligt wurden.

Aufgrund seiner geografischen Lage war und ist das Tal von Kathmandu ein bedeutender Ort des Austausches: Verschiedenste Güter und Vorstellungen haben dieses fruchtbare Becken beeinflusst, in geringerem Ausmaß auch die anderen Täler sowie die dreizehn Pässe, über die man ins tibetische Zentralasien kommt. Durch die chinesische Invasion gelangten ebenfalls viele Tibeter nach Nepal. Heute bilden sie eine wichtige und dynamische Gemeinschaft. An einigen heiligen Stätten sind Tempel und Klöster entstanden, so dass sich die gesamte Region zu einem herausragenden Zentrum des Buddhismus entwickelt hat, das zu einem in dieser Region Asiens einzigartigen kulturellen Dialog beiträgt.

Ladakh

Wo Buddhismus und Islam aufeinandertreffen von Janet Rizvi

Im äußersten Nordwesten Tibets liegt die indische Provinz Ladakh. Die Grenze, die zwischen den beiden Gebieten verläuft, ist eine rein künstliche Linie; sie durchschneidet ein geografisches Kontinuum. Im Südosten steigen Plateau und Hügellandschaft, die das tibetische Changtang kennzeichnen, allmählich zu den Gebirgsketten im Westen des Hohen Himalaya an. In der Region liegen nicht weniger als vier Hochgebirge: Hoher Himalaya, Zanskar-Kette, Kailash-Ladakh-Kette und Karakorum. Jedes dieser vier Gebirge verzweigt sich in eine Vielzahl von Nebenketten. Die Gebirgskämme werden von Flusstälern durchschnitten, die sich nur für menschliche Besiedelung eignen. Im Regenschatten des Hohen Himalaya ist Ladakh eine Hochgebirgswüste, deren empfindliche Böden nur dank der Bewässerung durch die Gletscherflüsse kultiviert werden können. Das Rückgrat des ganzen Systems ist der Indus, einer der größten Ströme der Welt, dessen Tal das historische Kerngebiet von Ladakh bildet.

Durch enge Gebirgspässe sind die Dörfer mit den Nachbartälern verbunden, die zwischen 3350 und 5500 Meter hoch sind (nicht von ungefähr bedeutet Ladakh »Land der Pässe«). Die Pfade führen durch so unwegsames Gelände, dass keine Fuhrwerke eingesetzt werden können. Und doch fand noch vor einem halben Jahrhundert ein reger Handel statt, um die Überschüsse beziehungsweise Mängel in bestimmten Regionen zu beheben. Güter des täglichen Bedarfs, die es in Ladakh nicht gab – Salz, Reis, Tee, Gewürze, aber auch Türkise, Korallen und Perlen –, wurden gegen Erzeugnisse der Landwirtschaft eingetauscht: Gerste, Butter, getrocknete Aprikosen sowie Zanskar-Ponys. Über Ladakh gelangte auch *pashm* – das weiche, feine Unterhaar der Kaschmirziege – aus Westtibet nach Kaschmir. Die Hauptstadt Leh war der Knotenpunkt für den Fernverkehr der Luxusgüter – Seide, Gewürze, Rauschmittel, Teppiche, Gold- und Silberbarren – zwischen dem indischen Pandschab, Yarkand im chinesischen Zentralasien und Lhasa.

Felsbildnisse des Maitreya und Avalokiteshvara aus dem achten Jahrhundert in klar erkennbarem indischen Stil beweisen, dass der Buddhismus über Kaschmir nach Ladakh gelangte, lange bevor ein Mitglied der tibetischen Yarlung-Dynastie um das Jahr 950 das Königreich begründete. Als Yeshe Ö, der König von Guge aus einer jüngeren Linie des Herrschergeschlechts von Ladakh, mit der so genannten Zweiten Verbreitung die Renaissance des Buddhismus einleitete, schickte er zunächst Rinchen Sangpo und andere Gelehrte nach Kaschmir, um die ikonografischen Traditionen zu studieren und Texte zu übersetzen. Rinchen Sangpo brachte die Früchte seiner Arbeit nach Ladakh, wo seine Anhänger das Kloster Alchi gründeten, eines der seltenen noch erhaltenen Beispiele für die buddhistische Ikonografie des elften Jahrhunderts. Die dortigen Wandmalereien wurden wohl von Meistern aus Kaschmir ausgeführt. Sie zeigen eine erstaunliche Ähnlichkeit mit Malereien, die 1600 Kilometer entfernt und sechs Jahrhunderte früher in Ajanta entstanden sind. Abgesehen von ihrer künstlerischen Bedeutung sind sie zugleich ein bewegendes Zeugnis für die räumliche und zeitliche Einheit der buddhistischen Kultur Indiens.

Tibet verlieh den Traditionen, die die zahlreichen Gelehrten aus Indien mitbrachten, eine unverkennbare Prägung, so dass nach kurzer Zeit eine zentralisierte Orthodoxie entstand. Zwei Jahrhunderte nach Yeshe Ös Initiative hatten die in den Klöstern Zentraltibets beheimateten Schulen eine Führungsrolle gegenüber ihren Tochterhäusern in Ladakh und anderen Peripheriegebieten erlangt. Ein Novize aus Ladakh konnte nicht zum *geshe* werden, wenn er nicht zuvor ein Studium in einer der Klosteruniversitäten absolviert hatte, das bis zu 25 Jahren dauerte. Eine tibetische Ikonografie ersetzte bald die indische, die in Alchi so lebendig erhalten ist, und das religiöse Leben der Region stand schließlich völlig unter tibetischem Einfluss. Dennoch ist Ladakh nicht nur geografisch, sondern auch religiös und kulturell ein Übergangsgebiet, in dem die Grenze zwischen Buddhismus und Islam vorläuft. Auch wenn im 15. und 16. Jahrhundert immer wieder muslimische Invasionen stattfanden, erfolgte die Islamisierung der westlichen Landesteile offenbar ohne Gewalt. Viele der Missionare – Prediger aus Kaschmir und dem Iran – waren Syeds, die direkt vom Propheten Mohammed abstammten. Sie ließen sich in den Dörfern von Kargil nieder, wo ihre Nachkommen, die so genannten *aghas*, in ununterbrochener Linie bis heute die religiöse Autorität verkörpern. Sie bekennen sich zum Schiismus, ebenso wie die Nachkommen der Einwanderer aus Baltistan, die in Chushot unweit von Leh leben. In der Hauptstadt selbst gibt es eine Sunniten-Gemeinde, die *arghons*, die aus der Heirat zwischen muslimischen Kaufleuten aus Kaschmir oder Zentralasien mit einheimischen Frauen hervorgingen.

Spätere politische Entwicklungen – die Errichtung der zweiten Dynastie, der *namgyal*, der Krieg gegen Tibet in den achtziger Jahren des 17. Jahrhunderts, die Anerkennung der Oberhoheit des Mogulreiches durch Ladakh, das Ende der Unabhängigkeit nach 1830 sowie eine Reihe von historischen Zwischenfällen, die dazu führten, dass das Gebiet 1846 dem indischen Bundesstaat Jammu und Kaschmir zugeschlagen wurde – hatten im Grunde wenig Einfluss auf die Struktur des gesellschaftlichen und religiösen Lebens. 1885 öffnete eine Mission der Herrnhuter in Leh ihre Pforten und eine Hand voll Buddhisten trat zum Christentum über. Doch zu tief greifenden Veränderungen kam es erst, nachdem Indien unabhängig und Ladakh Teil des neuen Staates geworden war. Die Grenzen nach Tibet und Zentralasien wurden geschlossen, und damit endeten die kommerziellen und religiösen Beziehungen, die seit einem Jahrtausend bestanden hatten. Der abrupte Abbruch eines traditionellen Handelssystems und das ambitionierte Entwicklungsprogramm, das Indien auch für Ladakh vorsah, führten zu Umwälzungen der regionalen Wirtschaft mit noch nicht absehbaren Folgen in ökonomischer, aber auch ideologischer und sozialer Hinsicht.

Dennoch hat sich Ladakh einen eigentümlichen Charakter bewahrt, der sich vom tibetischen deutlich unterscheidet. In Zentral- und Ost-Ladakh sowie in Zanskar sind zwar die äußeren Symbole des Buddhismus allgegenwärtig: *mani*-Mauern, *stūpas*, Gebetsmühlen und -fahnen. Doch von jeher hat dies dem friedlichen Zusammenleben mit den muslimischen Landsleuten keinen Abbruch getan. Diese wiederum halten zwar kompromisslos am Islam fest, haben sich aber offenbar von der buddhistischen Toleranz und Offenheit anstecken lassen. Zuweilen sind beide Religionen in einer Familie vertreten, und ein Stab quer über dem Kochtopf symbolisiert die Trennung zwischen den Nahrungsmitteln, die den Muslimen erlaubt sind, und den Speisen, die von ihren buddhistischen Verwandten verzehrt werden. Manche Ladakhis tragen sogar zusammengesetzte Namen wie Ali Tsering. Die mündlich überlieferte Literatur wird durch beide Kulturen bereichert, und angeblich wird die Gesar-Sage, das tibetische Nationalepos, am lebendigsten von den muslimischen Barden aus Chigtan vorgetragen.

Diese Begegnung der Kulturen zeigt sich auch in den beiden wichtigsten Sportarten Ladakhs, Polo und Bogenschießen. Historisch gesehen gehörte Bogenschießen zur tibetischen Kultur, wird aber mittlerweile überall praktiziert, wobei die Schiiten im Bezirk Kargil es ganz besonders ernst nehmen. Polo hingegen war ursprünglich der Lieblingssport der Muslime im Karakorum und im Hindukusch. Weder beim Bogenschießen noch beim Polo oder bei anderen öffentlichen Festen darf die musikalische Begleitung durch *surna* und *daman* (Oboe und Trommeln) fehlen. Diese Instrumente wurden im 17. Jahrhundert aus Baltistan eingeführt, und die komplizierten Rhythmen der Musik verweisen auf ihren Ursprung in panislamischen Musikrichtungen. Heute wird sie aber nur von buddhistischen Musikern, den Mon, dargeboten. In Lhasa erklingt sie bei wichtigen Anlässen wie dem Todestag des Tsong-ka-pa und sämtlicher Dalai-Lamas vom Dach des Potala und ist wahrscheinlich das einzige Beispiel für eine umgekehrte Befruchtung der tibetischen Kultur durch Ladakh. Im 18. und 19. Jahrhundert schloss sich Tibet weitgehend gegen Fremde ab. Ladakh hingegen, das am Knotenpunkt von Handelswegen lag, wo verschiedene geografische und kulturelle Sphären aufeinandertrafen, blieb im Lauf seiner Geschichte stets offen für die Außenwelt. Daher konnte hier eine einzigartige, friedfertige Kultur entstehen, die tief in ihrem Heimatboden verwurzelt ist und doch viele universelle Werte birgt.

Zanskar, ein gesegnetes Land

von Olivier und Danielle Föllmi

Zanskar, im Herzen des indischen Kaschmir gelegen, gilt als eines der isoliertesten Länder unseres Planeten. Für die Bauern aus den Zanskar-Tälern, die autark leben, ist die indische Ebene bereits so fremd, dass sie sie als Ausland betrachten. Um dorthin zu gelangen, müssen sie Pässe von bis zu fünftausend Meter Höhe überwinden und die mit dichter Vegetation überwucherten und oft von Sturzbächen verwüsteten Südhänge des Himalaya hinabsteigen. Und all diese Strapazen nur, um in eine Stadt zu kommen, in der es hektisch und laut zugeht. Die Bergbewohner begeben sich deshalb nur widerwillig in diese aus den Fugen geratene Welt.

Aus 3500 Metern Höhe versorgt das alte Königreich Zanskar die Welt mit dem reinen Quellwasser zweier Flüsse, Doda und Tsarap, die an Gletschern des Hohen Himalaya entspringen und sich in einem breiten dreieckigen Tal zum Strom Zanskar Tsangpo vereinen. In Arabesken – im Sommer braun, im Herbst türkis, den ganzen Winter lang weiß – fließt er an den Klöstern Karcha und Stongde vorbei, die auf felsigen Bergspitzen zu beiden Seiten des Stroms thronen. Dann windet sich der Zanskar Tsangpo in einer breiten Schleife um das Dorf Tzazar mit seiner alten Kapelle aus rissigem Lehm, in der eine alte Butterlampe vor sich hin brennt. Nachdem er die beiden einsamen weißen Lehmhäuser von Hanamur passiert hat, kämpft sich der Fluss durch die schroffen Felswände eines hundert Kilometer langen Cañons. Etwa 150 Kilometer weiter, im mineralhaltigen Tal von Ladakh, beruhigt sich der Zanskar Tsangpo wieder und bietet seine Wasser dem Indus dar. Dieser Fluss, der am Kailash, dem heiligsten Berg Tibets, entspringt, versorgt im Westen die Oasen der Täler Karakorums. Dann strömt er nach Süden, um zweitausend Kilometer weiter die trockenen Ebenen von Sind zu bewässern.

An die zwölftausend Bauern bevölkern die fast fünfhundert kleinen Dörfer in den drei Tälern von Zanskar. Jede Familie besitzt ein Lehmhaus, ein paar terrassenförmig angelegte Felder, ein Dutzend Ziegen, zwei oder drei Pferde, manche ein Yak und dazu ein Weibchen (*dri*), vor allem ein paar *dzomos*, eine Kreuzung aus Yak und Kuh, die gute Milch geben. Als Buddhisten essen die Einwohner selten Fleisch, denn sie verabscheuen es, Lebewesen zu töten. Sie ernähren sich vorwiegend von Gerstenmehl, von Erbsen und Hochlandweizen, den sie im Sommer anbauen.

Der Frühling in Zanskar ist eine schöne und beschauliche Jahreszeit, in der man auf den Hausdächern betet und darauf wartet, dass die Natur erwacht. Um die Schneeschmelze zu beschleunigen und die Erde zu erwärmen, damit man sie bestellen kann, verteilen die Familien die im Winter angesammelte Asche auf ihren Feldern. Der Sommer ist eine geschäftige und oft sorgenreiche Jahreszeit. Den Zanskar-pa bleiben kaum drei Monate zum Bestellen der Felder, zum Ernten und Einfahren des Getreides und Viehfutters. Die ganze Familie arbeitet von früh bis spät um die Äcker zu pflügen und zu bewässern, Holzvorräte aus den Bergen herbeizuschaffen, das Vieh auf den Weiden zu hüten und die Butter zu schlagen. Ist die Familie kinderreich genug, um all diese Aufgaben zu bewältigen, so bietet einer der älteren Brüder seine Dienste als Karawanenführer für ausländische Reisende an, die zu Fuß die Täler durchwandern. Im Sommer verbindet ein befestigter Weg Padum und Kargil. Auf dieser Schotterstraße gelangt man dann im Lastwagen durchgeschüttelt, staubbedeckt und völlig erschöpft bis nach Zanskar. Der neue Karawanenhandel ermöglicht es den Familien, kostbare Artikel und Lebensmittel aus dem Flachland zu kaufen: einen Dampfkochtopf, eine

Thermosflasche, Reis oder Zucker. Wenn sich im Herbst die Flüsse türkis färben, die Sonne dichte Schatten auf die Erde wirft und die Büsche feuerfarben lodern, bereitet sich die Natur auf den Winterschlaf vor. Ehe der Schnee einsetzt, wehen kräftige Winde aus dem Süden und fegen über die Ebene hinweg. Dann hallen die Felder wider von den Stimmen der Männer, die ihre Tiere antreiben, das Getreide zu mahlen, und vom Gesang der Frauen, die den Wind herbeirufen, damit er die Spreu vom Korn trenne. Die jungen Leute, die das Getreide von den Feldern in die Dörfer tragen, rufen sich Scherze zu. Denn der Herbst ist auch die Zeit der Eheschließungen. Ein großes Fest mit viel Gerstenbier, dem *tchang*, ehrt die junge Braut, die für immer ihr Dorf verlässt, um in der Familie des Bräutigams zu leben. Ein weiteres Fest erwartet sie in dessen Dorf, das sie meist zum ersten Mal betritt. Die Hochzeiten werden noch von den Eltern arrangiert. Die Liebe ist hier nicht von Leidenschaft geprägt. Die Tiefe der Gefühle wird im Lauf der Jahre durch das Teilen von Freude und Leid geprägt. Die jungen Eheleute führen in erster Linie den Haushalt und sind für die jüngeren Geschwister verantwortlich. Die Eltern ziehen sich in ein kleines Nebengebäude zurück, das spartanischer ist als das Haupthaus. Wenn ihnen Krankheiten erspart bleiben, wird ihr Leben leichter, vor allem beschaulicher. Sie können sich auf die Reise des Todes und die Wiedergeburt vorbereiten.

Die Winter sind lang und hart. Nach den ersten Schneefällen sind die Pässe unpassierbar, die Dörfer werden zu Riffen in einem makellos weißen Ozean. Man muss bis Januar warten, wenn man nach Ladakh möchte. Dann stehen zwölf Tage Fußmarsch auf dem Fluss Zanskar bevor, dessen Ufer mehrere Wochen lang zugefroren sind. Alle Handel treibenden Dorfbewohner oder Freunde, die von einer Pilgerreise heimkehren, benutzen diesen eindrucksvollen, aber beschwerlichen und gefährlichen Weg. Doch die meisten Einwohner sind eher sesshaft und bleiben lieber zu Hause. Sie schätzen den Winter, die Jahreszeit, in der man besonders gut beten und die Schönheit und Tiefe des Lebens intensiver genießen kann. Jeder hat Zeit für den anderen. Die Empfindsamkeit ist gesteigert, die Sinne sind geschärft. Und die Zanskar-pa strahlen noch mehr Sanftheit und Würde aus. Der Winter schweißt die Menschen zusammen, die sich ihrer gegenseitigen Abhängigkeit bewusst sind, denn sie ist die Voraussetzung für ihr Überleben.

Langsam wandelt sich Zanskar im großen Rad der Zeit. Die Schulen entwickeln sich weiter und prägen bei den Jugendlichen neue Denkweisen. Die Zanskar-pa unternehmen öfter Pilgerfahrten zu den heiligen Stätten des Buddhismus und tragen eine neue Dynamik ins Land. Viele junge Mönche studieren im Süden Indiens bei den großen tibetischen Meistern im Exil und kehren dann heim, um ihre vertieften Kenntnisse weiterzugeben. Der muslimische Fanatismus, der in Kaschmir mehr und mehr zu finden ist, macht das Leben in der kleinen Hauptstadt Padum mit jedem Jahr konfliktreicher. Eine noch weit größere Heimsuchung ist wohl das Fernsehen, das Tor zur Welt. Bis dato haben sich erst vier Familien verlocken lassen. Doch die Zanskar-pa sind offen für Veränderungen und an allem interessiert. Sie gehen so unbekümmert an die Zukunft heran wie an die Gegenwart. Sie tun es mit einer Weisheit des Herzens, die sie glücklich macht. Tashi Namgyal Gyalpo, einst König von Zanskar, sagte kurz vor seinem Tod: »Unsere Religion lehrt uns die Wandelbarkeit. Alles ist dazu bestimmt, geboren zu werden, zu wachsen und zu sterben, um dann wiedergeboren zu werden. Wir müssen uns diesem Wandel anpassen.«

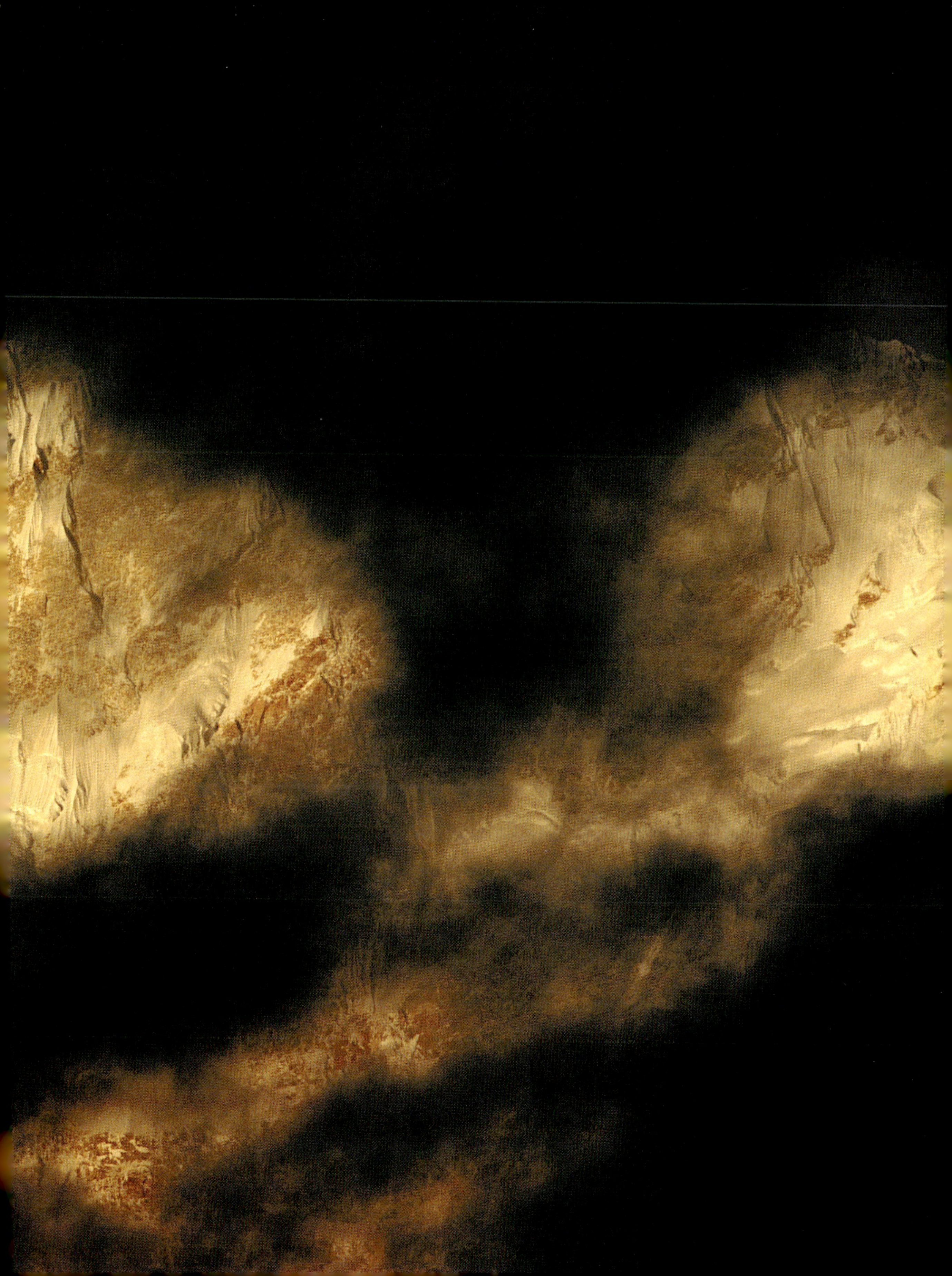

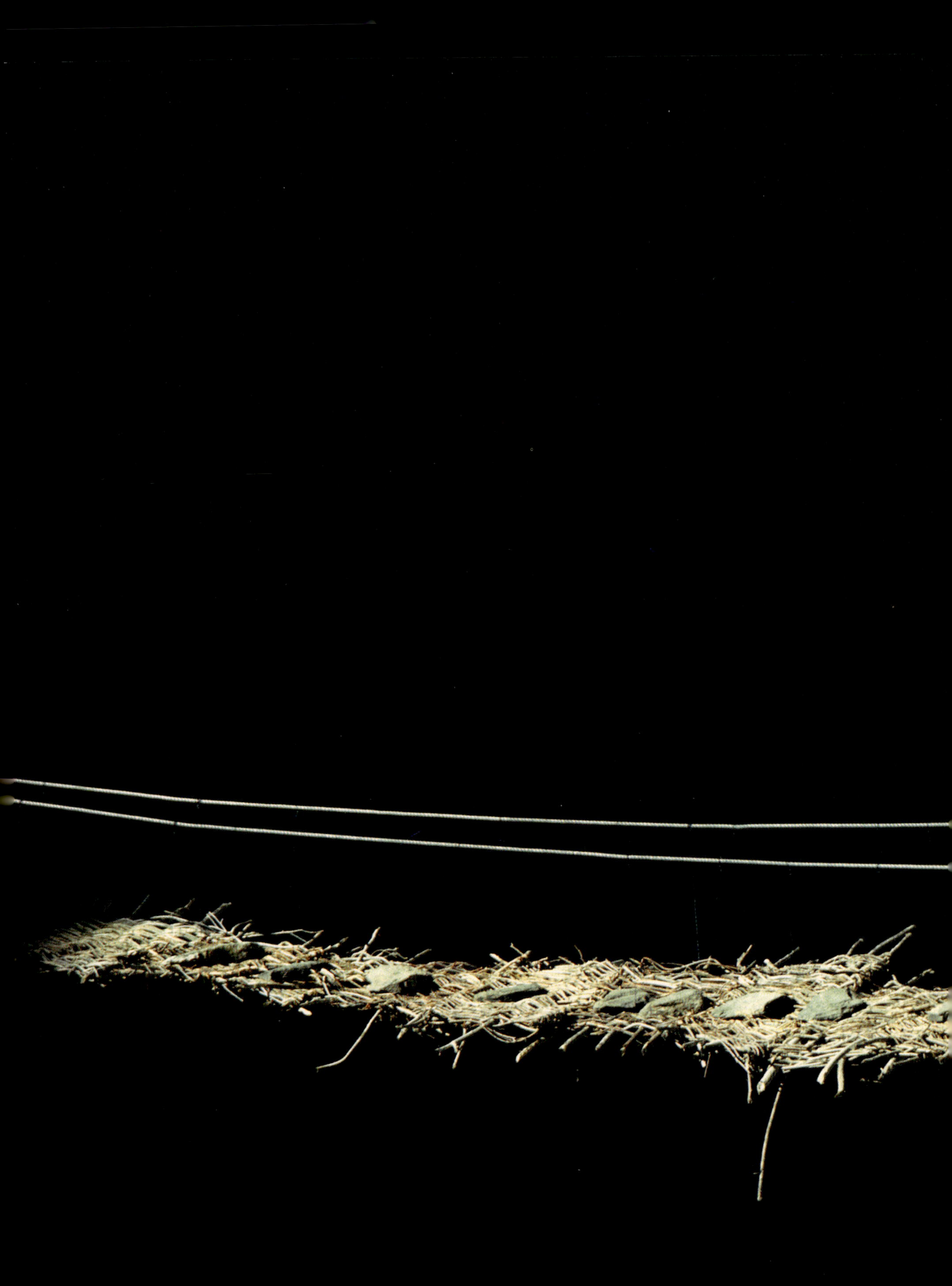

»Tsa lam dru lam«

Straße des Salzes, Straße des Getreides von Corneille Jest

»Das Salz von Trabye Tsaka ist das Juwel von Changtang!«, besagt eine alte Redensart der Drog-pas. Der Himalaya durchzieht zwei Regionen, deren Landschaft ebenso grandios wie kontrastreich ist. Nördlich der Gebirgskette erstreckt sich in über viertausend Meter Höhe die weite Hochebene von Changtang (Tibet), eine riesige, dünn besiedelte Steppe, in der es zahlreiche Senken mit Salzablagerungen gibt. Auf der Südseite des Himalaya hingegen liegen die fruchtbaren Täler von Nepal, Indien und Bhutan, deren Bevölkerung dieses Salz benötigt. Deshalb gibt es seit Jahrhunderten einen regen Austausch, der eng mit dem Salz in Verbindung steht, auf das weder Menschen noch Tiere verzichten können. Abgebaut werden vor allem die Vorkommen in der südlichen Hochebene, die den besiedelten Gebieten am nächsten liegen. Seit Menschengedenken beliefern die Hirtennomaden – Drog-pa bedeutet so viel wie »Männer der Weiden« – die Einwohner Zentraltibets und der Bergtäler Südnepals mit Salz.

Die Gebiete auf beiden Seiten des Himalaya bieten einander ergänzende Versorgungsquellen: Salz und Wolle auf der Nordseite, Getreide auf der Südseite. Entlang der Karawanenstraßen, die über hohe Pässe führen und die beiden Seiten verbinden, hat sich ein gut funktionierender Tauschhandel etabliert. Weder die höchsten (Gletscher-)Spalten noch die unwegsamsten Pfade, die teils durch tiefe, von den Flüssen gegrabene Schluchten führen, die nur im Winter überquert werden können, vermochten dieses lebenswichtige Handelsgeschäft aufzuhalten.

Trabye Tsaka liegt nördlich des Tsangpo (Brahmaputra) und der bewohnten Regionen Zentraltibets. Diese Lage nahe dem Himalaya, der durch seine Pässe gute Überquerungsmöglichkeiten bietet, verringert die Transportschwierigkeiten der Salzlast. Jedes Jahr, wenn der Frühling beginnt, verlassen die Drog-pa mit ihren Lasttieren, Yaks, Ziegen und Schafen die Lager und ziehen nach Trabye Tsaka, was so viel heißt wie »Saline des Wohlstands«. Bis zur großen Senke benötigen sie etwa zehn Tagesmärsche. Wenn sie das Salz abgebaut haben, transportieren sie einen großen Teil davon nach Süden, wo es als Tauschware dient. Von weitem wirkt die Saline wie ein riesiges Schneefeld, das sich jedoch als eine mehrere Hektar große Salzkruste erweist. Im Sommer verwandelt sie sich in einen mit Brackwasser gefüllten See. Der Legende zufolge war das Salz der Schatz (*ter*) des Pholha Tashi Apa Gyepo, des »Alten bärtigen Vorfahren«, einer Gottheit der väterlichen Linie der Drog-pa. Er soll es gewesen sein, der den Menschen diesen Schatz enthüllte! Der Hüter der Kostbarkeit trägt den Namen »Purpurnes Schaf« (*lugru mugpo*). Um zu diesem See zu gelangen, bedarf es eines reinen Herzens, ritueller Verbrennungsopfer und einer strikten Einhaltung der jahrhundertealten Regeln, die die Annäherungsweise an die Stätte genau festlegen. Außerdem müssen Opfergaben für die Gottheiten der Erde und der Vorfahren bereitgehalten werden.

Der Abbau des Salzes, der Transport und der Tausch sind ein langer Prozess. Zunächst wird die Kruste mit einem Ziegen- oder Yakhorn in kleine Stücke zerstoßen und in Säcke gefüllt, die anschließend fachkundig zugenäht werden. Schließlich werden die Säcke aufeinander gestapelt. Für einen Yak beträgt die Last etwa sechzig Kilogramm, für ein Schaf dagegen zwölf Kilogramm. Das Beladen der Ziegen und Schafe erweist sich als äußerst schwierig. Die Tiere werden erst von ihrer Last befreit, wenn das Frühjahrsquartier der Hirten erreicht ist. Dann wird das Salz auf die verschiedenen Drog-pa-Lager entlang des Tsangpo verteilt, wo der Handel mit Bewohnern der tibetischen und nepalesischen Dörfer stattfindet. Dieser verläuft nach einem genauen Kalender, der den klimatischen Bedingungen und der Arbeit der Drog-pa-Hirten sowie der Sonam-pa, der sesshaften Bauern, Rechnung trägt. Der geldlose Handel unterliegt festen Regeln, die das Prozedere, die Preise und die Einhaltung der üblichen Gesetze festlegen.

Ein erstes Tauschgeschäft findet in den Drog-pa-Lagern am Ufer des Tsangpo und in den Dörfern der mittelhohen Täler dieses Flusses statt, aber auch mit den Enklaven südlich des Hohen Himalaya (Lo Manthang, Dolpo, Mugu, Limi). Die Bewohner jener Täler ziehen dann in Karawanen zu den Drog-pa, um einen Teil ihres Getreides gegen Salz zu tauschen. In erster Linie transportieren sie Hochlandgerste, die als *tsampa* angeboten wird – das traditionelle Mehl aus gerösteten Getreidekörnern. Im Dolpo-Tal sorgt der zweimal jährlich stattfindende Aufbruch der Karawane für große Betriebsamkeit. Dank der Salzseen am Changtang können die Menschen in den nepalesischen Hochtälern überleben. Denn Salz ist nicht nur für den menschlichen Stoffwechsel unabdingbar, es bildet auch die Basis für den Tauschhandel mit den Bewohnern der mittleren Täler. Auf diese Weise kommen sie an weitere Getreidesorten, denn die eigenen Gerstevorräte reichen nicht aus, um den harten Winter im Himalaya zu überstehen. Verantwortlich für die Karawanen sind die Männer unter dreißig. Sobald ein junger Tibeter das Mannesalter erreicht hat, erhält er von seinem Vater die Attribute eines künftigen Karawanenführers: einen Feuerstein (*me chag*), um Feuer zu machen, und einen Wedel (*urtu*), um das Vieh auf die Weiden zu treiben. Der Älteste der Gruppe bereitet alles für die mehrtägige Reise vor und wählt die kräftigsten Tiere für den schwierigen Weg und die große Last. Die Karawanenführer, die ihre Festtagskleidung tragen, unter anderem auch die viereckige Mütze (*tsering khingkab*), sind für Glück bringende Lebensmittel zuständig, wie etwa *kate*, eine Art Biskuit. Darüber hinaus achten sie stets darauf, dass die Yaks, Schafe und Ziegen unterwegs gutes Weideland finden. Damit die Tiere ausreichend Rast haben, planen sie nur kurze Etappen.

Der Tag, an dem die Karawane aufbricht, ist ein Freudentag für das ganze Dorf. Der Lama segnet die Tiere, der Karawanenführer bestreicht die Hörner der Yaks mit ockergelbem Lehm. Die Dorfbewohner begleiten die Karawane bis zum *stūpa*, der am Ende der bestellten Äcker steht. Dann setzt sich die Reise in fünf oder sechs Etappen bis zum Handesplatz (*tsongdü*) in den Drog-pa-Gebieten fort. Beim Überqueren des Kore-La-Passes, der unterhalb des höchsten Hügels der Gebirgskette entlangführt, werden als Sühneopfer Gebetsfahnen (*loungta*, wörtlich: »Pferde im Wind«) aufgehängt und Wacholderzweige verbrannt.

Ist das Ziel erreicht, werden zunächst zwei Maß Salz gegen ein Maß Gerste eingetauscht. Einige zurückbehaltene Körner, die die »Quintessenz der Gerste« (*yang*) symbolisieren, werden in einem kleinen Kästchen neben der Feuerstelle des Hauses aufbewahrt. Es enthält jeweils ein winziges Stück von allen Produkten, von denen man sich getrennt hat – damit alle Bestandteile von Dauer sein mögen.

Der Tausch beschränkt sich nicht allein auf Getreide, sondern es werden auch andere Produkte aus den südlichen Tälern angeboten: Reis, Peperoni oder Haushaltswaren aus Indien

(Färbemittel, Küchenutensilien etc.). Wenn das Geschäft abgeschlossen ist, setzt man sich in geselliger Runde um das Feuer, und der Tee löst die Zungen. Ist die Karawane auf dem Heimweg, so kündigt meist schon ein Schäfer, der sie in der Ferne durchs Tal ziehen sah, im Dolpo-Dorf ihre Rückkehr an, was ein erneuter Grund zum Feiern ist. Die Frauen legen ihre zeremoniellen *khathak*-Schals an und eilen der Karawane mit Krügen voller Bier (*nö*) als Willkommensgruß entgegen.

Ein zweiter Handel findet dann später – nach der Ernte im Herbst – mit den mittelhohen Tälern Nepals statt, die verschiedene Getreidearten anbauen. Er gibt den Dolpo-pa die Möglichkeit, ihre eigenen Gerstevorräte, die nur für sechs Monate reichen, zu vervollständigen. Das Angebot ist reichhaltig: Reis, Hirse, Süßgräser, Mais, Weizen, Peperoni und Gewürze. Der Tauschkurs beträgt ungefähr drei oder vier Maß Reis gegen ein Maß Salz. Auf diese Weise kommt die Handelskette allen zugute. Die erste Etappe, der Tausch mit den Drog-pa, deckt ein elementares Bedürfnis ab: die Versorgung mit Salz und Wolle. Je näher man den südlichen, multikulturellen Tälern kommt, desto mehr wird aus dem Tausch ein zum Teil auch entgeltlicher Handel.

Doch in den letzten Jahrzehnten ist beim Tausch von Salz und Getreide eine erhebliche Veränderung eingetreten. In Tibet sind weit gehend Lastwagen an die Stelle der Yaks, Schafe und Ziegen getreten, so dass man die traditionelle Beförderung mit Lasttieren nur noch in den südlichen, am schwersten zugänglichen Hochtälern des Himalaya antrifft. Dieser Wandel führte aber keineswegs dazu, dass der Geist der Karawane verloren gegangen wäre. So ist beispielsweise jede Fahrerkabine mit den acht Glückszeichen geschmückt, und an jedem Rückspiegel hängt ein *khathak*-Schal. Ob es nun um den Handel der tibetischen Nomaden mit den sesshaften Bewohnern der Hochtäler geht oder um deren Geschäfte mit den Menschen der mittelhohen Täler auf der nepalesischen Seite, stets sind die Beziehungen von gegenseitiger Hochachtung geprägt: Man handelt zwischen einzelnen Häusern und nach den Regeln der Gastfreundschaft. Dabei ist jeder darauf bedacht, die eigene Tradition zu wahren.

Der Geist der Karawane hat überdauert. Sie ist weiterhin das Bindeglied, die lebenswichtige Achse zwischen zwei großen Gebieten und zwei unterschiedlichen Gesellschaften. Das System dieses Tauschhandels basiert auf zwischenmenschlichen Beziehungen, die über Gegensätze des Glaubens und Brauchtums hinausgehen und eine emotionale Bindung schaffen, die stärker ist als gesellschaftliche Tabus, denn sie beruht auf der alles beherrschenden Notwendigkeit des Überlebens.

Vom Sinn der Gebetsfahnen

von Matthieu Ricard

Jeder, der schon einmal im Himalaya war, ist mit dem Anblick der Gebetsfahnen vertraut. Von einer leichten Brise bewegt oder knatternd im Sturm findet man sie überall dort, wo der tibetische Buddhismus praktiziert wird. Aus historischer Sicht nimmt man an, dass die Gebetsfahnen in der Form, wie wir sie heute kennen, im elften Jahrhundert von dem großen Pandit Atīsha aus Indien nach Tibet gebracht wurden. Dieser lehrte seine Schüler, wie man Tücher mit heiligen Texten und *mantras* der verschiedenen Buddhas bedruckt. Die vom Wind bewegten Fahnen wurden für sie zu einer Quelle heilswirksamen Verdienstes und zu einem Segenswunsch für die Umgebung. Der Wind als das Element, das mit allem kommuniziert, trägt den Segen der heiligen Texte in alle Richtungen.

Einer der Gründe, warum die Gebetsfahnen in Tibet so große Verbreitung fanden, liegt vermutlich darin, dass sie dort auf die alte Tradition des Bön trafen, dessen Anhänger Wollfäden an Bäumen befestigten, um damit den Göttern zu opfern oder sich Glück zu sichern. Dies beantwortet aber noch nicht die Frage, wie die Menschen sich die Wirkung der Fahnen vorstellen. Sie sind jedenfalls keine Talismane, mit denen in irgendeiner Form weiße Magie betrieben werden soll. Vielmehr möchte man, dass alle glücklichen Ereignisse als Folge eines guten *karmas* betrachtet werden können. Durch das Bedrucken mit heiligen Texten versucht man, die Verdienste zu sammeln, die dieses gute *karma* bewirken können.

In diesen Gebräuchen erweist sich die Vielfalt der Mittel, derer sich der Buddhismus bedient, um ohne Unterlass unsere Achtsamkeit zu schärfen. Dabei werden alle Naturphänomene zur Erinnerung eingesetzt – der Wind, der die Fahnen wehen lässt, die Wärme einer Butterlampe, die eine Gebetsmühle antreibt, der Stein, in den man Gebete einritzt, und das Wasser eines Bachs, das die Flügel einer Gebetsmühle in Drehung versetzt. Jede Handlung, jedes Naturelement, alles, was sich vor unseren Augen abspielt, soll ein Ansporn zum Gebet und zur Nächstenliebe sein.

Wenn ein Tibeter eine Gebetsfahne bedruckt und sie im Wind wehen lässt, dann denkt er bei sich: »Mögen dort, wo der Wind weht, der über diese Segenswünsche streicht, alle Lebewesen von allem Übel und seinen Ursachen befreit werden. Mögen sie das Glück und die Ursachen dieses Glücks erkennen.« Indem er diese Worte spricht, erneuert er das *bodhisattva*-Gelübde: »Möge ich Erkenntnis erlangen, um die Menschen darin zu unterstützen, sich von den Ursachen des Leidens zu befreien.« Diese äußeren Hilfsmittel werden eingesetzt, damit alles, was man sieht und hört, an die altruistische Haltung erinnert und der Meditation zu Hilfe kommt. So wird die Natur zu einem Lehrbuch. Alles gemahnt zur spirituellen Übung. Ist dies nicht eine sehr humane Art, den Menschen die Anweisungen Buddhas nicht vergessen zu lassen?

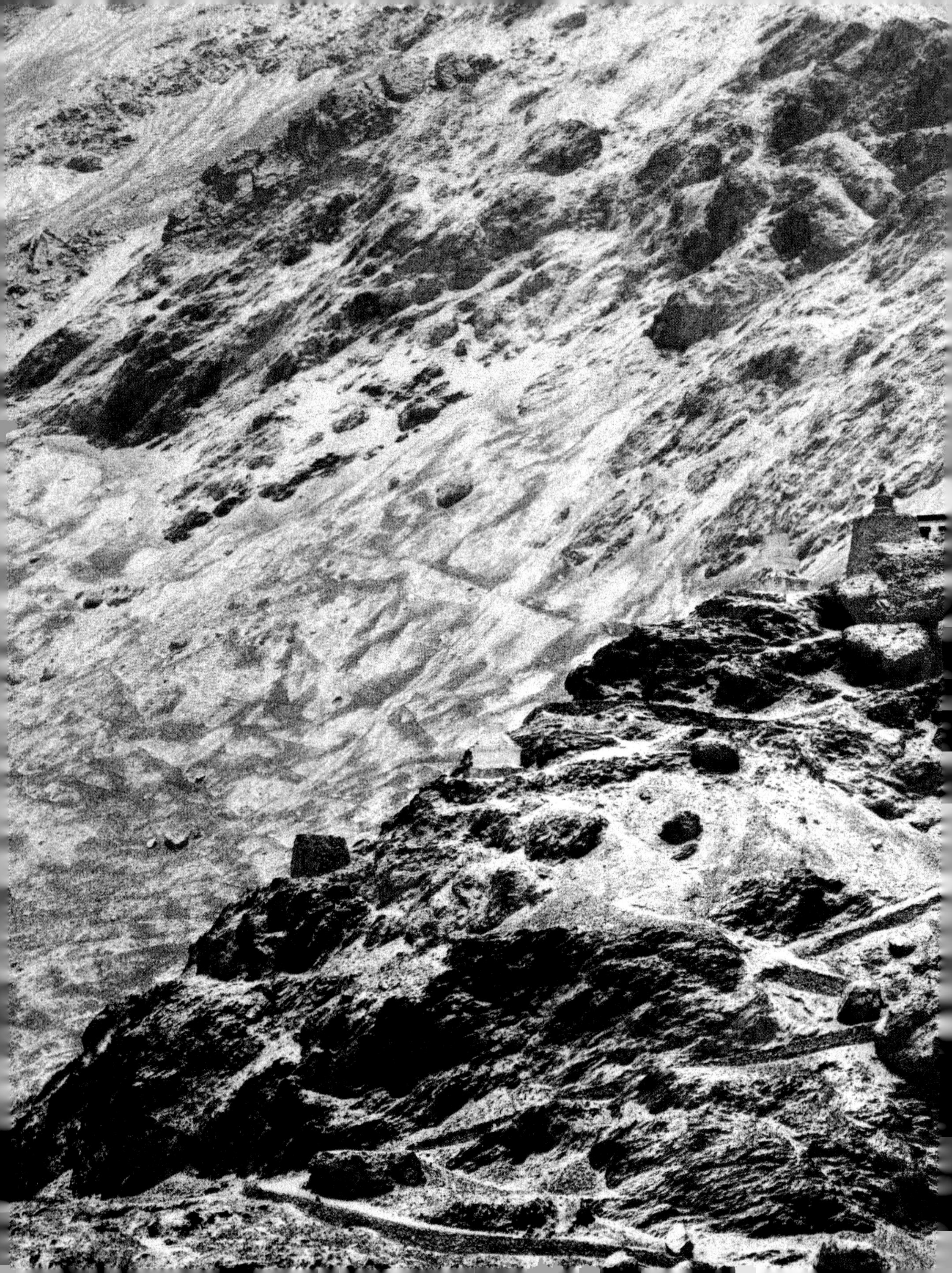

Im Gefolge ihrer Schafe und Ziegen

Das Leben der Nomaden von Monisha Ahmed

Um vier Uhr morgens bereiteten wir uns auf den Aufbruch nach Norchen vor. Es war dunkel und ein kalter Wind toste. Tashi Zangmo entfachte rasch ein Feuer und machte Tee. Tharchen und Angchuck bauten das Zelt ab, falteten es der Länge nach, legten die Stangen in die Mitte und rollten es auf. Dann trieben sie die Yaks zusammen und beluden sie. Zuunterst kamen die Teppiche und Decken, dann folgten Satteltaschen, Ofen, Teetopf, Handmühle und Webrahmen. Eines der Rinder trug einen Stahlkoffer, der Tharchens Gebetbücher, die silbernen Gebetskästchen und die Opferschalen enthielt. Ein anderes war mit dem Zelt beladen. Eines der gelehrigen Yaks war als Reittier für den fünfjährigen Chogyal ausersehen, und die Erwachsenen bereiteten ihm einen Sitz zwischen dem Gepäck. Er weinte, als er auf den Rücken des Yaks gehoben und festgebunden wurde, ließ sich aber durch ein paar Süßigkeiten beschwichtigen. Gegen fünf Uhr brach Norgey mit den Schafen und Ziegen auf. Eine Stunde später waren die Pferde gesattelt, und bald konnte es losgehen. Tashi Zangmo suchte ihren mit Türkisen besetzten Kopfschmuck heraus und setzte ihn auf. Dann bestieg sie ihr Pferd und setzte sich an die Spitze der Familie. Als die ersten Sonnenstrahlen auf die schneebedeckten Berge fielen, ließen die Nomaden das Dorf Rina langsam hinter sich.

In der Karawane, die sich mindestens über ein bis zwei Kilometer erstreckte, blieben die Packtiere eines jeden Zelts eng beisammen. Die Yaks gingen voran, gefolgt von den Frauen und Kindern. Hunde umkreisten den Zug und sorgten mit ihrem Bellen dafür, dass die Yaks in Bewegung blieben. Die Männer, manche mit Funkgeräten über der Schulter, bildeten mit den Pferden die Nachhut. Zurück blieb ein flaches Stück Land mit ein paar Steinmauern und der rauchenden Asche hastig entfachter Feuer. »Was für ein Leben wir nur führen«, bemerkte Tharchen einmal zwischen Ankunft und Aufbruch, »immer unterwegs, immer packend, nie bleiben wir an einem Ort.« »Wir müssen in Bewegung bleiben«, erklärte Skarma, Tharchens jüngerer Bruder. »Schließlich besteht unser Leben darin, den Schafen und Ziegen zu folgen.«

Tharchen lebt mit seinem jüngeren Bruder Angchuk, ihrer gemeinsamen Frau Tashi Zangmo und ihren fünf Kindern in einem Zelt aus brauner Yak-Wolle. Es ist eines von vielen Tausend Zelten auf den weiten, wogenden Ebenen von Changtang, der nördlichen Ebene. Changtang erstreckt sich über 1600 Kilometer von Ladakh im Westen über Zentral- und Nordtibet bis zur chinesischen Provinz Qinghai im Osten. Die Hirten von Changtang, deren Zelte sich oft in einer Höhe von 3500 bis 4500 Meter befinden, leben in einer extremen Umwelt, wo die Temperaturen im Winter oft auf minus fünfzig Grad Celsius absinken. Auf ihren Wanderungen folgen sie einer Route, auf der sie etwa zehnmal im Jahr ihr Lager abbrechen müssen. Wie lange sie an einem Ort bleiben, ist ungewiss, denn es hängt davon ab, ob noch genug Wasser und Weideflächen zur Verfügung stehen. Die Kinder, die das Vieh hüten, melden es ihren Eltern, wenn die Wiesen auf den Bergen bald abgegrast sein werden, und die Frauen beklagen sich, wenn der Bach nicht mehr genug Wasser führt. Diese Eindrücke werden dem Anführer mitgeteilt, der alle Männer zu einer Versammlung ruft, um den Tag des Aufbruchs festzulegen.

Sobald feststeht, wann das Lager abgebrochen wird, bereiten sich die Familien auf die Reise vor. Satteltaschen werden auf Risse und Löcher untersucht. Falls im nächsten Lager der

Bach weit entfernt ist, werden vorsichtshalber die Kleider noch gewaschen. Die Hufe der Pferde werden überprüft und, wenn nötig, neu beschlagen. Mit den Nomaden ziehen ihre großen Viehherden. Sie bestehen hauptsächlich aus Schafen und Ziegen, Yaks sowie ein paar Pferden. Die Hirten kaufen nur selten Vieh; sie verlassen sich lieber auf die eigene Nachzucht und die Reinheit ihres Bestands. Auch Hunde werden sehr geschätzt, denn sie beschützen das Zelt und die Herde. Die Reise zum neuen Lagerplatz tritt man in der Regel frühmorgens, kurz vor Sonnenaufgang an, denn später am Tag ist es zu heiß zum Wandern.

Gegen Mittag treffen die Nomaden in Norchen ein, und jede Familie bezieht ihren angestammten Zeltplatz. Tharchen und Angchuck ebnen den Boden, auf dem sie ihr Zelt aufstellen wollen, räumen Steine und Sträucher beiseite und bauen die Steinmauer wieder auf, die das Zelt begrenzen soll. Dann rollen sie es aus und breiten es über die Mauer, ziehen an den Seilen, die an die vier Ecken des Zeltes genäht sind, spannen es über die Stangen und binden es an großen Felsbrocken fest. Beim Aufstellen achten sie darauf, dass der Eingang nach Osten weist. Tashi Zangmo erklärt uns, warum das so sein muss: »Wir glauben, dass es Unheil bringt, wenn der Zelteingang nach Westen weist, weil aus dieser Richtung der Wind kommt. Der Eingang muss sich immer zur aufgehenden Sonne öffnen. Es würde uns Pech bringen, wenn das Zelt der aufgehenden Sonne den Rücken kehrt.« Sobald das Zelt steht, richten die Frauen ihre Küche ein. Als Erstes wird der Ofen aufgestellt, ein Feuer angefacht, und bald kocht der Tee.

Vier Monate waren vergangen, seit sich die Menschen im Lager zum letzten Mal zusammengefunden hatten. So begrüßten sie sich erst einmal und tauschten Neuigkeiten aus: Padon war Mutter einer Tochter geworden, Lanze sollte heiraten, und Dawa Urgyal bereitete ein Fest für die Zeremonie vor, bei der er sein Zelt seinem ältesten Sohn Skarma Tagdol vermachen würde. Der Manipa aus Spiti war ebenfalls eingetroffen, und bald würde man ihn in jedes Zelt einladen, um Horoskope zu lesen und Weissagungen über Glücksfälle oder unvorhergesehene Katastrophen zu hören. Außerdem würde er die Zeremonie des Steinebrechens durchführen, ein Symbol für die Zerstörung des Bösen.

Jedes Jahr um dieselbe Zeit, meist Ende Juli, aber immer nach der Schafschur, treffen sich die Nomaden zu einer großen Gebetszeremonie in Norchen. »Wir beten für unsere Leute und unsere Tiere«, sagt Nawang Chogyal, »um uns vor dem Bösen zu schützen, um uns von unseren Sünden zu reinigen und um Unglück von unserem Volk abzuwenden.« Die Gebete leitet dieses Jahr der Rimpoche aus der Dubbock-Gompa. Monate zuvor waren der Anführer und einige Abgesandte nach Dubbock gereist, um ihn zu bitten, bei der Gebetszeremonie anwesend zu sein. Dubbock war zwar ein relativ kleines Kloster, aber die Nomaden von Rupshu ließen von jeher ihre jungen Mönche und Nonnen dort ausbilden. Dass das Kloster zur *nyingmapa*-Schule des Buddhismus gehört, die Nomaden aber zur *kagyüpa*-Schule spielt dabei keine Rolle.

Die Lehren und Bräuche des Buddhismus sind im Leben der Nomaden allgegenwärtig. In einer Gesellschaft, die vollkommen auf dem Hirtendasein beruht, überrascht es kaum, dass Tiere ein wichtiges Bindeglied zwischen Menschen und Göttern darstellen. »Ältere Verwandte haben mir einmal erzählt«, berichtet Abi Yangzom, als wir abends in ihrem Zelt sitzen und auf die Heimkehr der Herde warten, »dass unsere Schafe am Anfang verschiedene Farben hatten. Hauptsächlich waren sie weiß, rot und blau. Manche Leute sagen, dass es auch andere Farben gab, zum Beispiel grün, gelb, kastanienbraun und schwarz. Eines Tages kam Gyamo Konjor, eine Prinzessin aus einem benachbarten Königreich, und beschloss, eine Wanderung mit den Schafen zu unternehmen. Als sie unterwegs an einen großen Fluss gelangten, ließ sie die Schafe durchs Wasser gehen. Das Wasser wusch alle ihre Farben ab, und seit dieser Zeit haben wir nur noch weiße Schafe.« Der buddhistische Pantheon besteht aus einer hierarchisch strukturierten, dreistufigen Welt. Die oberste Ebene wird von Göttern bewohnt, die unterste von den Geistern des Wassers und der unterirdischen Reiche. Die Menschen leben zwischen Göttern und Geistern in einer Welt, die sie mit Dämonen teilen müssen. Die drei Welten haben auch farbliche Entsprechungen: Weiß steht für den Himmel, rot für die Erde und blau für das Reich des Wassers und die Unterwelt. Dass die Schafe der Nomaden früher diese Farben trugen ist also kein Zufall.

Die Nomaden glauben, dass ihre Tiere heilig sind und ihnen von den Göttern verliehen wurden. Daher besitzt jede Nomadenfamilie ein Schaf, das die drei Welten repräsentiert. Diese Schafe werden eigens gesegnet, und mit ihrer Hilfe beschwören die Nomaden den Segen der Götter herab und bieten den Geistern Opfer an, um sie zu beschwichtigen. So bringen die Bewohner in ihren Zelten jeden Morgen ein Weihrauchopfer dar, das anschließend nach draußen getragen und dem Vieh dargebracht wird. Beim alljährlichen Gebetsfest werden die Tiere zum Rimpoche gebracht, der sie segnet, jedem einen weißen *khathak*-Schal umhängt und eine Segensschnur um den Hals bindet.

Abgesehen von den göttlichen Segnungen stellt das Vieh die Existenzgrundlage der Nomaden dar. Der Verkauf der Wolle sichert ihr Überleben. Gehandelt wird vor allem mit Schafwolle und *pashmina*, sie verkaufen aber auch ein wenig Ziegen- und Rosshaar. Haar und Wolle der Yaks behalten sie hingegen, weil davon nicht viel vorhanden ist und sie beides für ihre eigenen Textilien benötigen. Aus Yakwolle, die wärmer ist als Schafwolle, werden Decken und Teppiche gewebt, das Yakhaar dient zur Herstellung der Zelte. Die Gewinnung von Haar und Wolle erfolgt einmal im Jahr und beginnt meist Ende Mai. Zu Anfang der Saison wird den Ziegen *pashmina* ausgekämmt, anschließend kommen die Yaks an die Reihe, zuletzt werden die Schafe geschoren. Sobald diese Arbeit abgeschlossen und die jährliche Gebetszeremonie vorüber ist, können die Nomaden Wolle und *pashmina* verkaufen. Die Geschäfte müssen zügig über die Bühne gehen, bevor die Pässe zugeschneit und damit unpassierbar sind. Der Anführer beruft eine Versammlung ein, um die Saison offiziell für eröffnet zu erklären und die Preise für das laufende Jahr zu besprechen. Er setzt zwar einen Preisspielraum für *pashmina* und Wolle fest, aber die Entscheidung darüber, an wen verkauft wird, trifft jede Familie selbstständig. Schafwolle tauschen die Nomaden meist bei den Dorfbewohnern gegen Gerste ein, während sie *pashmina* an muslimische Händler verkaufen, deren Familien seit Jahrhunderten dieses Gewerbe betreiben.

Schafwolle verwenden die Frauen auch, um Decken, Teppiche, Gürtel und Stoff für ihre Kleider und Stiefel herzustellen. Jeden Morgen, wenn die Schafe und Ziegen zu ihren Weiden aufgebrochen sind, bauen sie in den verlassenen Pferchen ihre Webrahmen auf. Während sie die warme Sonne genießen, Neuigkeiten austauschen oder plaudern, unzählige Tassen Buttertee trinken und geröstetes Gerstenmehl löffeln, beschäftigen sie sich mit ihrer Weberei. Geschickt heben sie immer eine Litze an, führen die Kettfäden durch den Einschlag und drücken sie dann mit dem Holzkamm an. Andere Frauen gesellen sich zu ihnen und arbeiten ebenfalls mit Wolle, die sie kardieren oder spinnen. Selbst die Kinder machen mit; sie suchen die Pferche nach Wolle und Haaren ab, die die Tiere während der Nacht verloren haben. Später tauschen sie ihre kleinen Bündel bei durchziehenden Händlern gegen Süßigkeiten.

Die Männer weben ebenfalls, wenngleich ihr Repertoire nicht so groß ist wie das der Frauen. Sie stellen vor allem Satteltaschen und Zelte her. Die Zelte sind quadratisch und haben ein flaches Dach. Weshalb sie nur selten auf einmal gewoben werden, erklärt uns Tharchen: »Das schwarze Zelt erben wir von unseren Vätern; es wird weitergereicht und selten in einer Generation gefertigt. Ich habe mein Zelt von meinem Vater bekommen, der es von seinem Vater erhalten hat. Teile davon sind sehr alt, wahrscheinlich über hundert Jahre, andere Teile habe ich erst kürzlich gewebt.« Während Zelte als Schutz auf dem Changtang unentbehrlich sind, werden Satteltaschen nur benötigt, wenn die Nomaden Salz sammeln. Und das tun sie meistens im Herbst, wenn die Seen ausgetrocknet sind. Abends kehren die Schafe und Ziegen von der Weide heim in die Steinpferche, wo sie die Nacht verbringen. Zuvor werden die weiblichen Tiere noch vom Rest der Herde getrennt und gemolken. Dafür sind die Frauen zuständig; sie binden die Schafe einander gegenüber mit einem Laufknoten an. Dann melken sie die Tiere in zwei Durchgängen. Nach getaner Arbeit ziehen sie am losen Ende des Seils, so dass sich der Laufknoten öffnet und alle Tiere gleichzeitig frei sind.

Die Nacht kommt, und man sieht im ganzen Tal das Flackern der Öllampen. Wenn die Sterne am pechschwarzen Himmel stehen, erhebt sich wieder der kalte Wind. Man sieht die Gebetsfahnen auf Tharchens Zelt flattern und den Rauch durch das Loch des Daches steigen. Tashi Zangmo greift nach ihrem Ziegenlederbeutel, den sie mit Sahne füllt, und singt leise ihre Gebete zum Rhythmus des Butterschlagens.

Ein Abend im Kreis der Familie

von Olivier und Danielle Föllmi

Während der langen Wintermonate ist das verschneite Luknak-Hochtal in Zanskar von der Außenwelt abgeschnitten. Vier Häuser kauern geduckt an dem makellos weißen Hang, mit Blick auf den gefrorenen Fluss. Es ist noch nicht zwei Uhr, und schon kriechen die bläulichen Schatten über den vereisten Pfad. Der Himmel ist gewaltig und transparent. Es ist still und schneidend kalt. Die frierenden Tiere kehren in ihre Ställe zurück.

Um in das Winterzimmer von Dorjes Familie unter ihrem Steinhaus zu gelangen, muss man sich durch einen dunklen Gang, durch Ställe und durch sechs winzige Türen tasten, die klagend quietschen. Am besten lässt man sich von dem kleinen Tashi an die Hand nehmen und führen. Sonst riskiert man, sich den Kopf an einem der Balken zu stoßen oder über einen schlummernden *dzo* zu stolpern. In dem halbdunklen Raum, in dem man kaum aufrecht stehen kann, hockt die Familie im Schneidersitz um einen kleinen Blechherd. Die Temperatur beträgt nur wenige Grad über null. In einen Wollmantel gehüllt, bläst Dorje in die Glut aus getrockneten Kuhfladen. Doch dann lodert eine rötliche Flamme auf, und dichter Rauch breitet sich langsam im Raum aus. Durch zwei Fensterluken sickert spärliches Licht. Aus einer dunklen Ecke dringt das Meckern zweier Zicklein. Die goldene Flamme einer kleinen Öllampe, die auf einer umgestülpten Kupferschale steht, wirft einen zarten Schimmer auf jedes der ruhigen Gesichter.

Diskit Lhamo verrührt mit ihrem Schneebesen Gerstenmehl und Butter in siedendem Wasser. Anschließend gibt sie eine Hand voll harten Käse dazu und lässt die Suppe in dem Steinguttopf köcheln. Solch eine *tukpa,* die den ganzen Körper wärmt, ist an Winterabenden ein Geschenk. Die beiden Kinder und Anchuk, der betende Großvater, warten geduldig. Diskit Lhamo bewegt sich mit den sanften Gesten einer erfüllten Mutter. Ihr Blick ist offen, ihr Lächeln friedlich. Sie trägt einen verräucherten Wollmantel, dazu auf dem Rücken ein Ziegenfell, um den Hals eine Türkiskette und an den Füßen Schuhe, die ebenfalls aus Ziegenfell genäht sind. Ihr Kopfschmuck ist ein schwerer *peyrac* aus Türkisen und Korallen, ein Geschenk ihrer Mutter anlässlich ihrer Heirat mit Dorje. Der Name Diskit Lhamo bedeutet »glückliche Göttin«. Die heitere Frau ist die Seele der Familie. Sie ist von früh bis spät auf den Beinen, melkt die Ziegen, trägt Wasser vom Fluss herauf, kocht, säubert die Ställe, reinigt das Haus allmorgendlich mit wohl klingenden Gebeten und dem Rauch von glimmenden Wacholderzweigen. Während die Suppe köchelt, spinnt sie die Ziegenwolle. Jedes Mal, wenn sie den Arm zu sich heranzieht, folgen ihre Augen der Hand, die geschickt die Wolle dreht. Satt und zufrieden schlummert ihr jüngstes Kind auf ihrem Schoß. Wenn es den Kontakt zu seiner Mutter verliert, reißt es die Augen auf, beginnt zu saugen und schläft geborgen wieder ein.

Vor der tanzenden Flamme näht Dorje im Schneidersitz einen Fellschuh. Wie alle Männer in Zanskar mit ihrer bescheidenen Lebenseinstellung ist Dorje äußerst zurückhaltend. Sein würdevoller Blick, seine sanfte Stimme, sein diskretes Lachen machen ihn zu einer geachteten Person. Die eher wortkargen und gedämpft sprechenden Bewohner von Zanskar versammeln sich gern in der Abgeschiedenheit ihrer Berge. Laut sprechen gilt in Tibet als unhöflich. Der kleine Tashi mit seinen sieben Jahren sieht seinem Vater bei der Arbeit zu. Dorje, der weiß, dass sein Sohn ihn beobachtet, näht umso sorgfältiger und schiebt, während er sich auf seine Arbeit konzentriert, ein wenig die Zungenspitze vor. So lehrt er seine Kinder das Leben, zeigt ihnen die Bedeutung einer jeden Handlung. Weder Moral noch Worte sind nötig, allein das Vorbild zählt.

In einem Winkel des Raums, in einen schweren Ziegenfellmantel gehüllt, sitzt der junge Nachbar, der ebenfalls Tashi heißt, in tiefer Trauer. Bei der Geburt seines ersten Kindes ist seine Frau verblutet. Nach einem langen Todeskampf hat sie ihren Körper verlassen, ihr lebloses Kind auf dem Bauch. Solche Dramen sind hier nicht selten. Jedes zweite Kind stirbt vor Erreichen des dritten Lebensjahres. Die *amchis*, die lokalen Ärzte, heilen Krankheiten mit Pflanzen nach Art ihrer Väter und Vorväter. Doch ihre Fähigkeiten sind begrenzt. Hier oben ist es schwer zu leben und so leicht zu sterben. »Atcho Tashi, doneeh! Großer Bruder Tashi, trink!« Mit einer sanften Geste fordert Diskit Lhamo ihren Nachbarn auf, ein Glas mit heißem gezuckerten Tee zu trinken, ein Privileg, das dem Besucher vorbehalten ist. In Zanskar gibt man sich gerne Beinamen, die gleichsam Verwandtschaftsbande herstellen: So bedeutet *nono* kleiner Bruder, *azan* Onkel und *atche* große Schwester. Dies bewirkt, dass man sich immer willkommen fühlt.

In den Familien werden die Aufgaben ganz selbstverständlich aufgeteilt. Jeder erledigt, was seinem Alter angemessen ist. Die Kinder passen auf die Neugeborenen auf, tragen sie, in Ziegenfell gewickelt, auf dem Rücken. Das ganze Jahr über laufen sie hinter den Yaks und *dzos* her, um die frischen Fladen aufzulesen, die auf Steinen getrocknet und später als Brennmaterial verwendet werden. Greise mit noch geschickten Händen spinnen Wolle oder weben Kleidungsstücke. Je schwächer sie werden, desto mehr erledigen sie Aufgaben, die Geduld erfordern. Wenn sie nicht mehr arbeiten können, dienen sie im Sommer als Vogelscheuchen, um die Spatzen zu vertreiben. Im Winter beten sie. Bis zu ihrem letzten Atemzug machen sie sich nützlich. Als Vorbild an Sanftheit und Weisheit zeigen sie den Jungen, dass es sich lohnt, alt zu werden. In der warmen Stube, dicht beim kleinen Herd, liest der Großvater, Meme Anchuk, mit singender Stimme die Texte aus seinem großen Gebetbuch. Er fährt mit dem rissigen Zeigefinger jede Zeile entlang. Eine Gebetsschnur mit hundert Holzkugeln ist um sein rechtes Handgelenk gewickelt. Wie alt ist Anchuk? Er weiß es selbst nicht. Sein Gesicht ist von Falten zerfurcht: Sein Leben war hart, seine Augen aber sind sanft geblieben. Er ist Großvater von acht noch lebenden Kindern, von denen der Zweitjüngste schon die Ziegen melkt. Er muss also gut fünfzig Winter gelebt haben. Niemand, weder der Mönch noch der Dorfvorsteher, führt ein Geburtenregister. Doch was bedeutet schon das Alter, wenn die Jahreszeiten dem Leben seinen Rhythmus geben? Der tibetische Kalender basiert auf Zyklen von sechzig Jahren, anschließend beginnt der Zyklus von vorn – so unerbittlich wie die Menschen aufeinander folgen, wie die Generationen sich ablösen. Die einzelnen Leben folgen einander wie ein Schritt dem nächsten auf dem steinigen Weg zur Erleuchtung.

Diskit Lhamo füllt die letzte Schale mit Suppe für die halb schlummernden Kinder. Dorje greift nach der Kupferkanne mit den eingravierten Glückssymbolen und schenkt Tashi und dem Großvater eine Schale Tee ein. Die Familie betrachtet die Flamme, lauscht dem Knistern der Glut. Worte sind selten, aber über dem Schweigen liegt eine friedvolle Atmosphäre. Draußen zieht über den vier aneinander geschmiegten Häusern allmählich die Polarnacht auf, die Sterne und der Mond, der über die vereisten Bergkämme wandert. Das heisere Kläffen eines Hundes zerreißt die Stille: Lauert der Schneeleopard in der Nähe? Tashi kehrt nach einer letzten Schale *tchang* in sein Haus zurück. Diskit Lhamo breitet zwei alte Yak-Felle am Boden aus, und die Familie kriecht unter eine einzige schwere Decke. Dorje greift nach der kleinen Öllampe, bläst sie aus, und alles versinkt in der von Träumen erfüllten Dunkelheit.

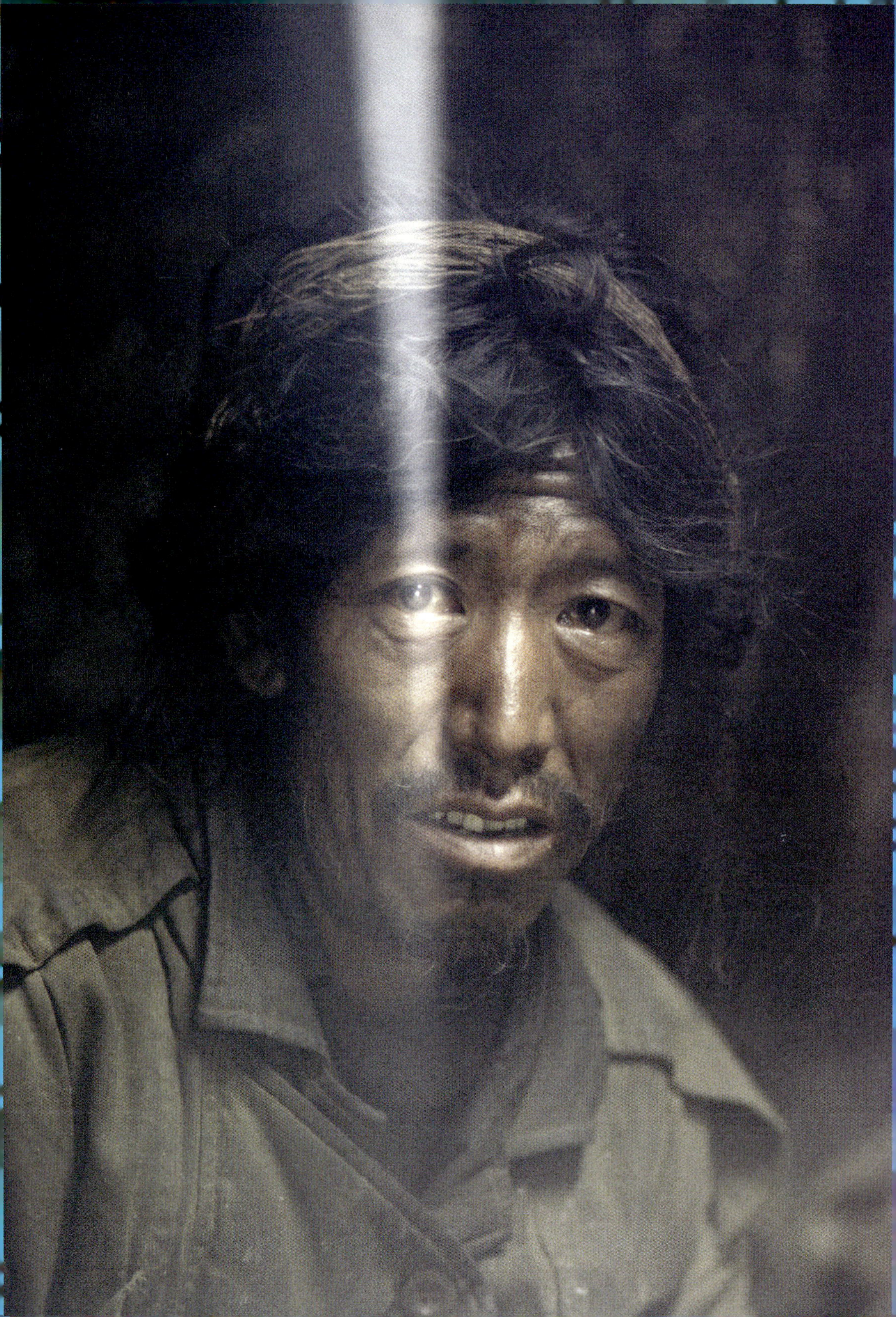

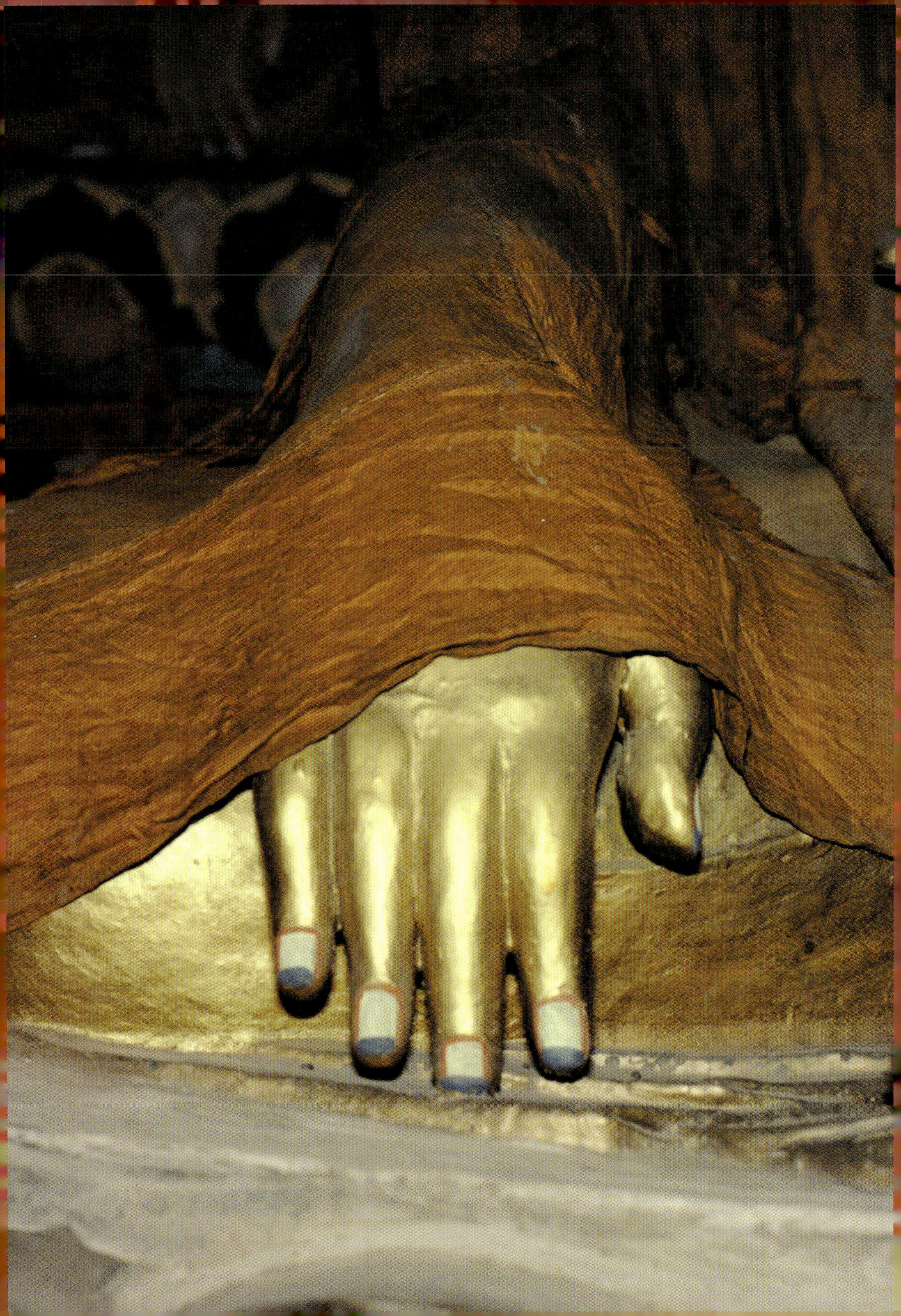

Das klösterliche Leben

Auf dem Weg zur Erleuchtung von Matthieu Ricard

Um halb sechs Uhr morgens erfüllt das tiefe Dröhnen eines Gongs die kühle Luft und ruft die Mönche zusammen. Wie ein Echo erklingen weitere: in schnellerem Rhythmus der Gong der Novizenschule, hell derjenige des philosophischen Kollegs, und zweimal im Monat der dumpfe Schall eines langen Sandelholzes, mit dem die Gemeinschaft zur Beichtfeier (*prātimoksha*) gerufen wird. Rasch erwacht das Kloster zu reger Aktivität. Nur einige Mönche, die schon lange vor Tagesanbruch wach waren, um drei oder vier Uhr, bleiben in ihrer Zelle, wo sie sich dem Gebet und der Meditation widmen.

Ein großes tibetisches Kloster besteht aus drei Bereichen, dem eigentlichen Kloster, dem philosophischen Kolleg und dem in einem abgelegeneren Teil untergebrachten Kontemplationszentrum. Das eigentliche Kloster ist das Herz des spirituellen Lebens. Hier werden Rituale, Musik und heilige Tänze gepflegt. Hier empfangen auch die Novizen ihre ersten Unterweisungen, und hier verbringen ältere Mönche und Nonnen ihren Lebensabend im Gebet. Es ist ein offener, lebendiger Ort. Von den dreihundert Menschen, die im Kloster von Shechen in Nepal leben, sind über die Hälfte Kinder und Jugendliche. Rabjam Rimpoche, der Abt des Klosters, ist selbst erst 35 Jahre alt. Eine der Hauptaufgaben des Klosters ist die schulische Erziehung. Kinder ab dem siebten Lebensjahr lernen die verschiedenen tibetischen Schriften zu lesen und zu schreiben.

Die Novizen haben einen vollen Stundenplan. Bereits um halb sechs Uhr kommen sie zum gemeinsamen Gebet zusammen. Danach nehmen sie das Frühstück ein, das aus gesalzenem Tee und geröstetem Gerstenmehl besteht, dem berühmten *tsampa*, manchmal auch aus Pimentreis. Dann beginnt der Unterricht. Von der Mittagspause und dem Tee um drei Uhr abgesehen lernen sie ohne Unterbrechung bis zum Anbruch der Dunkelheit. Trotz dieses strengen Tagesablaufs strahlen die Schüler eine ungewöhnliche Lebensfreude aus. Wie alle Kinder dieser Welt tollen sie in den Pausen herum. Andererseits liegt in ihren Spielen eine Kameradschaft und Rücksichtnahme, die auffällig im Kontrast steht zur Gewaltbereitschaft, die oft im Westen herrscht. Raufereien, die äußerst selten sind, gelten als ungehörig.

Die Grundschule dauert sechs Jahre. Im Anschluss daran werden die Kinder während zwei weiteren Jahren in den Ritualen, in Musik und heiligen Tänzen unterrichtet. Etwa mit 15 Jahren treffen die Jugendlichen gemeinsam mit ihren Lehrern und dem Abt des Klosters eine wichtige Entscheidung. Sie können entweder in der Hauptgemeinschaft des Klosters bleiben und an den verschiedenen liturgischen und künstlerischen Aktivitäten teilnehmen oder in das philosophische Kolleg eintreten. Manche verlassen das Kloster auch wieder und werden Laien. Die Gelübde werden erst im Alter von zwanzig Jahren abgelegt, so dass die Jugendlichen genügend Zeit für die Entscheidung über ihren weiteren Lebensweg haben.

Neben der Grundschule und den philosophischen Studien gibt es auf der rein spirituellen Ebene drei weitere Formen der Unterweisung und geistigen Weiterbildung. Dies sind zunächst die Initiationen, deren Ziel es ist, dem Schüler die Berechtigung und die Befähigung zu vermitteln, die verschiedenen Meditationstechniken zu praktizieren. Je nach der spirituellen Tiefe der übermittelten Lehren werden diese Initiationen einer großen Gruppe oder nur einigen wenigen Schülern erteilt. Weiterhin gibt es Erläuterungen kontemplativer Praktiken und Kommentierungen der dazugehörigen Texte. Und schließlich kann der Meister persönliche Unterweisungen geben, die auf die Bedürfnisse und Wünsche eines jeden Schülers abgestimmt sind. Diese drei Formen spiritueller Unterweisung sind natürlich nur dann möglich, wenn ein wirklich authentischer Meister im Kloster anwesend ist.

Zum Kloster gehört üblicherweise auch eine Bibliothek, die meist mit Tausenden von Bänden ausgestattet ist. In Tibet selbst wurden während der Kulturrevolution die meisten Bücher vernichtet. Manche Texte sind vollständig verloren, von anderen gibt es nur noch wenige Exemplare. Die im Exil errichteten Klöster haben es sich daher vielfach zur Aufgabe gemacht, die alten Manuskripte zu bewahren, die gerettet werden konnten, und wichtige Texte nachzudrucken, um sie so allen zugänglich machen zu können. In dem großen Kloster Shechen gibt es auch eine Kunstakademie, in der traditionelle Fertigkeiten wie Malen, Schneidern und die Herstellung von Masken und Weihrauch gelehrt werden. Auf Wunsch des Dalai-Lama widmen sich heute immer mehr Klöster verschiedenen humanitären Aufgaben. So werden Polikliniken und Schulen für die örtliche Bevölkerung eingerichtet, wie in Shechen, wo ein Krankenhaus eröffnet wurde, in dem monatlich etwa tausend Patienten betreut werden.

Der zweite Schwerpunkt klösterlicher Aktivitäten ist das Kolleg, in dem sich die Mönche philosophischen Studien unterziehen, die je nach Einrichtung zwischen neun und fünfzehn Jahren dauern. Dort werden Grammatik, Dichtkunst, Geschichte und Logik gelehrt. Am Ende ihrer Studien übernehmen die Mönche oder Nonnen selbst ein Lehramt, wobei sie oft eine hohe Verantwortung haben. Manche entscheiden sich auch für ein kontemplatives Leben.

Das Kontemplationszentrum ist die dritte Säule des klösterlichen Lebens. An einem ruhigen Ort – einer Einsiedelei in den Bergen oder in den Tiefen der Wälder – widmen sich die Mönche und Nonnen dem meditativen Leben, das die Krönung ihrer spirituellen Schulung bildet. Die praktische Umsetzung des theoretischen Wissens und seine Anwendung in jedem Augenblick des alltäglichen Lebens bilden die höchste Verwirklichung der Lehren Buddhas. Das Ziel des Weges ist die Erleuchtung. Aber dies ist alles andere als ein egoistisches Bestreben. In den buddhistischen Abhandlungen über das kontemplative Leben steht sehr klar geschrieben, dass derjenige, der sich in eine Bergklause zurückzieht, um der Mühsal des gewöhnlichen Lebens zu entgehen, nicht besser ist als die wilden Tiere, die an diesen abgeschiedenen Orten leben. Nachdem der Eremit genügend innere Kraft gesammelt hat, kehrt er wieder in die Welt zurück, um den Menschen nicht nur intellektuelles Wissen, sondern auch eine tiefe Erfahrung der wahren Natur des Geistes zu vermitteln. Denn sich selbst zu verwandeln ist die einzige Möglichkeit, die Welt in einer erleuchteten Weise zu verändern. Das Kloster bietet daher mit der zu ihm gehörigen Einsiedelei einen Weg der Transformation, der zur Überwindung des Leidens und zur Entdeckung eines unwandelbaren Glücks für andere und für sich selbst führt.

Abhängigkeit

Ein Kernbegriff des buddhistischen Denkens von Matthieu Ricard

In einer seiner Predigten umschrieb der historische Buddha die Wirklichkeit als ein Perlengeflecht: In jeder einzelnen Perle spiegelten sich alle anderen, auch der Palast, dessen Fassade sie schmücken, und überhaupt die ganze Welt. Das heißt mit anderen Worten, dass in jedem Element der Wirklichkeit bereits alle anderen vorhanden sind. Dieses Bild verdeutlicht den Gedanken, dass nirgendwo in der Welt etwas existieren kann, das vom Ganzen getrennt wäre.

Nach buddhistischer Auffassung stellt die Idee der gegenseitigen Abhängigkeit die beste Beschreibung der Wirklichkeit dar: »Dieses geschieht, weil jenes ist.« Nichts kann ohne Ursache und Voraussetzungen aus sich selbst geschehen. Diese Lehre vom bedingten Entstehen oder *pratītya-samutpāda* bewahrt uns davor, in die metaphysischen Extreme der Ewigkeit beziehungsweise des Nichts zu fallen. Die Welt der Erscheinungen einschließlich des Bewusstseins wird als dynamisches Geflecht von Verwandlungen betrachtet, die dem Gesetz von Ursache und Wirkung unterliegen. Erscheinungen sind nur Ereignisse und Relationen, denen kein substanzielles Eigensein zukommt. In ihnen lassen sich keine autonomen und dauerhaften Entitäten festmachen. Dieses anfangs- und endlose Spiel von Relationen schließt einen absoluten Determinismus aus, denn die Zahl der an diesen Relationen beteiligten Ursachen und Bedingungen ist unendlich. Ebenso wenig können diese Relationen auf eine erste und einzige Ursache zurückgeführt werden.

Die Vorstellung einer prinzipiellen Absonderung von der übrigen Welt und insbesondere von anderen Lebewesen ist nach buddhistischer Auffassung ein schwerer Irrtum. Der Begriff der wechselseitigen Abhängigkeit ist für den Gläubigen ständiger Ansporn, sich von seinen Anhaftungen, Ängsten und Abneigungen zu befreien. Er erlaubt es, die trügerische Mauer niederzureißen, die der Verstand zwischen dem Selbst und dem Anderen aufrichtet. Er führt Hass, Stolz, Neid und Gier ad absurdum. Wenn alle Wesen in einer solchen Weise miteinander verbunden wären, könnten uns das Glück und das Leid anderer niemals gleichgültig sein. Oder wie der Dalai-Lama es ausdrückt: »Das Bedürfnis, Liebe und Zärtlichkeit zu empfangen und zu geben, beweist die gegenseitige Abhängigkeit. Wenn das Glück nicht von einem anderen abhängen würde, wenn es aus sich selbst existieren würde, hätte die Liebe überhaupt keinen Sinn.« Unser Glück ist notwendigerweise durch dasjenige der anderen bedingt. Es auf dem Leid anderer aufbauen zu wollen, ist nicht nur unmoralisch, sondern auch unrealistisch. Unumgänglich ist es daher, dass wir ausnahmslos alle Lebewesen in unser Mitgefühl einbeziehen, Freunde, Fremde und Feinde. Sich der gegenseitigen Abhängigkeit bewusst zu sein, setzt einen Prozess der inneren Verwandlung in Gang, der letztlich in die Erleuchtung mündet.

Die tibetische Astrologie

von Philippe Cornu

Die Astrologie, die als eine der fünf traditionellen tibetischen Wissenschaften gilt, spielt im täglichen Leben der Mönche und der Bevölkerung eine herausragende Rolle. Ihre Aufgabe ist es, Zukünftiges vorauszusagen, vorzubeugen und wieder gutzumachen. Unter anderem verfügt sie über Rituale, mit deren Hilfe gegensätzliche Strömungen der Planeten ausgeglichen, Wohlstand für die Menschen herbeigeführt und schützende Diagramme erarbeitet werden können. Diese traditionelle, tief in der Kultur des Himalaya verwurzelte Kunst ist noch heute in Tibet, Bhutan, Ladakh, Nepal, Sikkim, sowie im indischen Exil äußerst lebendig. Die Astrologie wird bei allen wichtigen Lebensabschnitten herangezogen, vor allem bei der Geburt eines Kindes, bei Eheschließungen und Beerdigungen sowie bäuerlichen Riten. In Tibet ist der Astrologe oder *tsipa* ein Spezialist, meist ein Mönch, Yogi oder Arzt. Die Mönche kümmern sich dabei vor allem um den liturgischen Kalender und die jährlichen Almanache. In kleineren Orten sind die verheirateten Yogis, die *ngakpa*, für Weissagungen, Medizin und diverse Rituale zuständig.

Seit dem 17. Jahrhundert wird die Astrologie vor allem an den medizinischen Fakultäten gelehrt. Unter der Regierungszeit des 13. Dalai-Lama (1876–1933) wurde in Lhasa das Men Tse Khang, das Kolleg für Medizin und Astrologie, errichtet, das nun im indischen Dharamsala wieder eröffnet wurde. Die Astrologie steht unter dem Schutz des Mañjushrī, *bodhisattva* der Weisheit, und ist in erster Linie eine Methode, Menschen in schwierigen Phasen ihres Lebens beizustehen. Sie gilt also nicht nur als wertvolles Hilfsmittel bei der Erstellung schwieriger Diagnosen, sondern in verschiedener Hinsicht auch als Mittel, dem zukünftigen Leiden und Unglück effektiv vorzubeugen. Wird diese Lehre auch oftmals als oberflächlich betrachtet, so ist sie doch ein Teil der grundlegenden Praktiken des Buddhismus.

Insofern spiegelt die tibetische Astrologie die Entwicklung der Kultur wider, wobei sich die alte tibetische Grundlage nach und nach mit Elementen ausländischer Kulturen vermischt hat. Den Anfang machte zu Beginn unserer christlichen Zeitrechnung das westliche Königreich Shang-Shung, das vermutlich persisch geprägt war. Ab dem sechsten Jahrhundert n. Chr. übte China kulturellen Einfluss aus, doch diese beiden Elemente verblassten nach und nach zugunsten einer zunehmend indischen Einwirkung, die sich langsam durchsetzte und im elften Jahrhundert allgegenwärtig war. Man kann sich die tibetische Astrologie also wie einen Baum vorstellen, dessen Wurzeln tibetisch sind, während die Zweige ausländische Pfropfreise sind. Da die Pfropfung erfolgreich verlief, ist der Baum harmonisch und reich verzweigt, auch wenn seine Wurzeln fest im Boden verankert sind.

In der Tat enthält die Astrologie zahlreiche animistische und schamanistische Elemente, die noch von den Ureinwohnern stammen. Häufig verschmolzen diese Überzeugungen mit den Praktiken der alten Bön-Religion. Streng genommen verbergen sich hinter dem Wort »Bön« verschiedene religiöse Strömungen des Shang-Shung-Reichs. Bei ihrer Verbreitung in Tibet sollen sie alte, einheimische Glaubensüberzeugungen eingebunden haben. Im alten Bön-Glauben kam den vorhersagenden Wissenschaften ein entscheidender Stellenwert zu, wobei die Astrologie einen von zwölf traditionellen Zweigen bildete. Im neueren Bön-Glauben ist das erste von neun Fahrzeugen – das Fahrzeug des Geistes der Vorhersage – auf die Beherrschung der Astrologie (*tsi*), auf die Weissagung (*mo*) sowie auf die mit diesen Methoden verbundenen Rituale und Diagnosen ausgerichtet. Dieser Volksglaube lieferte nicht nur die ersten Aufstellungen lokaler und astrologischer Gottheiten, sondern auch die ihnen zugedachten Rituale sowie mythischen Erzählungen über den Ursprung des Kosmos.

Unter den zahlreichen alten, vorbuddhistischen Elementen der Astrologie ist insbesondere der Begriff *tendrel* erwähnenswert, der so viel bedeutet wie »günstige oder ungünstige Umstände«. Später verstand man darunter die Wechselbeziehung unter den Phänomenen (*ten*: Basis, *drel*: was verbindet), und in dieser Bedeutung ging der Begriff auch in den tibetischen Buddhismus ein. Von Wichtigkeit ist auch die Lebensessenz *la*, eine vitale, individuelle Kraft, die sowohl im menschlichen Körper existiert, als auch in äußeren Trägern wie Bäumen, Felsen, wertvollen Steinen oder Hügeln. Wird diese Essenz von Dämonen beherrscht oder irrt sie in der Außenwelt umher, ist das Leben bedroht. Aufgabe der Astrologen ist es, solche Augenblicke, in denen die Seele in Gefahr ist, aufzuspüren und dann, sofern nötig, das Ritual des »Seelenrückrufs« zu praktizieren. Das *loungta* (Windpferd) ist häufig in der Mitte von Gebetsfahnen zu sehen. Es steht für die Harmonie der lebendigen Winde in Verbindung mit den inneren Elementen. Darüber hinaus besitzt es die Fähigkeit zu vereinen und zu harmonisieren, das heißt, die Vitalität, die Gesundheit sowie die persönliche Lebensenergie (*wangthang*) zu kräftigen. Auch diese Vorstellungen sind älter als der tibetische Buddhismus. Im volkstümlichen Glauben wird das Windpferd als Personifikation des Glücks und der Fähigkeit betrachtet, negative Einflüsse fernzuhalten. Zusammen mit diversen *mantras* abgebildet, soll es auf den flatternden Gebetsfahnen Wesen und Orten wieder zu einem Gleichgewicht verhelfen.

Schließlich handeln viele vorbuddhistischen Elemente auch von Gottheiten oder natürlichen Mächten, die unter der Erde, in Flüssen, auf Felsen oder Bäumen leben. Meist sind dies empfindliche und rachsüchtige Wesen, denen die Menschen bei ihrem Tun zwangsläufig begegnen. Diese Gottheiten beschwichtigt man zu astrologisch errechneten Daten mit Ritualen, Opfern und Räucherungen. Die tibetische Astrologie hat viele grundlegende Faktoren aus China übernommen, die hinsichtlich der Erstellung des Kalenders, geomagnetischer Orientierungen sowie in der Medizin eine bedeutende Rolle spielen. Diese Anleihen stammen im Wesentlichen aus dem siebten und achten Jahrhundert n. Chr., als das Königreich Tibet enge Beziehungen zur Tang-Dynastie unterhielt. Als König Songtsen Gampo (569–650) eine chinesische Prinzessin zur Frau nahm, brachte sie zahlreiche Schriftgelehrte, Ärzte und Astrologen mit nach Tibet. Anlässlich der Geburt des späteren Königs Trisong Detsen (755–797) wurde ein chinesischer Astrologe beauftragt, das königliche Horoskop zu errechnen. Der Zyklus von sechzig Jahren, die zwölf Tiere und fünf Elemente, die die Grundlage der tibetischen Astrologie sind, stammen also aus dem chinesischen Kulturkreis. Sie bilden bis heute das Gerüst für die tibetische Zeitrechnung.

Die indische Astrologie hielt erst im achten Jahrhundert n. Chr., als eine bedeutende Textsammlung aus dem Sanskrit ins Tibetische übersetzt wurde, nach und nach Einzug in Tibet. Ihren Durchbruch erlebte sie, als 1024 das *kālachakra*-Tantra eingeführt wurde, und später dann das *sarodhaya*-Tantra, das über Kaschmir aus dem Shivakult kam und aus dem später die *yangchar*-Astrologie hervorging. Das System des *kālachakra* – das Haupttantra der zweiten Verbreitung des Buddhismus in Tibet – stellt die indische Astrologie in einer Form dar, die an die antiken *rishi* (Weisen) der Brahmanen erinnert. Der buddhistischen Schule angepasst, wird es nach den Grundsätzen Buddhas ausgelegt.

Obgleich die indische Astrologie auf ganz anderen Prinzipien beruht als die chinesische, wurden sie im tibetischen System schlichtweg miteinander kombiniert. Das eindrucksvollste Beispiel stellt der sechzigjährige Zyklus dar: Wenngleich chinesischen Ursprungs beginnt diese Zeitrechnung in Tibet im Jahr 1027, während in China bereits 1024 das Ausgangsjahr ist. Dieser dreijährige Unterschied ergibt sich wiederum aus der indischen Astrologie, denn das *kālachakra*-Tantra verfügt über einen anderen sechzigjährigen Zyklus (*prabhava*), in dem jedes Jahr einen speziellen Namen hat. Da einer dieser indischen Zyklen im Jahr 1027 begann, beschlossen die Tibeter, die beiden Systeme zu vereinen und im Jahr 1027 beginnen zu lassen. So werden in Tibet die Jahre nach dem chinesischen System benannt, während die Zyklen der indischen Methode folgen. In Tibet existieren also mehrere astrologische Systeme nebeneinander, die sich in zwei große Kategorien zusammenfassen lassen: *nagtsi*, die schwarze Astrologie chinesischer Herkunft, und *kartsi*, die weiße Astrologie indischer Herkunft.

Die Bezeichnung »schwarze Astrologie« ist eine Anspielung auf China, das auf Tibetisch *gya nag* heißt und so viel wie »schwarze Fläche« bedeutet. In diesem System gibt es verschiedene Methoden, die jedoch alle auf dem Zyklus der fünf chinesischen Elemente basieren. Man bezeichnet sie übrigens auch als *dchung tse*, was so viel heißt wie »Astrologie der Elemente«. Diese fünf Elemente – Holz, Feuer, Erde, Metall und Wasser – sind aktive Faktoren, die einander stetig beeinflussen und den natürlichen Zyklus des Universums bestimmen. Dabei symbolisiert jedes Element grundlegende Eigenschaften: Holz steht für Vitalität und Flexibilität, Feuer für veränderliche oder zerstörerische Glut, Erde für Stabilität und Fruchtbarkeit, Metall für Strenge und Schärfe, Wasser für Aufnahmebereitschaft und Durchdringbarkeit. Alle astrologischen Faktoren unterliegen den Gesetzen der Elemente, und jegliche Interpretation wird von ihnen abgeleitet. Die Jahre werden im Zwölferrhythmus nach Maus, Rind, Tiger, Hase, Drache, Schlange, Pferd, Schaf, Affe, Vogel, Hund und Schwein benannt. Die Zusammenführung der fünf Elemente mit den zwölf Tieren ergab den sechzigjährigen Zyklus, der charakteristisch für den tibetischen Kalender ist. Er gilt sowohl für Jahre, als auch für Monate, Tage und Stunden. Doch auch andere Faktoren spielen eine Rolle, etwa das magische Quadrat der neun Felder (*mewa*), die in neun sich jährlich drehenden Häusern stehen, sowie die acht Trigramme oder *parkha*, die aus dem chinesischen *yijing* (oder *i ging*) abgeleitet sind. Letztere finden vor allem in der Geomantik Anwendung. Die schwarze Astrologie wird in erster Linie für die Erstellung von Kalenderzyklen benutzt oder um zu errechnen, ob ein bestimmtes Jahr für eine bestimmte Person günstig ist oder nicht. Aber auch in der Medizin spielt sie eine Rolle, ebenso wie bei der Bestimmung der energetischen Kompatibilität künftiger Eheleute oder bei Beerdigungszeremonien. Da sie auf zyklischen mathematischen Berechnungen mit einfachen Algorithmen basiert, ist sie leicht zu beherrschen.

Die weiße Astrologie ist hingegen eine Anspielung auf Indien, das auf Tibetisch *gya kar*, die »weiße Ebene« heißt. Sie wird auch »Astrologie der Sterne« genannt. Wie die westliche Lehre ist sie mesopotamischen Ursprungs und basiert auf der Konstellation der zwölf Tierkreiszeichen Widder, Stier, Zwilling, Krebs, Löwe etc. Sie berücksichtigt die sieben traditionellen Planeten (Sonne, Mond, Mars, Merkur, Jupiter, Venus und Saturn), zu denen *rahu* und *ketu* hinzukommen, der nördliche und südliche Mondknoten. Doch der indo-tibetische Tierkreis ist siderisch, was bedeutet, das er auf einer festen Sternkonstellation beruht, während der westliche Tierkreis seit Ptolemäus jahreszeitlich bedingt und vom Widderpunkt, dem Sonnenaufgangspunkt bei Tagundnachtgleiche, abhängig ist. Die beiden Tierkreise unterscheiden sich aufgrund des Vorrückens der Tagundnachtgleiche, denn der Widderpunkt verschiebt sich im Gegensatz zu den festen Sternen langsam. Der Unterschied hat jetzt fast 25 Grad erreicht.

Zu diesen Faktoren kommen 27 Mondkonstellationen (*gyukar*) hinzu, die eine wichtige Rolle bei der täglichen Voraussage spielen, aber auch bei Hochzeiten, wo Harmonien oder Dissonanzen von der Stellung des Mondes im jeweiligen Horoskop der beiden künftigen Eheleute abhängen. Diese Form der Astrologie dient in erster Linie der Erstellung persönlicher und vierfeldriger Horoskope, die an jene des westlichen Mittelalters erinnern, bei denen man die Position der Planeten und der zwölf Häuser als Tierkreiszeichen notierte. Ein ausgeklügeltes System der planetarischen Zyklen erlaubt es zudem, die Hauptabschnitte im Leben eines Menschen vorherzusagen und seine Lebensdauer festzulegen. Diese Methode wird auch angewandt, um in Almanachen günstige Daten für diese oder jene Aktivität anzugeben.

Wie viele andere Aspekte der tibetischen Kultur ist auch die Astrologie mittelfristig bedroht. In einer Welt, die immer uniformer wird, besteht die Gefahr, dass dieses äußerst komplexe Wissen eines Tages zur vergessenen Folklore all jener Völker degradiert wird, denen die Geschichte übel mitgespielt hat.

Die tibetische Kunst und ihre religiösen Funktionen

von David Jackson

Die sakrale Kunst Tibets diente seit jeher der Darstellung und Verlebendigung der höchsten Ideale und Erkenntnisse des Buddhismus. Der traditionellen Ikonologie zufolge ist ein heiliger Gegenstand, sei es eine Buddha-Statue oder ein Gemälde, als »Stütze« (*rten*) des erleuchteten Körpers anzusehen. Heilige Bücher und *stūpas* erfüllen eine ähnliche Aufgabe, sie sind Stützen des erleuchteten Geistes.

Die tibetischen Buddhisten erhoffen sich von der Anfertigung ihrer Kunstwerke große spirituelle Verdienste, die ihnen künftiges Wohlergehen und Glück garantieren sollen. Um körperliche oder geistige Krankheiten zu überwinden oder günstige Voraussetzungen für ein langes Leben zu schaffen, stiften auch gläubige Laien religiöse Kunstwerke. Oft steht die dargestellte Gottheit direkt in Bezug zu der erwünschten Wirkung. So verkörpert die Grüne Tārā den weltlichen Aspekt des Erbarmens, während Amitāyus ein ewiges Leben gewährt. Nach der Fertigstellung des heiligen Bildnisses spricht der Stifter speziell für diese Gottheit gedachte Rezitationen und Gebete.

So genannte Rollbilder (*thangkas*) werden meist nach dem Tod eines Verwandten oder guten Freundes in Auftrag gegeben. Man nennt sie »Geburtszeichen« und lässt sie im Namen des Verstorbenen malen, um die notwendigen Voraussetzungen für eine günstige Wiedergeburt zu schaffen. *Thangkas* müssen innerhalb von sieben Wochen nach dem Tod des Betreffenden angefertigt werden, das heißt, bevor der Mensch durch Empfängnis und Geburt wieder ins Leben tritt. Um zu entscheiden, welche Gottheit dargestellt werden soll, befragen die Lamas häufig Weissagungstexte.

Die tibetische Kunst entspringt in erster Linie dem Wunsch, Leiden zu vermeiden, Glück zu erlangen und günstige Bedingungen für das zukünftige Leben zu schaffen. Diese Ergebnisse beruhen auf dem moralischen Prinzip von Ursache und Wirkung, an das alle Buddhisten glauben. Für *mahāyāna*-Buddhisten kommt noch ein weiteres Motiv hinzu: der Wunsch, vollkommene Erleuchtung zum Wohl aller Lebewesen zu erlangen. Dieser altruistische Gedanke verleiht der guten Tat die größte Kraft, so dass sie bis zur Erlangung der Buddhaschaft wirken kann. Auch nach Abschluss eines größeren religiösen Kunstprojekts wird das dadurch gewonnene Verdienst den Gebeten der Erleuchtung gewidmet. Nach seiner Vollendung wird der heilige Gegenstand durch ein Weiheritual mit dem Geist der Erleuchtung gesegnet und zum Leben erweckt. Danach werden alle geweihten Objekte von den Buddhisten mit größtem Respekt behandelt, beinahe als handle es sich um Lebewesen.

Auch bei anderen religiösen Handlungen bedient man sich der sakralen Kunst. So fördert ein Buddha-Bildnis die Konzentration auf den Glauben und erinnert an die Verpflichtung der Buddhisten, den Weg der reinen Lehre zu gehen. Einfache Buddha-Bildnisse dienen als Konzentrationshilfe während der Meditation, aber in der Regel sind diese Bilder Gegenstand der Andacht und Darbringung von Opfern. Darüber hinaus unterstützen Gemälde die während der Meditation erzeugten Visualisierungen. Viele Praktizierende, die die einführenden Übungen des *vajrayāna* bereits beherrschen, lassen sich spezielle Bildnisse anfertigen, die ihren Lehrer und dessen Vorgänger als Baum der Zuflucht darstellen. Ein solches Kunstwerk dient als Anregung und Stärkung des inneren Bildes von jener großen Gemeinschaft, zu der die Meditierenden gelangen wollen. Begleitet werden diese Meditationen von rituellen Verbeugungen und der Anfertigung symbolischer *mandalas*. So könnte ein Mönch, der jeden Tag das Bekenntnis-*sūtra* rezitiert, ein Gemälde der 35 Bekenntnis-Buddhas anfertigen lassen, die er dann um sich versammelt sähe. Denn für Meditierende der *vajrayāna*-Schule sind *thangkas* nicht nur Symbole der Frömmigkeit und Inspirationsquellen, sondern auch Gedächtnisstützen für ihre Visualisierungen. Wer Einkehr halten will, bestellt daher ein Gemälde derjenigen Gottheit, die er günstig stimmen möchte. *Thangkas* werden auch außerhalb der Klöster, Reliquienschreine und Meditationsstätten zu zeremoniellen Zwecken eingesetzt. In Sikkim und Nepal werden buddhistische Bestattungsprozessionen nicht selten von einem Mann angeführt, der ein an einem Stab befestigtes Bild trägt. *Srid-pa-ho-thangkas* dienen auch dazu, Prozessionen eines Lamas oder einer Hochzeitsgemeinschaft vor bösen Einflüssen zu bewahren. Umherziehende Lama-māipa-Lehrer führen *thangkas* mit sich, die sie vor ihren Zuhörern aufrollen, um ihre Erzählungen und Rezitationen zu illustrieren. Klöster und Paläste besitzen riesige, mit Applikationen versehene Gemälde, die an bestimmten Feiertagen öffentlich gezeigt und angebetet werden.

Die wichtigste Funktion der tibetischen Kunst besteht zwar darin, den Meditierenden darin zu unterstützen, spirituelle Verdienste zu erwerben, doch sie wird auch aufgrund ihrer Schönheit geschätzt. Die großen tibetischen Gelehrten sind wahre Kunstkenner und wissen die traditionellen Stilrichtungen genau zu unterscheiden. Die kostbarsten Kunstwerke wurden von bedeutenden Meistern geschaffen, die oftmals nach ihnen benannte Schulen begründeten. Solche herausragenden Genies bilden jedoch eher die Ausnahme. Die meisten Künstler sind einfache und bescheidene Handwerker, die in Maler- oder Bildhauerfamilien hineingeboren wurden. Zwar steht die Meditation dieser Künstler meist nicht im Mittelpunkt ihres Lebens, aber dennoch sind sie religiös gesinnt und wenigstens der Form halber in die tantrischen Lehren eingeweiht. Denn dem *vajrayāna* zufolge ist die rituelle Initiation die Voraussetzung dafür, die Gottheiten der vier Tantraklassen darzustellen. Buddhistische Kunstwerke waren stets ein Gegenstand der Ehrerbietung, wurden aber niemals zum Götzendienst missbraucht. Für kundige Buddhisten verkörpert das Bildnis des Erleuchteten vielmehr die Erkenntnis der Möglichkeiten, die in jedem Lebewesen latent vorhanden sind.

Der Weg zur reinen Schau

Die Bedeutung der Gottheiten von Matthieu Ricard

Im buddhistischen Pantheon hat nicht Gott den Menschen nach seinem Bildnis geschaffen, sondern die Gottheiten erscheinen nach dem Bildnis des Menschen. Sie sind Ausdruck der verschiedenen Qualitäten der Buddhaschaft – der transzendenten Weisheit, des Mitgefühls und des altruistischen Handelns. Diese Gottheiten sind eins mit der höchsten Natur unseres Geistes, der Buddha-Natur. Die meditative Versenkung, die darin besteht, dass man sich in die Gestalt einer Gottheit versetzt, ermöglicht es dem verblendeten und Geist, sich in seinem eigensten Wesen zu erkennen. Wie vielfältig diese Erscheinungsformen auch sein mögen, der Meditierende wird sie immer als Einheit mit dem Buddha und dem spirituellen Meister erleben. Die in physischer Vereinigung dargestellten Gottheiten sind nicht als Wesen aus Fleisch und Blut aufzufassen, die sich gewöhnlichen Leidenschaften hingeben; sie sind vielmehr Symbol der Einheit von Leerheit (oder Weisheit, der weibliche Aspekt) und Mitgefühl (oder Methode, der männliche Aspekt).

Für denjenigen, der sich solchen Visualisierungen hingibt, verfügt nichts mehr über eine gewöhnliche Erscheinungsform. Die Welt der Formen wird zur unendlichen Entfaltung der Gestalt des Meisters; Klänge sind *mantras*, und die Gedanken Manifestationen des erleuchteten Geistes.

Einblicke in die Innenwelt einer Statue

von Matthieu Ricard

Der unwissende Betrachter einer Statue in einem tibetischen Tempel ahnt nicht, dass ihr Inneres angefüllt ist mit einer Vielzahl an *mantras*, Gebeten, Reliquien und Devotionalien. Doch die Anfertigung dieses »Innenlebens« erfordert ebenso viel Aufwand, manchmal sogar mehr als die Schaffung des Kunstwerks selbst.

Das Füllen einer großen Statue ist mit monatelanger Arbeit verbunden. Eine Gruppe von Mönchen druckt Tausende von *mantras* und Gebeten, bemalt sie mit Safranwasser, das mit geweihten Substanzen vermischt ist, und schneidet sie in gerade Streifen, die so eng wie möglich zusammengerollt und mit einem Stück Stoff umwickelt werden. Damit sie richtig in die Statue eingesetzt werden, kennzeichnen die Mönche die Oberseite einer jeden Rolle.

Anschließend wird der Lebensbaum hergestellt, das heißt die Mittelachse der Statue, ihre Wirbelsäule. Hierzu wird ein Baum einer edlen und duftenden Art gesucht, vorzugsweise auf den Hängen eines heiligen Berges. Beliebt sind weißes und rotes Sandelholz, Wacholder und Aloe. Der Baum wird bei Sonnenaufgang gefällt, nachdem den Göttern ein Opfer dargebracht wurde. Seine Ausrichtung wird sorgfältig gekennzeichnet, damit das Holz in der Statue genau in derselben räumlichen Anordnung liegt, wobei auch oben und unten nicht vertauscht werden dürfen. Die einst nach Osten weisende Seite des Baums wird auf die Vorderseite der Statue ausgerichtet.

Der Stamm wird dann so bearbeitet, dass der quadratische Querschnitt nach oben hin leicht abnimmt. Die Spitze wird in der Form eines *stūpa* gestaltet, die Basis als Halb-*vajra*. Dann wird das Holz sorgfältig geschliffen, rot bemalt und mit *mantras* in Goldschrift beschrieben. Bestimmte Silben bezeichnen die einzelnen Ebenen (Stirn, Kehle usw.). In Höhe der entsprechenden Ebenen der Statue werden am Stamm Reliquien von Heiligen angebracht: Haare, Seiten aus ihren Schriften, Knochen- oder Kleidungsstücke, rituelle Gegenstände aus ihrem Besitz. Dann wird der Stamm mit feiner gelber Seide umhüllt und das Innere der Statue mit Safranwasser und Weihrauch gereinigt. Wenn es sich um eine kleine Statue handelt, bittet man einen spirituellen Meister, den Stamm in die Figur einzusetzen. Er spricht dann Segenswünsche für die Verbreitung der Lehren des Buddha und bittet um ein langes Leben für diejenigen, die sie weitergeben. Ist es eine große Statue, tragen die Mönche den Lebensbaum in einer Prozession an den Ort, wo er dann eingepasst wird.

Auf die Innenseite der Augen, Ohren und anderer Organe werden bestimmte *mantras* geklebt. Weitere *mantra*- und Gebetsrollen werden eingesetzt, bis der ganze freie Raum ausgefüllt ist, der recht groß sein kann, da die Wand der Statue nur wenige Zentimeter dick ist. Für jede Ebene gibt es unterschiedliche *mantras*. Sehr große Statuen beinhalten manchmal eine regelrechte Bibliothek. So enthält zum Beispiel eine riesige Padmasambhava-Statue in einem Kloster in Shechen in Nepal neben *mantras* und Gebeten die 103 Bände des buddhistischen

Kanons nebst vielen weiteren Schriften sowie hunderttausend Miniaturstatuen des Padmasambhava.

Die letzten noch freien Räume werden angefüllt mit Duft- und Heilpflanzen, Steinen und Blumen, die an heiligen Orten gesammelt wurden, sowie Gewürzen, Gold- und Silberstücken, Türkisen, Korallen, Amber und Perlen. In die Mitte der Basis werden gedruckte oder in Kupfer eingravierte und mit Blattgold überzogene Diagramme gelegt, die den Gottheiten des Wohlergehens geweiht sind. Zuletzt wird der Boden versiegelt, in den man noch ein Doppel-*vajra* einritzt, das Symbol der Unwandelbarkeit. Unter der Statue werden schließlich noch Waffen eingeschlossen, um Kriege abzuwehren, weil sie so unter Weisheit und Mitgefühl zerschmettert werden. Bei großen Statuen besteht die Gefahr, dass man nach ihrer Fertigstellung nicht mehr alle Hohlräume erreicht. In diesem Fall wird zunächst der Lebensbaum aufgerichtet; danach bitten die Bildhauer, die die Statue aus Ton anfertigen, die Mönche alle vier bis fünf Tage zu sich, damit sie nach und nach die verschiedenen Ebenen auffüllen.

Der Ton, den man für die Anfertigung der Statue verwendet, wird mit Wasser vermischt, dem geweihte Substanzen beigemengt sind, sowie mit »Reispapierfasern« (in Wirklichkeit handelt es sich um Seidelbastrinde) gut verknetet, bis er die gewünschte Konsistenz hat. Die Tonstatuen werden entweder farbig bemalt oder mit einer Mischung aus Feingold – das in einem langwierigen und komplexen Verfahren pulverisiert wird – und Klebstoff vergoldet. Die Oberfläche wird anschließend mit einem Achat glänzend geschliffen. Bei Statuen aus getriebenem Kupfer wird Goldamalgam auf die Oberfläche aufgetragen; anschließend wird die Statue – bei größeren Figuren die Einzelteile – über Holzkohle oder mit einer Lötflamme erhitzt. Das Quecksilber verdampft dabei, und das Gold schlägt sich auf dem Kupfer nieder. Obwohl Quecksilberdampf hochgiftig ist, sind die Goldschmiede des Himalaya davon überzeugt, dass der Genuss großer Mengen von Bier nach dem Verfahren die Ausscheidung des Gifts beschleunige.

Schließlich wird die Statue gereinigt und einem Weiheritual unterzogen, bei dem der göttliche Geist der Weisheit angerufen wird, sich in ihr niederzulassen – so wie man das Bewusstsein einladen würde, den Körper zu beseelen. Zu einem bestimmten Zeitpunkt der Zeremonie wird das Antlitz enthüllt, das bisher verschleiert war, und ein Maler legt letzte Hand an die Pupillen, um den Blick zu öffnen. Bei der oben erwähnten Statue des Guru Padmasambhava führte Dilgo Khyentse Rimpoche das Weiheritual 108 Mal aus. Für die Anhänger des Buddhismus besitzt eine Statue, die in dieser Weise geweiht wurde, die Segenskraft der Gottheit selbst. Im Zuge der chinesischen Invasion in Tibet wurde aus den meisten Statuen, die nicht zerstört wurden, der Inhalt entfernt.

Sakrale Kunst

Die Erlangung der Meisterschaft von Matthieu Riccard

Eine der Hauptfunktionen der sakralen Kunst Tibets besteht darin, Hilfsmittel für die Meditation zu sein. Der traditionelle Künstler legt all sein Können in sein Werk, doch bleibt seine Persönlichkeit stets dahinter verborgen. Daher sind die Urheber tibetischer Kunstwerke in aller Regel unbekannt. Dem Künstler ist es nicht möglich, seiner Fantasie freien Lauf zu lassen oder ständig neue Formen zu erfinden. Dennoch ist seine Kunst nicht unwandelbar an die Vergangenheit gekettet, denn die spirituellen Meister bereichern sie ständig durch neue Elemente, die aus ihrer meditativen Erfahrung stammen.

Konchog Lhadrepa ist ein Schüler des berühmten Dilgo Khyentse Rimpoche. Gen Tragial, einer der letzten großen Maler, die noch in Tibet ausgebildet wurden, lehrte ihn in den siebziger Jahren des vorigen Jahrhunderts die Malerei. Konchog ist heute Kunsterzieher in der Tsering Art School, der Kunstakademie des Klosters Shechen in Nepal. Er gibt uns eine Vorstellung davon, wie der Künstler auf dem Weg zur Erleuchtung eins mit seinem Gemälde wird:

»Man unterscheidet mehrere Ansätze innerhalb der Malkunst. Der Erste besteht darin, dass man die äußere Welt so getreu wie möglich abbildet. Der Zweite sucht eine persönliche Interpretation der Welt und setzt in einer figurativen Weise die Gedanken, Empfindungen und Fantasien des Künstlers um. Der Dritte folgt genauen Vorgaben hinsichtlich der Proportionen und der Darstellung der Gottheiten sowie ihrer Symbolgegenstände. Der Vierte und seltenste ist derjenige der spirituellen Meister, die bisweilen ihre meditativen Erfahrungen, ihre Träume oder Visionen in Skizzen und Zeichnungen festhalten.

Die sakrale Kunst Tibets gehört den beiden letzteren Kategorien an. Sie ist von der buddhistischen Praxis nicht zu trennen. Der Schüler nimmt zunächst Zuflucht zu den drei Kostbarkeiten, Buddha, *dharma* und *sangha*. Am frühen Morgen widmet er eine gewisse Zeit dem Gebet. Wenn er mit dem Malen beginnt, muss er die so genannte reine Schau praktizieren, das heißt sich selbst in der Gestalt der Gottheit visualisieren, die er malt, sowie die Werkstatt als das reine Land dieser Gottheit, und schließlich seine Gerätschaften – Pinsel, Schälchen, Zirkel usw. – als Attribute der Gottheit, die diese in Händen hält. Während der ganzen Arbeit rezitiert er das *mantra* der Gottheit, die er zeichnet oder koloriert. Am Ende einer jeden Sitzung widmet er seine Verdienste dem zeitlichen und ewigen Wohl aller Wesen. So wird seine Kunst zu einem integralen Bestandteil der spirituellen Praxis. Eine solche Kunstauffassung erfordert eine besondere Liebe zum Detail. Man sagt, dass ein sorgfältiger Maler an einem Arbeitstag durchschnittlich nur etwa die Fläche eines Fingernagels fertig stellt!

Im Lauf der Jahrhunderte wurden innerhalb der religiösen Malerei zahlreiche Stile entwickelt. Sie unterscheiden sich jedoch nicht in ihrer Symbolik oder tieferen Bedeutung, sondern nur in den eingesetzten Techniken. Der zentraltibetische Stil zum Beispiel ist stark ornamental und verfügt über satte Farben, die dem Bild eine gewisse Schwere verleihen. Der Stil des östlichen Tibet dagegen ist von einer zarten Transparenz. Durch willkürliche Stilmischungen, wie sie oft in kommerziellen Werkstätten anzutreffen sind, die den touristischen Markt beliefern, ist diese ehrwürdige Tradition in ihrer Existenz bedroht. So ist es meine größte Hoffnung, dazu beitragen zu können, diese alte Kunst zu erhalten. In unserer Schule gibt es jetzt 36 Schüler, die eine drei- bis sechsjährige Ausbildung durchlaufen. Ich hoffe, dass diese Schüler nicht nur einen Beruf ausüben, der von einem tiefen Sinn erfüllt ist, sondern auch eine bedeutende Tradition weitergeben werden.«

Die tibetische Heilkunst

Ein Ausweg für die leidende Kreatur von Fernand Meyer

Ein berühmter tibetischer Sinnspruch besagt, dass Krankheiten ein integrativer Bestandteil der biologischen Natur des Menschen sind: »Wie der Schatten dem Vogel folgt, selbst wenn er am Himmel fliegt, so verfolgt das Leid den Menschen.« In den meisten traditionellen Gesellschaften gehört die stete Anfälligkeit des Menschen für individuelle und soziale Schicksalsschläge wie Krankheit, Unfall, Behinderung und frühzeitiger Tod zu einer selbstverständlichen alltäglichen Erfahrung. Dieses Verständnis trifft besonders auf die Hochtäler des Himalaya und die tibetische Hochebene zu, wo das Leben ausgesprochen hart und die hygienischen Bedingungen unzureichend sind.

Es ist nicht weiter verwunderlich, dass diese Wechselfälle, denen die Menschen physisch unterworfen sind, in der buddhistischen Tradition als beispielhafte Auswirkungen der schmerzlichen Unbeständigkeit aller Erscheinungen dargestellt werden. Auch der historische Buddha Shākyamuni soll durch die vier Begegnungen mit einem Kranken, einem Greis, einem Toten und einem Eremiten dazu bewogen worden sein, sein sorgloses Leben am Königshof aufzugeben, um sich auf die Suche nach einer Antwort auf das Leiden der Menschen zu machen, dessen unmittelbare Erfahrung ihn zutiefst verstört hatte.

In der Tat ist die Heilmedizin in verschiedener Hinsicht im Buddhismus tief verankert. Als Doktrin und Weg zur Genesung hat die Heilung von Krankheiten nicht nur einen natürlichen Stellenwert, sie ist auch eine Art Metapher für die endgültige Befreiung vom endlosen Zyklus der Wiedergeburten. Darüber hinaus ist die Problematik des Leidens in einem tieferen Sinn seit jeher ein zentraler Punkt innerhalb der buddhistischen Lehre. Zu Beginn unserer Zeit wurde die Verbindung zwischen Buddhismus und Heilmedizin durch die Entwicklung der *mahāyāna*-Lehre noch stärker gefestigt. Ihr Ideal war der *bodhisattva*, ein der Erleuchtung geweihtes Wesen, für das die Heilung des leidenden Körpers einerseits Gelegenheit war, sich in Mitleid und Nächstenliebe zu üben, andererseits ein geeignetes Mittel zur Bekehrung der Menschen. Seitdem ist die medizinische Wissenschaft vor allem in den Klöstern Teil des buddhistischen Studiums.

Wie bei anderen Unglücksfällen sucht der Betroffene angesichts des schädlichen, unerwarteten und offensichtlich selektiven Charakters der Krankheit mit Hilfe seines Umfelds und eventuell auch von Fachleuten nach einer Erklärung, die diesem Ereignis einen Sinn gibt, und nach einer Behandlung, die er für wirksam hält. Die Sinn gebende Interpretation wird nicht zwangsläufig an ihrem Wahrheitsgehalt, ihrer wissenschaftlichen Fundiertheit oder auch nur ihrer empirischen Nachprüfbarkeit gemessen, sondern an ihrer Kohärenz mit der subjektiven Lebenserfahrung des Kranken und der Vorstellung, die er von seinem Verhältnis zu den anderen und zur – sichtbaren oder unsichtbaren – Welt hat. So haben sich die Menschen auf der Suche nach einem Grund für ihre Erkrankung vorzugsweise Erklärungsmodellen zugewandt, die diese Krankheiten Kräften anlasten, die sich ihren Opfern gegenüber angriffslustig zeigen, wie beispielsweise Ahnen, Geister, Gottheiten, Dämonen oder Hexen.

Je nach Vorgehensweise waren lange Zeit entweder Laien oder Gottheiten, Schamanen und Priester zuständig. In verschiedenen philosophisch-religiösen Traditionen wurden auch andere Ursachen abstrakter oder moralischer Größenordnung – wie etwa das *karma* – einbezogen. Erst später gab es Fachleute, die ihr Wissen und ihre Arbeit auf die Krankheit konzentrierten, jene besondere Form des Leidens, die den Körper trifft. Durch ihren Einfluss orientierte sich das Erklärungsmodell eher an naturalistischen, unpersönlichen Ursachen allgemeiner Natur, jenseits universeller Bereiche, wie etwa Klima, Ernährung, Lebensweise, Stimmungslage, oder an krankheitsauslösenden Prozessen selbst, wie Unausgeglichenheit oder Vergiftung der körpereigenen Substanzen. Diese neue Ausrichtung brachte die klassischen gelehrten Ärzte hervor; ihr Wissen stützte sich in erster Linie auf das geschriebene Wort, medizinische Lehrbücher, die im Lauf der letzten Jahrhunderte in den großen Zivilisationszentren, vor allem im Mittelmeerraum, Indien und China, entstanden sind. Sie konnten allerdings die anderen therapeutischen Praktiken, die den Menschen weiterhin als Alternative zur Verfügung standen, nicht gänzlich verdrängen. So waren im Himalaya und in Tibet verschiedenste Therapieformen bekannt, die je nach Region ein mehr oder weniger großes Angebot an alternativen oder ergänzenden Hilfen boten. Wenn wir uns auch hier auf die gelehrte tibetische Medizin beschränken wollen, ist doch hervorzuheben, dass viele Heilpraktiken, seien sie vorbeugend oder therapeutisch – vor allem in abgelegenen Orten –, nicht aus dem medizinischen Bereich im eigentlichen Sinn stammen. Hierzu gehören insbesondere volkstümliche Methoden, formale Handlungen, die auf eine Ansammlung von Verdiensten ausgerichtet sind (etwa Spenden für die Armen oder für religiöse Einrichtungen; Lesungen religiöser Texte), Wallfahrten zu heiligen Stätten, Segnungen durch große spirituelle Meister, schützende Amulette, vorhersagende oder astrologische Berechnungen, Exorzismus-, Langlebigkeits- oder Genesungsrituale, Behandlungen durch Schamanen etc.

Die Entwicklung der tibetischen Medizin war stets sehr eng mit der Kultur verbunden, auch mit der des Buddhismus, der sie seinerseits stark prägte. Die klassische tibetische Geschichtsschreibung führt die Anfänge der medizinischen Tradition auf das siebte Jahrhundert n. Chr. zurück, als das erstmalig vereinigte Reich Tibet in Kontakt trat zu den benachbarten alten Zivilisationen Indien, China, Zentralasien und dem Iran. Nachdem es die indische Schrift übernommen hatte, konnten allmählich eine Vielzahl von Abhandlungen , unter anderem auch medizinische Traktate, erfasst werden. Die verschiedenen Einflüsse, insbesondere der indische, chinesische und zweifellos auch der griechisch-arabische, die den Ursprung der

Medizin markieren, werden durch alte Dokumente bekräftigt. Im Lauf der Jahrhunderte wurden manche Einflüsse weniger maßgebend, andere dafür vermischten sich mit dem Erbe der einheimischen Therapieformen zu einem Kompendium an Theorie und Praxis, dessen bedeutendes Traktat *Die Vier Tantras* (*gyushi*) noch heute innerhalb der umfangreichen, oft kaum bekannten medizinischen Literatur ein zentrales Standardwerk für alle tibetischen Ärzte darstellt.

Die medizinische Unterweisung – das Studium der Texte ebenso wie die mündliche und praktische Lehre – erfolgte jahrhundertelang, oft parallel zur religiösen Ausbildung, nicht etwa in speziellen Institutionen, sondern ging, teils in Klöstern, teils privat, vom Meister auf den Schüler oder vom Vater auf den Sohn über. Sie war praktisch orientiert und verlangte kein offizielles Diplom oder irgendeine Legitimation durch weltliche oder religiöse Behörden, die ein bestimmtes Niveau an theoretischem und praktischem Wissen vorausgesetzt hätten. So gehörten die tibetischen Ärzte auch nie einer festen Berufsgruppe an. Viele von ihnen übten hauptsächlich andere, oft religiöse Funktionen aus. Erst Ende des 17. Jahrhunderts wurde auf dem Eisenberg in der Nähe von Lhasa das erste Kloster eingerichtet, das dem Studium der Medizin vorbehalten war. Es diente fortan als Vorbild für verschiedene ähnliche Einrichtungen in Osttibet, Peking und der Mongolei. 1916 gab dann der 13. Dalai-Lama dem tibetischen Medizinalwesen durch die Gründung des Instituts für tibetische Medizin und astrologische Berechnungen (Men Tse Khang) im Herzen von Lhasa neue Impulse. Doch neben dieser institutionalisierten Ausbildung (mit Diplomabschluss) wurde die medizinische Tradition auch weiterhin innerhalb der Familie oder von vor Ort praktizierenden Ärzten weitergegeben. Da es keine offizielle Kontrolle gab, war der Wissensstand sehr unterschiedlich. So erhielten beispielsweise Frauen generell ihre medizinische Unterweisung vom Vater.

In der tibetischen Medizin – ebenso in der ayurvedischen Heilkunst Indiens, von der sie weit gehend das physiologische, pathologische und therapeutische Wissen übernommen hat – besteht der menschliche Körper aus einem organischen Substrat, in welchem drei Körpersäfte – Wind (*lung*), Galle (*tripa*) und Schleim (*bekan*) – lebenswichtige Funktionen einnehmen. Ebenso wie das Blut und andere organische Substanzen durchfließen diese drei Säfte den Körper in Kanälen, die in verschiedene Netze eingeteilt sind. Stehen sie in Harmonie zueinander, so gewähren sie Leben und Gesundheit. Krankheit ist demzufolge nichts anderes als der Ausdruck eines Ungleichgewichts dieser Aggregate, das heißt einer pathogenen Aktivität (Über- oder Unterproduktion durch falsche Ernährung, Lebensweise und jahreszeitlich bedingte Einflüsse etc.). Die medizinische Diagnostik ist ein Prozess der logischen Interferenz, bei dem der Arzt im Idealfall die verschiedenen klinischen Anzeichen, die aus der Befragung des

Patienten resultieren, der Puls-, Urin- und Zungendiagnose gegenüberstellt. Häufig beschränkt sich die Diagnostik allerdings auf das Fühlen des Pulses.

Die Behandlung besteht aus vier Therapien, deren Wirksamkeit der Reihenfolge nach gesteigert werden soll: Lebenshygiene, Ernährung, Heilmittel, äußere Eingriffe. Im Allgemeinen geht es darum, denjenigen Körpersäften, die eine Überproduktion anzeigen, entgegengesetzte Wirkstoffe gegenüberzustellen oder sie gegebenenfalls abzuleiten. Bei den Wirkungsweisen, die Nahrungsmitteln oder Drogen zugewiesen werden, spielen Geschmack sowie warme oder kalte Eigenschaften eine besondere Rolle. Die Heilmittel bestehen aufgrund ihrer verschiedenen Zubereitungsformen (vor allem Pulver, Infusionen oder Pillen) aus äußerst komplexen Wirkstoffen, die zumeist pflanzlichen Ursprungs sind. Die äußeren therapeutischen Maßnahmen umfassen relativ häufig Moxibustion, medizinische Bäder, Salben, Aderlass und kleine chirurgische Eingriffe.

Heute wird diese Form der Medizin in mehr oder minder qualifizierter Form in fast allen tibetischen Sprachgemeinschaften des Himalaya sowie in Tibet praktiziert. Viele Gesundheitsprojekte sind mehr und mehr bemüht, die traditionelle Heilkunde mit der modernen Biomedizin zu kombinieren. Die Lehre dieser Wissenschaft ist inzwischen in hohem Maße institutionalisiert und nicht mehr ausschließlich den Mönchen vorbehalten. Auch die traditionelle Pharmazie ist um eine Standardisierung und halb industrielle Produktion mit breitem Vertriebssystem bemüht. Man kann generell feststellen, dass die tibetische Heilmedizin in den letzten Jahren auch über ihren kulturellen Ursprungsbereich hinaus ein wachsendes Interesse erfahren hat.

Doktor Tenzin Choedrak

Das Gedächtnis der tibetischen Medizin von Claude B. Levenson

Zwei verschwommene Silhouetten zeichneten sich im Dämmerlicht eines kleinen Raums ab: Ein breiter männlicher Rücken auf einem Stuhl und ihm gegenüber, im blassen Abendlicht, ein Mann mit undeutlichen Zügen. Die Haltung des Letzteren hatte jedoch etwas Außergewöhnliches: Man spürte eine intensive, fast greifbare Konzentration, als ginge eine besondere Strahlung von ihm aus. Auch seine Gestik war ungewöhnlich: Die Finger beider Hände lagen auf dem Handgelenk seines Gegenüber und drückten aufmerksames Zuhören aus. So verlief 1985 meine erste Begegnung mit Doktor Choedrak.

Als persönlicher Leibarzt begleitete er den Dalai-Lama zu jener Zeit auf fast allen Reisen. Als sich damals unsere Blicke trafen, hatte ich gleich den Eindruck, dass er das Beste und Wertvollste der tibetischen Heilkunst verkörperte: weit reichende Kenntnisse, eine besondere Aufmerksamkeit gegenüber anderen sowie eine scharfsinnige Wachsamkeit, trotz seines sanften Blickes. Wissenschaft und Bewusstsein schienen untrennbar miteinander verbunden.

Tenzin Choedrak wurde 1924 in Ringpung Dzong in der Nähe von Shigatse in Zentraltibet geboren und trat im Alter von sechs Jahren in das benachbarte Kloster von Nyepo Chöde ein. Sieben Jahre später ging er nach Lhasa, wo ihn der bekannte Arzt Shekar Tsultrim Tenzin in die Geheimnisse seiner Kunst einweihte. 1941 wurde er in die berühmte Klosterschule Men Tse Khang auf dem Eisenberg von Chakpori, gegenüber des Potala-Palastes, aufgenommen, wo er von Khyenrab Norbu ausgebildet wurde. 1952 verließ er das Kolleg mit höchsten Auszeichnungen als Gelehrter der elf Hauptzweige, auf denen die tibetische Heilkunst basiert.

Im Alter von dreißig Jahren kehrte Tenzin Choedrak in sein Heimatdorf zurück, um im dortigen Kloster zu praktizieren. 1953 wurde er Leibarzt der Mutter des Dalai-Lama. Im folgenden Jahr begab er sich nach Phari, wo er mehrere Monate lang praktische Studien zur Entgiftung von Mercurius (Quecksilber) vornahm, um diese für therapeutische Zwecke aufzubereiten. 1955 wurde er von der tibetischen Regierung zu einem der vier Spezialisten berufen, die über die Gesundheit des Dalai-Lama wachen sollten. Wie das Leben unzähliger seiner Landsleute geriet im Jahr 1959 durch den antichinesischen Volksaufstand und die darauf folgenden blutigen Vergeltungsmaßnahmen auch sein eigenes aus dem Gleichgewicht.

Tenzin Choedrak wurde verhaftet und zu 17 Jahren »harter Strafe« verurteilt. So verbrachte er fast zwanzig Jahre in chinesischen Kerkern: Vom Arbeitslager Chow-Chin am Rande der Wüste Gobi wurde er in die Gefängnisse Sangyip, Sethun und schließlich nach Drapchi am Stadtrand von Lhasa überführt. Er durchlebte grauenvolle Jahre mit Verhören, Folter und Hunger. Er sah einen nach dem anderen seiner Leidensgefährten sterben, ohne ihnen helfen zu können: Von rund hundert Häftlingen, die in das Arbeitslager geschickt wurden, kamen nur fünf zurück. Nachdem er einige seiner Peiniger medizinisch versorgt hatte, wurde ihm 1973 gestattet, in der Krankenstation des Gefängnisses zu praktizieren.

Als 1979 die erste Delegation des Dalai-Lama Tibet besuchte, geführt vom Bruder des exilierten Oberhauptes, bedeutete dies für Doktor Choedrak, sozusagen als Zeichen des guten Willens, eine Hafterleichterung. Im darauf folgenden Jahr wurde seine Ausreise über die ansonsten hermetisch abgeriegelte Straße nach Nepal genehmigt. Er begab sich ins indische Dharamsala, wo er sofort seinen Dienst im Palast des Dalai-Lama wieder aufnahm. Offenbar verdankte er sein Überleben der unbeirrten Ausübung einer tantrischen Meditation, die er auch in den schlimmsten Momenten des Grauens während seines Aufenthalts im Konzentrationslager nicht aufgab.

Tenzin Choedrak wirkte mit seiner friedvollen Stimme und jenem magischen Lächeln, das allen gemein war, die dem Totenhaus entronnen waren und Dinge erlebt hatten, für die es keine Worte mehr gab, relativ scheu und unauffällig – abgesehen von seinem Blick, der die Schärfe eines Menschen hatte, der sich keine Illusionen mehr macht. Ein Blick, aus dem über die erlittenen Qualen und alle gesehenen Gräuel hinaus ein grenzenloses Erbarmen für seine Mitmenschen sprach. Zum Leiter des astro-medizinischen Instituts von Dharamsala ernannt, war er stets darum bemüht, sein Wissen an die nächste Generation weiterzugeben und so die Tradition der Vorfahren zu wahren. Gerüchte behaupten, er sei der Letzte gewesen, der über das Geheimnis zur Herstellung eines Medikaments von legendärem Ruf verfügte: »die große wertvolle Pille des Dalai-Lama«.

In großer Sorge um die überlieferten Kenntnisse, die in seiner Heimat nicht mehr fachkundig vermittelt werden konnten und somit vom Vergessen bedroht waren, verbrachte Doktor Choedrak unendliche Stunden damit, heute zerstörte medizinische Abhandlungen, die er während seiner damaligen Ausbildung noch auswendig gelernt hatte, in vollem Umfang zu diktieren oder niederzuschreiben. 1984 nahm er zum ersten Mal an einer internationalen Konferenz über die tibetische Medizin in Venedig teil. Danach reiste er durch die ganze Welt, um Kranke zu heilen und Vorträge zu halten. Vor allem mit Beiträgen über Asthma, Krebs, Hepatitis und Aids hat er in erheblichem Maße zu westlichen Forschungsprogrammen beigetragen. Viele Patienten im Westen haben so die Wirksamkeit seiner Therapie am eigenen Leib erfahren. Alle, die ihm nahe waren, haben sein außerordentliches Mitgefühl und Verständnis für die Belange des Nächsten in Erinnerung behalten. Als er am sechsten April 2001 in Dharamsala starb, erlosch mit ihm ein großer Teil der lebendigen Erinnerung Tibets.

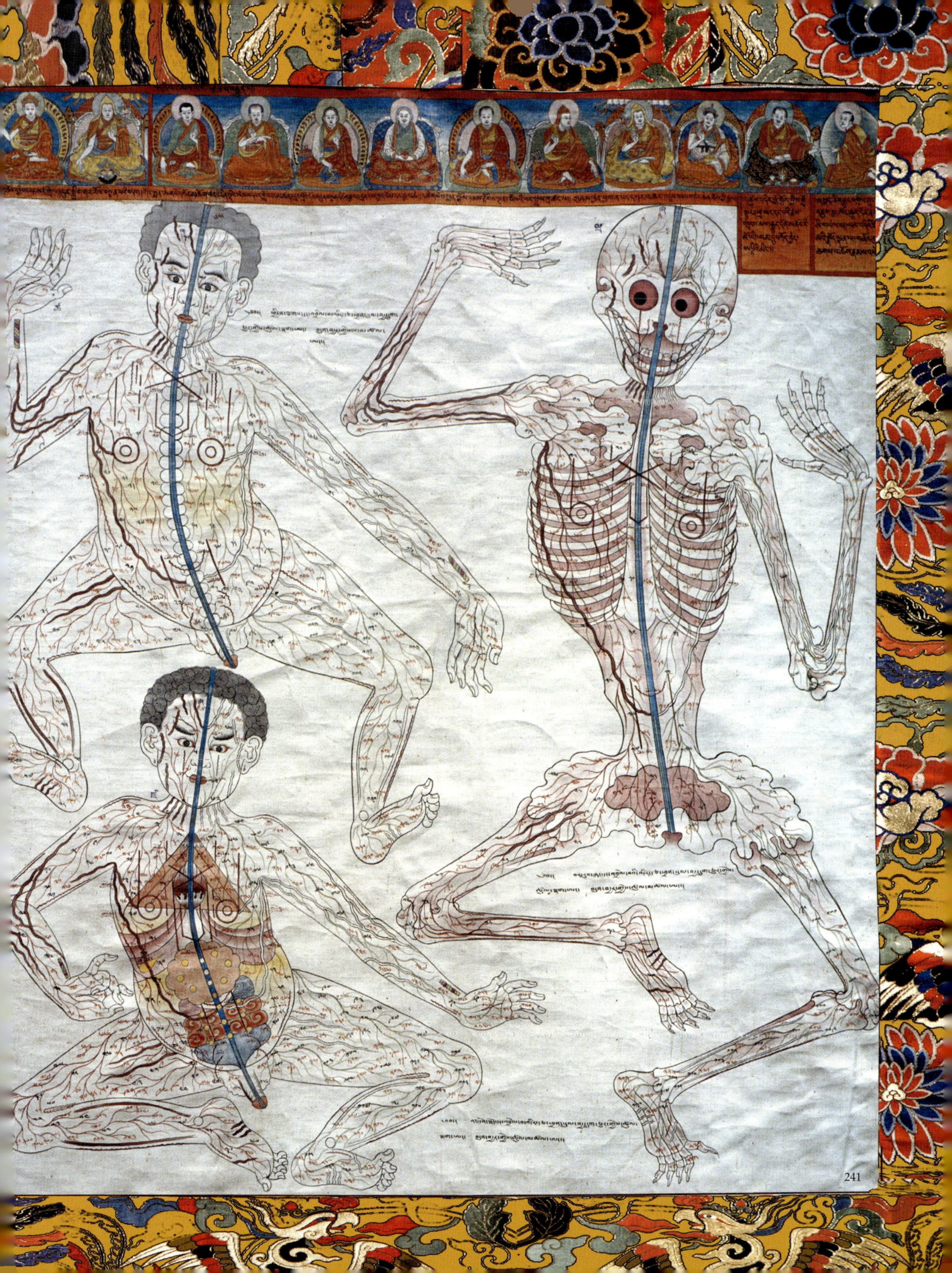

Tibetische Sprache und Literatur

von Gene Smith

Die tibetische Sprache gehört zur tibetoburmesischen Gruppe der sinotibetischen Sprachfamilie. Die klassische tibetische Schriftsprache beruht auf einem Dialekt, der im siebten Jahrhundert von den Menschen in den benachbarten Tälern Yarlung und Chongye gesprochen wurde. Die Überlieferung berichtet, dass der große fromme König Songtsen Gampo einen Minister nach Indien entsandte, um schreiben zu lernen, damit er seine Landsleute in diese Kunst einführen konnte. Der Minister Thonmi Sambhota kehrte mit der Adaption einer indischen Schrift zurück. Er schuf ein Grammatiksystem mit dreißig konsonantischen Glyphen und vier Vokalen sowie geeigneten Kombinationsmethoden dieser Zeichen. Die neue Schrift ermöglichte die Übersetzung des umfangreichen buddhistischen Kanons, bestehend aus dem *kangyur*, den Unterweisungen des erleuchteten Buddha, und dem *tengyur*, den Sanskritkommentaren zum Buddhismus. Damit begann ein Jahrtausend der Übersetzung und Überlieferung religiöser Texte. Islamische Eroberer hatten die großen Institutionen des Buddhismus in Indien praktisch ausgelöscht, so dass die indischen Meister nach Tibet strömten. Sie brachten viele Schriften mit, die in den Tempeln und Klöstern des Landes aufbewahrt und rasch ins Tibetische übersetzt wurden. Wissensdurstige Tibeter reisten auch weiterhin nach Indien, wo sie Adepten des Tantra fanden, die mit ihren tibetischen Schülern zusammenarbeiteten.

Die Herrscher der Yarlung-Dynastie erweiterten durch Eroberungen ihren Einflussbereich. Tibet wurde nun zum Zentrum einer überlegenen buddhistischen Kultur. Im Zuge dieser Entwicklungen wurde auch die tibetische Schrift in eine Reihe anderer Sprachen übertragen, die jedoch inzwischen zum Großteil nicht mehr existieren, weil sie von der tibetischen Kultur verdrängt wurden. Wir kennen nur noch einige ihrer Namen, wie *nam*, *sumpa* und *shangshung*.

Die ältesten erhaltenen Literaturdenkmäler in tibetischer Sprache sind Inschriften auf Steinsäulen sowie ein gewaltiger Korpus von Aufzeichnungen auf Papier, Holz und Birkenrinde, der in britischen, französischen und chinesischen Bibliotheken aufbewahrt wird. Nach diesem Material zu urteilen, besaß Tibet bereits im achten und neunten Jahrhundert eine gut entwickelte literarische Tradition. Der Tun-huang-Korpus enthält höchst anspruchsvolle Übersetzungen buddhistischer Schriften sowie eine überraschende Vielfalt volkstümlicher Literatur.

Im elften, zwölften und dreizehnten Jahrhundert wurde eine wachsende Zahl von Schriften des Buddhismus und der Bön-Religion übersetzt. Viele wichtige Sanskritklassiker wie der *Wolkenbote* (*meghaduta*) oder der *Spiegel der Poesie* (*kavyadarsa*) bildeten die Grundlage für eine Literatur, die auf den ausgefeilten Prinzipien der klassischen indischen Dichter und Lehrmeister beruhte. Poetische Verzierungen und das Metrum des Sanskrit wurden auf die tibetische Sprache übertragen, wobei die tibetischen Gelehrten bei ihren Werken wiederum auf die höchst stilisierten Formeln der indischen Meister zurückgriffen. Parallel dazu entwickelte sich eine zweite Stilrichtung, die auf völlig anderen Regeln beruhte. Das beeindruckende Epos von Gesar, dem König von Ling, sowie die wunderbaren spirituellen Lieder – spontane religiöse Ergüsse von Meditierenden –, folgen zum Beispiel einem Regelkanon, der mit den rhetorischen Ausschmückungen und dem künstlichen Metrum der klassischen indischen Meister wenig zu tun hat. Beide Literaturgattungen existieren in der tibetischen Literatur nebeneinander. Gelegentlich bedienen sich Autoren beider Formen. Allerdings finden die Stimmen, die in den epischen Erzählungen und Liedern zu Gehör kommen, bei modernen Lesern mehr Anklang als der ebenso bedeutende Stil, der sich aus der Sanskritliteratur ableitete.

Die ersten literarischen Zeugnisse der tibetischen Sprache sind Übersetzungen aus dem Sanskrit und anderen indischen Sprachen sowie volkstümliche Texte und Chroniken. Im 14. Jahrhundert gab es bereits zahlreiche tibetische Originalwerke über Religion, Astrologie, Astronomie und Medizin. Ein Großteil dieser frühen Literatur befolgte strikt die Regeln der tibetischen Grammatik, die einst Thonmi Sambhota festgelegt hatte. Auch das verwendete Vokabular beschränkte sich sklavisch auf die Begriffe der Glossare, die die ersten Übersetzer erstellt hatten. Das vielleicht typischste Literaturgenre waren die *namthar* oder Lebensgeschichten sowie die Legenden vom Ursprung des *dharma*, die in der Sanskritliteratur kaum Vorbilder haben. Es sind bisher über 2500 Lebensbeschreibungen jener großen buddhistischen Lehrmeister und Könige dokumentiert. In den Höhlen von Tun-huang im Nordwesten Chinas wurden Schriftrollen mit faszinierenden Erzählungen über die ersten Könige der Yarlung-Dynastie und deren heroische Taten gefunden.

Diese biografischen Aufzeichnungen enthalten oft Dialoge in wörtlicher Rede und Dialektausdrücke und -konstruktionen, die mit den klassischen grammatischen Normen wenig zu tun haben. Die Lektüre der Autobiografie und Geschichte des Buddhismus aus der Feder des großen *drukpa-kagyüpa*-Meisters Pema Karpo (1527–1592) ist bisweilen ziemlich anstrengend, da er immer wieder auf seinen Kongpo-Dialekt zurückgreift. Es gibt noch heute tibetoburmesische Dialekte, die im Südosten Tibets gesprochen werden und die selbst für Praktizierende der tibetischen Hochsprache unverständlich sind. Auch die spirituellen Lieder sind manchmal schwer zu verstehen, weil sie lokal gebräuchliche Begriffe und grammatische Formen verwenden.

Ein Großteil der tibetischen Literatur besteht aus medizinischen Traktaten. Die Bedeutung dieser Texte wird jetzt erst allmählich erschlossen. Außerdem existieren zahlreiche Handbücher zur Astrologie, Kalenderberechnung und Prophezeiung. Neben dem Gesar-Epos, das die Eroberung der Nachbarländer Tibets schildert, gibt es eine Vielzahl an Berichten über die Wiederkehr Verstorbener ins Reich der Lebenden (*delok*), Heiligenlegenden und sogar Liebeslieder, deren bedeutendste Sammlung dem sechsten Dalai-Lama Jamyang Gyatso zugeschrieben wird. Darüber hinaus sind eine Reihe von Bestandskatalogen über heilige Gegenstände und Orte überliefert, wie *stūpas* und Tempel, sowie über Klostervorschriften und Lehrsammlungen. Hinzu kommen noch die Reiseberichte über ferne Länder von so bedeutenden Schriftstellern wie Chak Lotsava (1197–1264), Gedun Chophel (1903 bzw. 1905–1951) oder Ripa Bayo (1876–1942).

Inzwischen ist die tibetische Sprache auch in der modernen Welt angelangt, und Autoren, die entweder im Exil oder noch in Tibet leben, haben Genres wie Kurzgeschichte, Roman und Drama für ihre Zwecke adaptiert. Daneben findet man Reiseberichte, Abhandlungen westlicher Geschichte sowie Studien zur europäischen Philosophie. Außerdem erscheint eine wachsende Zahl von Übersetzungen aus westlicher und chinesischer Literatur. Ein kürzlich veröffentlichtes, schön gestaltetes Buch beinhaltet sämtliche Dramen von Henrik Ibsen. Die tibetische Literatur ist erwachsen geworden.

»Wie die beiden Flügel eines Vogels«

Weisheit und Methode von Matthieu Ricard

Weisheit (*prajñā*) bedeutet im Buddhismus die Einsicht in die höchste Natur des Geistes und der Erscheinungen. Der Weg, sie zu erlangen, das heißt die Methode (*upāya*), verläuft über das grenzenlose Mitgefühl mit allen Wesen. Doch worin besteht die höchste Natur des Geistes? Es ist der Zustand der Erleuchtung des anfangs- und endlosen Bewusstseinsstroms, in dem es keine Dualität zwischen Subjekt und Objekt gibt. Sie lässt sich als Erkenntnisfähigkeit begreifen, wie sie fühlenden Wesen im Gegensatz zu leblosen Dingen zukommt. Ihrer Natur nach ist sie Leerheit, weil nichts im Geist an und für sich existiert. Ebenso wird die wahre Natur der äußeren Erscheinungen als Leerheit beschrieben. Dieser Begriff, der vielfach missverstanden wird, darf nicht mit dem Nichts verwechselt werden. Denn gemeint ist damit nicht etwa das völlige Fehlen von Erscheinungen, sondern vielmehr die Negation ihres Status als selbstständige Wesenheiten. Die berühmte Formel des Herz-*sūtra* (*mahaprajñāpāramitā-hridaya-sūtra*) »Leerheit ist Form, Form ist Leerheit« besagt, dass gerade das Fehlen eines Eigenseins der Erscheinungen die Voraussetzung für die Möglichkeit ihrer Manifestation ist. Khyentse Chökyi Lodrö, ein tibetischer Meister des 20. Jahrhunderts, schrieb in einem Gedicht:

»Die Leerheit ist kein Nichts,
Vielmehr Erleuchtung und Mitgefühl,
Unvermitteltes Erstrahlen ursprünglicher Weisheit.
Unaussprechlich und unerfassbar ist ihre erleuchtete Gegenwart.
Aus ihrer Schöpferkraft erwächst die Vielheit
Des samsāra *und* nirvāna,
Entfaltung und Ursache aber
Sind nicht zwei unterschiedliche Dinge.
Ruhe einfach im Zustand der Nicht-Entzweiung.«

Die Methode meint also das Mitgefühl und die Nächstenliebe. Beides wird durch die Entwicklung menschlicher Qualitäten – zusammengefasst unter dem Begriff der »Sammlung von Verdiensten« oder des »guten Schicksals« (*punya*) – begleitet. Der Begriff »Verdienst« ist aber nicht nur als Heil bringende Handlung definiert, sondern beinhaltet auch die Vorstellung einer Wegzehrung, die für die Reise zur Erleuchtung unverzichtbar ist. Verdienst ist eine Kraft der persönlichen Verwandlung, die vom Leidenszustand erlösen kann. So wird verständlich, warum Weisheit und Methode zusammengehören. Es wird oft gesagt, dass sie wie die beiden Flügel eines Vogels seien. »Ich will dir nun einen wohlmeinenden Rat geben«, sagte der große Meister Shabkar einmal: »Wie der Himmel der Sonne, die Mutter ihres Kindes, der Vogel beider Flügel, so bedarf auch die Leerheit eines großen Erbarmens mit allen Wesen – mit Freunden, Feinden und auch mit denen, die noch unwissend sind. Meditiere also Tag und Nacht über das Mitgefühl, denke an das Leiden der Wesen und verspüre ein hundertmal stärkeres Mitgefühl als dasjenige einer Mutter, deren Kind bei lebendigem Leibe verbrannt ist – ein kaum zu ertragender Schmerz.« Ohne Mitgefühl erschöpft sich die Erkenntnis der Leerheit in intellektueller Übung. Und ohne Verständnis der Leerheit verbleibt das Mitgefühl auf der Ebene gewöhnlichen Bedauerns und kann so das Leiden nur kurzfristig lindern. Allein die Verbindung erlaubt es, das Leiden wirklich zu besiegen.

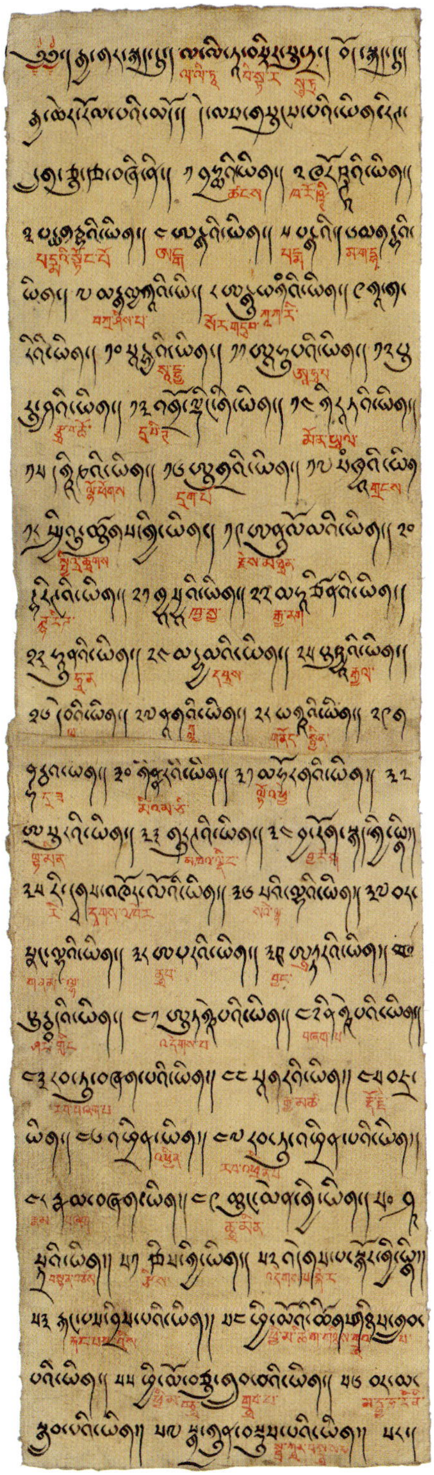

Vom Zeichen zur Bedeutung

Die tibetische Kalligrafie von Jigmé Douche

*D*ie so genannte tibetische Bod-Kalligrafie ist im Westen kaum bekannt, obwohl diese Schriftkunst seit dem siebten Jahrhundert n. Chr. in weiten Teilen Zentralasiens verbreitet ist. Als Trägerin der Buddha-Worte ist sie reine Form, Gegenwart des Zeichens.

Das Schreiben ist neben dem Lesen die erste Unterweisung, die man empfängt. Die tibetische Schrift verwendet ein Alphabet von dreißig Grundbuchstaben (konsonantischen Glyphen) und vier Vokalen, das auf der indischen Gupta-Schrift basiert. Sie läuft von links nach rechts, wobei jede Silbe mit einem Punkt oder einem Strich abgetrennt wird. Die Verwendung zusammengesetzter Silben mit hoch und tief gestellten Buchstaben ermöglicht 256 verschiedene Silbenkombinationen.

Der Überlieferung zufolge sandte König Songtsen Gampo im siebten Jahrhundert n. Chr. seinen jungen Minister Thonmi Sambhota nach Indien, damit er dort die Sprachen und Schriften studiere. Nach einem siebenjährigen Aufenthalt kam er zurück mit einem für die tibetische Sprache adaptierten Alphabet und Grammatiksystem. Der eigentliche Ursprung der Bod-Schrift geht auf die Mitte des ersten Jahrtausends und die Anfänge des Königreichs zurück. Sie trug wesentlich zur Festigung eines zu Pferde eroberten Reichs bei und erlaubte schließlich die Verbreitung des Buddhismus im Land des Schnees.

Seit dem siebten Jahrhundert n. Chr. gibt es zwei Hauptstile: Die so genannte *shur*-Schrift ohne Endstriche und die elegante Variante der *dzab*-Schrift. Sie sind heute besser bekannt unter dem Namen *ume* (*dbu med*, Kursivschrift »ohne Kopf«, d.h. ohne Deckstrich) beziehungsweise *uchan* (*dbu can*, Kapitalschrift »mit Kopf«). Beide Stile sind aus der altindischen Brahmi-Schrift abgeleitet, die während der Gupta-Periode im vierten und fünften Jahrhundert n. Chr. verwendet wurde. Der erstgenannte Stil fand im westlichen Shang-Shung-Reich der Bön-Dynastie Verbreitung, letzterer im mittleren und südlichen Raum der indisch geprägten buddhistischen Kultur. Die kalligrafische Weiterentwicklung geschah durch den diplomatischen Austausch und die Verbreitung des Buddhismus durch Meister und Übersetzer wie Padmasambhava, Rinchen Sangpo und Atīsha. Ikonometrie und Holzdruckverfahren führten schließlich zu einer standardisierten Ausformung des eleganten *dzab*- oder *uchan*-Stils mit Deckstrich, der »die Schrift am Himmel befestigt, statt sie auf der Erde zu verankern«.

Zu den heute gebräuchlichen Schriften gehören *uchan* (hauptsächlich für die Abfassung religiöser Schriften und Drucktypen), *ume* (ebenfalls für heilige Texte und den allgemeinen Gebrauch), *drugtsa* (die Kanzleischrift) und *bamyig*, die insbesondere bei amtlichen Texten und im Unterricht zur Anwendung kommt. Die Kursivschrift *kyuyig* wird vor allem für den Schriftverkehr und Notizen eingesetzt. Hinzu kommen noch die Zierschriften *lantsa* und *wartu*, die sich häufig in Überschriften und Sanskrit-*mantras* finden; *horyig* benutzt man ausschließlich für Siegel und Friese. Wie auch die Baukunst vereint die tibetische Kalligrafie drei Einflüsse, einen indischen, einen chinesischen und einen tibetokhotanesischen, wobei die Grundlagen aus dem altindischen Brahmi stammen, das durch die in Stein gehauenen Edikte des Königs Ashoka bekannt ist, die Ausschmückungen aus der Verwendung des im sassanidischen Persien und khotanesischen Turkestan gebräuchlichen Schilfrohrs. Die Verbindung von Form und Leere geht auf die buddhistische Kultur der chinesischen Tang-Zeit zurück.

Als Schreibwerkzeug dient ein Bambusstöckchen mit einer breiten und festen Spitze, das mehrere Vorzüge vereint: den des scharfen indischen Griffels, mit dem auf Palmblätter geschrieben wurde, den des von den Griechen verwendeten Schilfrohrs und schließlich den eines Pinsels, da man den Strich schlank auslaufen lassen kann, indem man das Stöckchen zwischen den Fingern dreht. Diese Verbindung von formalen Bezügen und geschickter Handhabung des Werkzeugs macht die tibetische Kalligrafie so einzigartig. Sozusagen als Vehikel des *vajrayāna*-Buddhismus fand die tibetische Schrift über Tibet hinaus in Bhutan, Nepal, Sikkim, Ladakh und in der Mongolei Verbreitung. Seither zählt die klassische tibetische Literatur nach dem Sanskrit und dem Chinesischen zum reichsten Schrifttum des Orients.

In Tibet wird das geschriebene Wort mit höchstem Respekt behandelt. Die heiligen Schriften sind die Träger der Lehren des Buddha und stellen den *dharma* dar. Man vermeidet es tunlichst, ein Buch auf den Boden zu legen oder darüber hinwegzuschreiten. Beschädigte Bücher werden nicht etwa achtlos weggeworfen, sondern verbrannt oder in den Hohlraum eines *stūpa* gelegt. Wenn das Lesen oder Rezitieren eines heiligen Textes ein Werk der Andacht ist, so gilt dies noch viel mehr für das Kopieren. Es gibt ganze Kompendien, die mit Goldtinte kalligrafiert wurden.

Eine Abhandlung über die Kunst des Schönschreibens (*yutri*) illustriert diesen Übergang vom Zeichen zur Bedeutung auf exemplarische Weise. Jedes einzelne Zeichen des *uchan*-Stils wird darin detailliert erklärt. Danach folgen allgemeine und spezifische Kommentare, »um eine harmonische, schöne, regelmäßige, dynamische und reine Kalligrafie zu erzielen«. Der Traktat endet mit den Worten: »Auf dem Grund des weiten Lotos meditierend, frei von Begriffen, vielmehr aus sich selbst schauend, da der Übungsweg nun beendet ist, schenkt diese ursprüngliche Erkenntnis Wahrheit und Güte.«

Auf diese Weise fungiert die *yig-zuk*-Kalligrafie als Glaubenslehre: Der Buchstabe »A« verfügt über einen tiefen Symbolgehalt; seine Ausführung ist die Quintessenz der Kalligrafie. Obwohl letzter Buchstabe im Alphabet, ist er doch im Klang aller anderen enthalten (*ka, kha, ga,* …). In Gestalt und Ausdruck bringt er das Zeichen (die Form) und die Leere (die Gegenform) in Beziehung. Solche Schreibübungen ermöglichen es, zur absoluten Leerheit zu gelangen, zur Quelle des Zusammenhangs aller Erscheinungen. Das »A« ist sozusagen die Verkörperung der Botschaft des Herz-*sūtra* (*mahāprajñāpāramitā-hridaya-sūtra*): »Form ist nichts als Leerheit, Leerheit nichts als Form. Es kann keine Form ohne Leerheit geben.«

Patrul Rimpoche

Vagabund und Erleuchteter von Matthieu Ricard

Er lebte wie ein Landstreicher, und doch war Patrul Rimpoche ein Erleuchteter, einer der berühmtesten spirituellen Meister des 19. Jahrhunderts. Die Erinnerung an ihn ist immer noch lebendig und eine Quelle beständiger Inspiration für alle Anhänger des tibetischen Buddhismus. Ein Einsiedler ist natürlich nicht so gegenwärtig wie ein spiritueller Führer, der meist in einem Kloster lebt, aber er repräsentiert doch den Kern der buddhistischen Philosophie, nämlich das kontemplative Leben. Seine Gegenwart an einem bestimmten Ort wird von den Menschen, die in dieser Gegend leben, als ein Segen und eine stetige Erinnerung an das Wesentliche wahrgenommen. Für die Dorfbewohner und die Nomaden ist es zudem ein Privileg, den Eremiten mit ein wenig *tsampa*, Butter und Dörrfleisch versorgen zu können, das sie für ihn am Eingang seiner Höhle oder Klause niederlegen.

Patrul Rimpoche war das Urbild eines Wandereremiten. Er wurde 1808 in Dzatchuka im hoch gelegenen osttibetischen Nomadengebiet Kham geboren. Sein wichtigster Meister war Djigme Gyalwai Nyugu, ein großer Yogi, der viele Jahre in der Einsamkeit an der Grenze des ewigen Schnees meditiert hatte. Der Überlieferung nach gab es an dem sturmgepeitschten Hang, den er sich erwählt hatte, keinerlei Obdach, nicht die kleinste Höhle. So nahm Gyalwai Nyugu in einer Felsspalte Zuflucht. Seine einzige Nahrung waren Wildpflanzen. Im Lauf der Zeit drang der Ruf dieses Asketen weit über die Grenzen des Landes hinaus. Bald strömten die Schüler zu Hunderten herbei und ließen sich in seiner Nähe nieder. Von Djigme Gyalwai Nyugu empfing Patrul Rimpoche nicht weniger als 25 Mal die Unterweisung in den vorbereitenden Übungen, die er später in einem berühmten Text niederlegte.

Patrul Rimpoche verbrachte die meiste Zeit seines Lebens auf Wanderschaft. Er besaß keinerlei persönliche Habe, durchstreifte die Berge und lebte in Höhlen, Wäldern und verlassenen, abgelegenen Klausen. Ohne bestimmten Plan blieb er an einem Ort, und ohne ein festes Ziel ging er wieder fort. Sein einziges Gepäck waren die Kleider, die er am Leib trug, ein Wanderstab und ein Bündel, in dem sich eine kleine Teekanne und eine Ausgabe des *Bodhicharyāvatāra* (Eintritt in den Wandel zur Erleuchtung) befand.

Er meditierte unablässig über die Liebe, das Mitgefühl und den Gedanken der Erleuchtung. Diese drei Dinge waren für ihn der Kern der spirituellen Praxis. Er wiederholte für jeden, der es hören wollte: »Seid gutherzig und handelt in Güte; das ist alles, was zählt.« Er hatte sich bei den größten Meistern seiner Zeit geschult, und dank seines überragenden Gedächtnisses beherrschte er die meisten heiligen Texte auswendig. Er konnte monatelang Unterweisungen in den schwierigsten Themen der buddhistischen Philosophie geben, ohne irgendeine schriftliche Unterlage zu Hilfe zu nehmen. Diejenigen, die ihn hörten, wurden in ihrem Geist radikal verwandelt; eine heitere Gelassenheit erfüllte sie, und sie konnten mühelos in der Meditation verharren. Einige wenige Worte genügten, um eine ganze Reihe neuer Intuitionen über das spirituelle Leben auszulösen. Diejenigen, die nicht wussten, wer er war, hielten Patrul für einen ganz gewöhnlichen Menschen. Nichts an seinem Äußeren ließ vermuten, dass er ein großer Meister war. Es kam sogar vor, dass ihn andere Lamas, die ihn nicht erkannten, in seinen eigenen Schriften unterwiesen. Er besaß nichts und akzeptierte niemals Geschenke. Wenn sich jemand nicht davon abbringen ließ, ihm etwas Wertvolles zu schenken – Gold, Silber oder Edelsteine –, ließ er es einfach liegen und ging heiter und unbeschwert seiner Wege.

Er lehrte und schilderte das Leben der großen Meister der Vergangenheit, aber man hörte ihn niemals über die gewöhnlichen Ereignisse dieser Welt reden. Seine Sprache war kraftvoll und direkt, womit er so manchen verstörte, der sanfte Worte erwartete. Seine Gegenwart flößte Ehrfurcht ein, aber wer einige Zeit bei ihm weilte, dem fiel es schwer, sich wieder von ihm zu trennen. Als Patrul eines Tages über die weite Ebene von Golok wanderte, begegnete er einer armen Frau mit drei Kindern. Ihr Mann war von einem Bären getötet worden. Patrul fragte sie, wohin sie ihr Weg führte. Sie antwortete ihm, dass sie nach Dzatchuka gehen wolle, um dort ein wenig Essen zu erbetteln.

»Das ist ein weiter Weg«, sagte Patrul, »du kannst nicht allein dorthin gehen. Ich werde dich begleiten.« Tagsüber trug Patrul eines der Kinder auf seinem Rücken, die Frau das zweite, und das dritte ging an ihrer Seite. Nachts schliefen sie im Freien. Patrul hüllte zwei der Kinder in sein Schaffell, während die Witwe das dritte an sich presste. Als sie in Dzatchuka am Fuße des Klosters anlangten, wandte sich Patrul an die Witwe und sagte: »Ich muss jetzt in dieses Kloster gehen. Ich habe dort etwas zu erledigen.« »Was hast du dort nur zu tun?«, antwortete die Frau erstaunt. »Du warst so gut zu mir und meinen Kindern. Wir könnten vielleicht heiraten.« »Komm in einigen Tagen in das Kloster«, sagte Patrul. »Du wirst mich dort finden.« Die Nachricht von Patruls Ankunft verbreitete sich rasch im ganzen Tal. Alle eilten zum Kloster. Die Witwe aus Golok war voller Freude: »Ein großer Lama ist gekommen! Welch eine unerwartete Gelegenheit, Opfer zu bringen und um Gebete für meinen verstorbenen Mann zu bitten!«

Entgegen seiner Gewohnheit bat Patrul diesmal die Mönche, alle Gaben anzunehmen: »Ich erwarte einen Gast, der ihrer dringend bedarf.« Am vereinbarten Tag ging die Frau in das Kloster und nahm ganz hinten im großen Saal des Tempels Platz. Sie hörte die Lehren, ohne Patrul Rimpoche zu erkennen. Erst als sie sich dem Lama näherte, um seinen Segen zu empfangen, erkannte sie ihren Reisebegleiter. Sie verneigte sich vor Patrul und sagte beschämt: »Verzeiht, dass ich Euch nicht erkannt habe, dass ich Euch meine Kinder tragen ließ und Euch gar die Ehe angetragen habe.« Patrul Rimpoche aber wandte sich an den Verwalter des Klosters und sagte: »Nun ist mein Gast gekommen. Gebt dieser Frau Butter, Käse und alle Speisen, die ich Euch aufzubewahren gebeten habe.«

Der dichtende Eremit

Matthieu Ricard

Die Kunst des Einsiedlers, der zugleich Dichter ist, besteht darin, dass er die äußere Welt als Führerin im kontemplativen Leben zu deuten vermag. So sieht er seine spirituellen Meister in strahlender Herrlichkeit auf majestätischen Gipfeln oder weißen Wolken thronen, und ein heller, klarer Himmel verleiht ihm tiefere Einsicht in die Natur des Geistes. Der Wechsel der Jahreszeiten, das Welken der Blumen erfüllen ihn mit Schwermut und gemahnen ihn an die Vergänglichkeit und den Tod, und das Plätschern eines Bachs, das Brausen des Windes und der Gesang der Vögel sind für ihn Erinnerungen an die Lehren seiner Vorbilder und die Gespräche mit seinen Freunden. Hören wir Shabkar, den großen tibetischen Yogi des 18. Jahrhunderts:

»Ein silberner Dunststreif zeigt sich
Am weiten und leeren Firmament,
Erscheint hier die Gestalt des Gurus
In der Unermesslichkeit des Raums?

Wie ein feiner Regen sacht
Einen herrlichen Regenbogen durchquert,
Wird so der Guru mir den Tau seiner Lehren
Aus seinem fünffarbigen Lichtgezelt übertragen?

Wie das Wasser des Regens
Den Wiesengrund sanft durchtränkt,
Wird so die kostbare Erkenntnis des dharma
Den Geist Eures treuen Schülers erfüllen?

Wie die Blüten in der Pracht ihrer Farben
Sich in den grünenden Auen öffnen,
Wird so die spirituelle Erfahrung und die Erleuchtung
Im Geist Eures Sohnes aufbrechen?«

Der Tod als Übergang

Zum buddhistischen Todesverständnis von Matthieu Ricard

Im Buddhismus ist der Tod – wie die Geburt – nur ein Augenblick in der Kontinuität des Daseins. Eine solche Sichtweise führt zu einer ganz eigenen Haltung gegenüber dem Tod. Für denjenigen, der das Ende dieses Lebens als das Ende jeglichen Daseins betrachtet, hat es wenig Sinn, sich damit auseinanderzusetzen. Auf die Frage, weshalb man sich eigentlich mit dem Tod beschäftigen solle, gibt uns ein tibetischer Text Auskunft: »Wir alle stehen vor der Herausforderung, dem Tod eines Tages ins Auge zu blicken. Doch darin, wie wir sterben und was nach dieser physischen Auslöschung geschieht, unterscheiden wir uns grundlegend voneinander. Denn der Tod ist nicht wie ein dürres Reisigbüschel, das vom Feuer verzehrt wird. Wir werden wiedergeboren.«

Aus buddhistischer Sicht müssen wir unsere Zukunft im unendlich weiten Rahmen einer Aufeinanderfolge unzähliger Daseinszustände betrachten. Weil diese Zukunft aber von der Verwandlung unseres Bewusstseinsstroms abhängt, sind wir dazu bestimmt, unser spirituelles Leben in einer besonderen Weise zu pflegen. Es geht nicht darum, ob wir beim Sterben mehr oder weniger leiden werden, sondern darum, wie wir uns am besten auf jenen entscheidenden Daseinswechsel vorbereiten. Ein Buddhist lebt nicht etwa in ständiger Angst vor dem Tod, er meditiert vielmehr unablässig, um sich darauf vorzubereiten, ihn in heiterer Gelassenheit zu empfangen. Gampopa (1079–1153), eine der zentralen Persönlichkeiten der *kagyüpa*-Schule, schrieb dazu: »Am Anfang des spirituellen Weges muss man wie ein Hirsch, der einer Falle zu entkommen sucht, von Todesfurcht ergriffen sein. In der Mitte des Weges sollte man wie ein Bauer, der seinen Acker gut bestellt hat, kein Bedauern mehr verspüren, selbst im Augenblick des Todes. Am Ende des Lebens sollte man glücklich sein wie jemand, der eine große Aufgabe bewältigt hat.« So ist das Bewusstsein des nahenden Todes ein ständiger Ansporn zu größter Achtsamkeit. Padmasambhava hinterließ diesen Vers:

> *»Wie der Bach, der zum Meer fließt,*
> *Wie die Sonne und der Mond, die über die Berge des Abends gleiten,*
> *Wie die fliehenden Tage und Nächte, die Stunden und Augenblicke,*
> *So rinnt das Leben des Menschen unerbittlich dahin.«*

In Tibet ist es Sitte, die Tasse eines Verstorbenen umzudrehen. Ein Eremit dreht seine Tasse sogar jeden Abend vor dem Zubettgehen um, für den Fall, dass er nicht mehr erwachen würde. Er hat stets vor Augen, dass ihn jeder Augenblick dem Tod näher bringt. Nach jedem Ausatmen ist er glücklich, dass er wieder einatmen darf. Nāgārjuna, einer der bedeutendsten Philosophen aus dem zweiten und dritten Jahrhundert n. Chr., schrieb im *Brief an einen Freund*:

> *»Wenn dieses Leben, von tausend Übeln heimgesucht,*
> *Kostbarer ist als eine Blase auf dem Wasser,*
> *Dann ist es fast ein Wunder, dass man nach dem Schlafen*
> *Ein- und ausatmend, wieder fröhlich erwacht.«*

Während für den materialistisch orientierten Menschen der Tod eines lieben Menschen ein unheilbares Trauma sein kann, hat in einer buddhistischen Familie der Gedanke an das Sterben nichts Morbides. Ein guter Tod bedeutet keinen dramatischen Einbruch. Die meisten Menschen sterben im Kreis der Familie und der Freunde. So lernen auch die Kinder, dass der Tod zum Leben gehört. Weilt ein spiritueller Meister am Lager eines Sterbenden, verscheidet dieser in heiterer Gelassenheit, und seine Angehörigen fühlen sich reich beschenkt. Wenn er zudem auf seinem Weg weit fortgeschritten ist, fühlt sich niemand bedrückt. Oft sieht man Menschen beinahe fröhlich von einer Feuerbestattung zurückkehren.

Was man im Zwischenzustand von Tod und Wiedergeburt erlebt, dem *bardo*, hängt von der Art des Bewusstseinsstroms ab, der seinerseits Ergebnis des Erdenlebens ist. Man kann heitere Gelassenheit oder Furcht, Verwirrung oder Klarheit, Leiden oder Befreiung erfahren. Viele Faktoren können den Ablauf des *bardo* beeinflussen. Das Vertrauen, das man in seinen spirituellen Meister und seine Lehren hat, spielt für das Erlangen der Erlösung eine sehr wichtige Rolle. Man sagt, dass eine spirituelle Praxis in der Zeit des *bardo* weitaus wirksamer ist als im gewöhnlichen Leben.

Wie lange man in diesem Zwischenzustand verharrt, ist unterschiedlich. Traditionell beträgt der Prozess 49 Tage oder Stufen, die nicht unbedingt unseren irdischen Tagen entsprechen. Ein großer Meditierender kann schon im Augenblick des Todes Befreiung erlangen und braucht den *bardo* nicht zu durchschreiten. Er erfährt unmittelbar das helle Licht der absoluten Wahrheit, den *dharmakāya*. Es heißt weiter, dass dieses helle Licht – wenn auch nur für kurze Zeit – für alle Wesen scheint, denn der *dharmakāya* ist die höchste Natur des Geistes. Doch die meisten Sterblichen sind unfähig, die Gelegenheit zu nutzen, diese Natur zu erfassen und die Erleuchtung zu erlangen. Unter »Licht« ist hier die vollkommene Klarheit der spirituellen Verwirklichung zu verstehen. Indem der vollendete Meditierende in dieser Verwirklichung verweilt, befreit er sich aus dem *samsāra*, dem Kreislauf der Wiedergeburten. Das bedeutet jedoch nicht zwangsläufig, dass er nicht mehr wiedergeboren werden würde. Aber statt den Zwängen des *karmas* unterworfen zu sein, wird seine Wiedergeburt die Frucht seines altruistischen Wunsches sein, zum Wohle der Wesen zu wirken. Über den Tod eines Yogis schrieb Shabkar:

»Auf dem unermesslichen Ozean der Existenzen fahrend,
Zog er das Segel der Weisheit auf,
Jenseits des Nichts und der Ewigkeit.
Von den starken Winden des reinen Strebens angetrieben,
Gelangte er in das Reich der unendlichen Seligkeit:
In den weiten goldenen Kontinent,
Jenseits des Todes und der Geburten.«

»Wie ein Adler, der sich in die blauen Lüfte schwingt«

Der Tod eines großen Meisters von Matthieu Ricard

»Seid bereit, auch wenn der Tod euch heute noch unverhofft wie ein Blitz treffen sollte,
ohne Trauer und Bedauern über das, was ihr zurücklasst.
Gebt niemals die rechte Anschauung der Wirklichkeit auf,
und verlasst dieses Leben wie ein Adler, der sich in die blauen Lüfte schwingt.«

»Inmitten des Schleiers an Täuschungen und Unbeständigkeiten,
Tanzt der flüchtige Augenblick des Lebens:
Weißt du, ob du nicht morgen schon tot sein wirst?
Praktiziere also den dharma*!*
Denn der Augenblick ist gekommen, um die Festung der Glückseligkeit zu erobern.«

»Und wenn der Tod dann kommt, empfangt ihn wie einen alten Freund,
wissend, dass die Welt der Erscheinungen vergänglich wie ein Traum ist.«
Dilgo Khyentse Rimpoche (1910–1991)

Khyentse Rimpoche lebte in einem stets wachen Bewusstsein für die Vergänglichkeit und den Tod, und wenn ihn jemand zu sich einlud, antwortete er: »Wenn ich dann noch lebe, werde ich kommen.« Während seines Besuchs in Tibet im Jahre 1985 bat Khyentse Rimpoche die chinesische Regierung um die Erlaubnis, das historische Kloster Samye wiederherstellen zu dürfen. Wider alles Erwarten erhielt er die Genehmigung dazu. Der König von Bhutan, ein großer Anhänger des Meisters, unterstützte die Arbeiten mit einer bedeutenden Summe. 1990 kam Khyentse Rimpoche wieder nach Tibet, um das neu erstandene Kloster Samye einzuweihen. Kurz danach opferte er in dem berühmten Tempel des gekrönten Buddha in Lhasa hunderttausend Butterlampen. Dann begab er sich auf Pilgerreise zu vielen Klöstern in Zentraltibet. Es sollte sein letzter Besuch in seiner Heimat sein.

Er war damals achtzig Jahre alt, aber das Alter schien seinem Charisma nichts anhaben zu können. Als er 1991 in Bodh-Gayā lehrte, traten die ersten Anzeichen seiner Erkrankung bereits zutage. Trotzdem führte er sein Programm zu Ende. Er ging nach Dharamsala, wo er scheinbar ohne Mühe einen Monat lang dem Dalai-Lama wichtige Initiationen gab, um die ihn dieser schon vor einigen Jahren gebeten hatte. Als er zu Beginn des darauf folgenden Frühjahrs nach Nepal zurückkehrte, hatte sich sein Gesundheitszustand sehr verschlechtert. Er verweilte die meiste Zeit in Gebet und Meditation und widmete sich nur noch wenige Stunden täglich den Menschen, die ihn mit einem dringenden Anliegen aufsuchten. Oftmals sagte er, dass er bald seinen Körper verlassen werde. Er scherzte sogar darüber und fragte mit einem Lächeln: »Werde ich denn nicht bald sterben?« Einem Schüler und Vertrauten schrieb er: »Wir werden uns im reinen Land des Padmasambhava wiedersehen.«

Er wollte noch ein viertes Mal nach Tibet reisen und das Kloster Shechen besuchen, aber es war ihm nicht mehr möglich. Stattdessen beschloss er, sich dreieinhalb Monate in Bhutan – in der Nähe des »Tigerzahns«, wo einst Padmasambhava weilte – der Meditation zu widmen. Danach schien sich seine Gesundheit wieder stabilisiert zu haben. Er besuchte einige seiner Schüler und predigte vom höchsten Meister, der jenseits des Todes und jeder physischen Manifestation weilt. Die Königinmutter von Bhutan lud ihn daraufhin nach

Kalimpong ein. Doch anstatt das Flugzeug zu nehmen, bestand er darauf, diese beschwerliche Reise auf der Straße zurückzulegen, so dass er unterwegs einen alten Schuler besuchen konnte. Diesem gab er noch wertvolle Ratschläge und ein Heilmittel, das ein ganzes Jahr lang half.

Kurz nach seiner Rückkehr nach Bhutan nahmen die Beschwerden wieder deutlich zu. Zwölf Tage lang konnte er weder essen noch trinken. Drei Mal sagte er, dass er nicht mehr lange leben würde. Drei Tage vor seinem Tod schrieb er auf einen Zettel: »Am 19. werde ich gehen«. Trulshik Rimpoche, sein Freund und engster Schüler, eilte aus Nepal zu ihm. Es war ein freudiges Wiedersehen. Am nächsten Tag, dem 19. Tag des tibetischen Monats (am 27. September 1991 nach unserer Zeitrechnung), bat er in der Morgendämmerung, ihn aufrecht zu betten. Dann begann er friedlich zu meditieren. Am frühen Vormittag hörte sein Atem auf, und sein Geist ging in den absoluten Raum ein.

So endete das bewegte Leben des Khyentse Rimpoche, das er seit seiner frühesten Jugend ganz dem Studium, der Übung und der Lehre gewidmet hatte. Wo auch immer er sich befand, setzte er sich Tag und Nacht in einem unerschöpflichen Strom heiterer Güte, Weisheit und Würde mit all seiner Kraft für die Bewahrung und Weitergabe der buddhistischen Lehre in allen ihren Formen ein. Auf Bitten seiner Schüler, die in der ganzen Welt um ihn trauerten, wurde er nach traditionellem Verfahren einbalsamiert, so dass sein Körper ein Jahr konserviert werden konnte. Dann überführte man ihn nach Nepal in das Kloster Shechen. Dort blieb er mehrere Monate aufgebahrt, damit die Menschen ihm die letzte Ehre erweisen konnten. In den ersten sieben Wochen kamen jeden Freitag, dem Tag seines Todes, die tibetische Gemeinde und die Mönche zusammen, um am Bodhnath-*stūpa*, einige Schritte vom Kloster entfernt, das Opfer der hunderttausend Butterlampen darzubringen.

Schließlich wurde im November 1992 sein Leichnam bei Paro in Bhutan eingeäschert. Die Zeremonie dauerte drei Tage. Es war ein Ereignis, wie es dieses Land noch nicht erlebt hatte. Über hundert große Lamas, die Königsfamilie und Minister, fünfhundert Schüler aus dem Westen und fünfzigtausend weitere Menschen nahmen teil.

Den Tod eines so weit vorangeschrittenen Menschen kann man mit Worten nicht beschreiben. Die Trauer der Schüler ist nicht mit derjenigen zu vergleichen, die man beim Tod eines Angehörigen oder Freundes empfindet. Es war, als wäre die Sonne für immer verloschen. Der Dalai-Lama tröstete die Gemeinde mit den Worten: »Wir alle, seine Schüler, können ihm unsere Dankbarkeit am besten bezeugen, indem wir die Lehre praktizieren und weitergeben.« Wie der Tod anderer Meister war auch derjenige von Dilgo Khyentse Rimpoche seine letzte Unterweisung, eine Unterweisung in der Vergänglichkeit: »Vergesst niemals, dass euer Leben so schnell vergeht wie ein Blitz am Sommerhimmel oder eine flüchtige Geste. Jetzt habt ihr die Möglichkeit, den *dharma* zu praktizieren! Vergeudet daher nicht eure wertvolle Zeit mit anderen Dingen, sondern widmet all eure Energie und all eure Kraft der universellen Wahrheit.«

Geschichte und politische Zukunftsperspektiven Tibets

von Matthieu Ricard

Die chinesische Regierung behauptet, dass Tibet seit der Yüan-Dynastie, das heißt seit Mitte des 13. Jahrhunderts, ein Teil Chinas sei. Aber waren diese Yüan Chinesen? Mitnichten – sie waren Mongolen. Es entbehrt nicht der Ironie, dass Peking seinen Anspruch auf Tibet auf den kurzzeitigen Einfluss von Invasoren in ihrem eigenen Land stützt. Als Kubilai Khan, der Enkel Dschingis Khans, den großen tibetischen Lama Tsögyal Phakpa (1235–1280) an seinen Hof einlud, damit er ihn in die Lehren des Buddhismus einweihe, gab der Kaiser seinem spirituellen Meister den Titel Ti-shi, kaiserlicher Lehrer. Claude Arpi führt hierzu aus: »Die chinesischen Historiker benutzen heute diesen vom mongolischen Khan verliehenen Titel als Vorwand, um ihren Anspruch auf Tibet und die Besetzung des Landes zu rechtfertigen […] Folgte man aber der chinesischen Logik, wäre das einzige Land, das einen Besitzanspruch auf Tibet geltend machen könnte, die Äußere Mongolei, aus der die Yüan-Dynastie ursprünglich stammt. Eine solche Absurdität wurde aber niemals vorgebracht, auch nicht von der kommunistischen Regierung […] In der Folgezeit, unter den Ming, unterhielten die chinesischen Herrscher gelegentlich diplomatische Beziehungen zu den tibetischen Königen, doch hatte die chinesische Regierung in Tibet weder Macht noch Einfluss.« Während relativ kurzer Zeiträume, etwa unter den Ch'ing, stand Tibet in der Tat unter chinesischem Einfluss. Aber bis zum Aufstieg des Kommunismus wurde es niemals und in keinem offiziellen Dokument als Teil Chinas betrachtet. Die amtlichen Stellen für tibetische Angelegenheiten pflegten auch Beziehungen zur Mongolei und zu Russland. Umgekehrt gab es auch kurze Perioden tibetischer Herrschaft, in denen der chinesische Hof in Xi'an dem tibetischen König einen Tribut entrichtete.

Anfang des 20. Jahrhunderts war die tibetische Unabhängigkeit allgemein anerkannt. Im Jahre 1903 erklärte Lord Curzon, der Vizekönig von Indien: »Wir halten die angebliche Oberhoheit Chinas über Tibet für eine konstitutionelle Fiktion.« 1913 organisierte Großbritannien im indischen Simla eine Konferenz, um den rechtlichen Status Tibets zu klären. In einem Artikel der im Jahre 1914 unterzeichneten Konvention ist festgelegt, dass »die Regierung von China sich verpflichtet, Tibet nicht in eine chinesische Provinz zu verwandeln, und die britische Regierung ebenfalls verspricht, Tibet weder insgesamt noch einen Teil seines Territoriums zu annektieren«. Der chinesische Delegierte paraphierte zwar den Entwurf der Konvention, unterzeichnete aber die Schlussfassung nicht. Daraufhin verlor Großbritannien die Geduld und unterzeichnete die Konvention allein mit Tibet. Im selben Jahr vertrieben die Tibeter die letzten chinesischen Truppen, die sich noch in ihrem Land befanden. Bis 1950 gab es dann keine chinesische Präsenz mehr.

Die Londoner Juristenkonferenz, das Basso-Tribunal von Straßburg und die Internationale Juristenkommission in Genf kamen nach den Ereignissen von 1950 zu dem einhelligen Ergebnis, dass Tibet den Status eines von einer fremden Macht annektierten Landes habe. 1960 stellte die Internationale Juristenkommission fest: »Tibet erfüllte von 1913 bis 1950 alle Voraussetzungen, die das Völkerrecht mit der Existenz eines Staates verbindet. Es gab 1950 ein Staatsvolk, ein Staatsgebiet und eine auf diesem Gebiet tätige Regierung, die ihre inneren Geschäfte selbst führte und von jeder äußeren Autorität unabhängig war.«

Als die Volksrepublik China 1950 in Tibet einfiel, rechtfertigten chinesische Verlautbarungen dies damit, dass Millionen von Tibetern von der Unterjochung durch westliche Imperialisten befreit werden müssten. Selbst der Idealist Nehru, der damalige Ministerpräsident Indiens, stellte vor seinem Parlament die Frage: »Befreiung von wem? Das ist mir unklar.« Diese »Befreiung« Tibets war in

Wahrheit nur die erste Stufe eines umfassenden Eroberungsplans. »Als die Kommunisten in China die Macht an sich rissen, hatten sie schon die Landkarten fertig gestellt, auf denen weite Teile von Korea, Indochina, Malaysia, Ostturkestan, Tibet, Sikkim und Bhutan als Gebiete Chinas eingezeichnet waren.« Doch die Weltöffentlichkeit war vor allem wegen des Einmarsches in Korea besorgt, der am selben Tag wie der Überfall auf Tibet stattfand, am 25. Juni 1950, und widmete letzterem kaum Aufmerksamkeit. Dies war der Auftakt eines stillen Genozids. Von insgesamt sechs Millionen Tibetern kamen über eine Million durch Hinrichtungen, Folter, Hunger, blutig niedergeschlagene Aufstände und Zwangsarbeit ums Leben.

England und Indien traten in der Vollversammlung der Vereinten Nationen dafür ein, keine Maßnahmen zu ergreifen, um, wie sie sagten, einen Konflikt größeren Ausmaßes zu vermeiden. Das Büro der Vollversammlung beschloss daher am 24. November 1950, die Prüfung eines Antrags aufzuschieben, der verlangte, die Invasion Tibets auf die Tagesordnung zu setzen. So wurde Tibet geopfert. Dennoch stellte der Überfall Chinas auf Tibet für die meisten Länder eine offene Aggression dar. Dies wurde in den Debatten während der Sitzungen der UNO-Vollversammlung im Jahre 1959, 1961 und 1965 deutlich. Der Vertreter Irlands, Frank Aiken, erklärte damals: »Während Jahrtausenden oder zumindest seit zweitausend Jahren war Tibet ebenso unabhängig und Herr seiner eigenen Angelegenheiten wie jede andere Nation in dieser Versammlung. Es hatte sogar mehr Freiheiten, sich um seine Angelegenheiten selbst zu kümmern, als viele der hier vertretenen Nationen.« Während einer Debatte der Vereinten Nationen im Jahre 1965 ließ der Vertreter Indiens verlautbaren: »Wir müssen der ungeschminkten Wahrheit ins Auge sehen, dass die chinesische Regierung entschlossen ist, das tibetische Volk auszulöschen.« Seither hat Indien mit großem Mut den Flüchtlingen Tibets, ihrer Exilregierung und ihrem geistlichen Oberhaupt, dem Dalai-Lama, Gastfreundschaft gewährt.

Auch wenn heute keine einzige Regierung Tibets Status als besetztes Land anerkennt, nehmen viele Parlamente sehr wohl diesen ungeklärten Zustand hin. Und wenn in ihren Entschließungen von Tibet die Rede ist, ist damit das tibetische Territorium in den Grenzen von 1949 gemeint, bevor es die Chinesen in fünf Teilregionen aufsplitterten. Das so genannte Autonome Gebiet Tibet stellt aber nur ein Drittel des ursprünglichen Staates dar. Inwieweit können diese historischen Fakten für einen Dialog zwischen China und Tibet hilfreich sein? Sie belegen zumindest, wie weit der Dalai-Lama China schon entgegengekommen ist, um zu einer Lösung zu kommen und eine gemeinsame Basis zu finden. Es ist allgemein bekannt, dass der Dalai-Lama nicht die Unabhängigkeit fordert, sondern nur eine Autonomie innerhalb Chinas, die dem tibetischen Volk und seiner Kultur ein Überleben ermöglichen würde. Weiterhin hat er immer wieder bekräftigt, dass er nur als einfacher Mönch nach Tibet zurückkehren und keinerlei politische Funktionen übernehmen würde. Eine weltliche, demokratisch gewählte Regierung soll seiner Meinung nach Tibet in Zukunft verwalten.

China scheint vor allem in vier Punkten Befürchtungen zu hegen: hinsichtlich seiner inneren Einheit, seiner Stabilität, seines Wohlstands und seines Ansehens. Sein Wohlstand hat in der Tat deutlich zugenommen, zumindest in den Städten. Seine Einheit und seine Stabilität hingegen stehen auf schwachen Füßen, weil sie nur durch Zwang aufrechterhalten werden. Sein Ansehen in der Welt aber ist so geschädigt, dass es diesbezüglich nichts zu verlieren hat. Wäre es da nicht die einfachste und beste Lösung, das internationale Renommee dadurch zu verbessern, dass man endlich den legitimen Forderungen eines Volkes Gehör schenkt, das seit mehr als fünfzig Jahren unterdrückt wird?

Die rote Fahne auf dem Dach der Welt

Die chinesische Invasion von Claude B. Levenson

War der chinesische Einmarsch etwa eine Folge des *karmas* oder vielmehr eine logische Konsequenz aus einer zu lange auf sich selbst fixierten Gesellschaft? Gewiss trugen persönliche Intrigen und Machtkämpfe zwischen den großen Klöstern wesentlich zur Verblendung der damaligen tibetischen Verantwortlichen bei, so dass die chinesische Bedrohung nicht rechtzeitig wahrgenommen wurde. Sie schienen die drohende Gefahr nicht sehen, nicht erkennen und vor allem nichts gegen sie unternehmen zu wollen, denn sie waren felsenfest davon überzeugt, dass die lange Geschichte ihres Volkes auch dessen Fortbestand garantiere. Dabei war das Orakel von Nechung mit seinen Warnungen eindeutig und der 13. Dalai-Lama (1876–1933) in seinem Vermächtnis noch präziser gewesen. Zudem haben die politischen Konstellationen nach dem Zweiten Weltkrieg die Aufgabe der Landesführer kaum erleichtert.

Auch wenn die für die Sicherheit des Landes verantwortlichen Beamten allen Ernstes glaubten, die Götter würden ihnen beistehen, so konnten weder der tiefe Glaube noch die Riten und Gebete etwas ausrichten gegen eine kampferprobte, zahlenmäßig überlegene Armee, befehligt von Kommandeuren, die fest entschlossen waren, ein Territorium an sich zu reißen, das in den chinesischen Annalen schon seit langem als »Schatzkammer des Westens« galt. Obwohl sorgfältig geplant, vorbereitet und abgewickelt, war die Invasion Tibets beileibe kein Kinderspiel. Die klimatischen und geografischen Bedingungen erwiesen sich als ernste Hürden. Außerdem setzten sich die Tibeter – oft mit dem Mut der Verzweiflung – entschieden zur Wehr, um die gewaltige feindliche Woge aufzuhalten. Doch der Kampf war zu ungleich. Die Widerstandsgruppen hielten dem Feind so lange als möglich stand, bis sie sich schließlich zurückziehen mussten und nur noch auf die gleichgültig reagierende internationale Staatengemeinschaft, das Unverständnis der Inder und die Zögerlichkeit des jungen Dalai-Lama hinweisen konnten, dessen Denken im philosophischen Pazifismus verankert war.

Folglich konnte die chinesische Invasion das Todesurteil ihres westlichen Nachbarn beschließen, der dem Himmel so nah war, dass etliche beinahe vergessen hätten, dass er zum irdischen Territorium gehörte. In der Unermesslichkeit von Einsamkeit und Licht konnte der Kampf des tibetischen Schneelöwen und des chinesischen Drachens nur in der Dimension des Mythos ausgetragen werden. Den Preis dafür aber hatten die Menschen zu zahlen. Ein halbes Jahrhundert fremder militärischer und kolonialer Besetzung hinterlässt im Geist eines Volkes tiefe Spuren – was nicht zwangsläufig Resignation oder Unterwerfung bedeutet. Selbst die

Landschaft, sei sie auch von seltener Kraft, ging nicht unbeschadet aus dieser Prüfung hervor. Respektlos geplündert und verwüstet, bewahrt sie in ihrem Innersten doch eine unverwundbare Erhabenheit, als würden die verschneiten Gipfel heimlich über den Hochmut des Menschen lächeln. Die brutale, im Eiltempo durchgepeitschte Modernisierung vermag die latenten Kräfte einer souveränen Natur nicht zu unterdrücken; sie bleibt ein oberflächlicher Lack, der nur allzu leicht rissig wird. Für die Menschen ist die Gefahr unmittelbarer: Sie ist zu einer Frage der Zeit geworden, denn ein menschliches Leben liegt einem anderen Maß zugrunde als die endlosen Weiten des Himalaya. Und hier kommt die Politik ins Spiel, ein Spiel, in dem die Kräfteverhältnisse das Schicksal eines Landes und seiner Bewohner bestimmen. Doch für dieses Spiel hatten die tibetischen Führer der fünfziger Jahre weder die Trümpfe noch das notwendige Wissen in der Hand, um sich erfolgreich gegen den Wandel zu stemmen.

So facettenreich wie ein kunstvoll geschliffener Diamant erscheinen all jene Aspekte, in denen sich zwischen den Grenzen von Wirklichkeit und Imagination, Schönheit und spiritueller Vision, Himmel und Erde das Glück und Unglück Tibets widerspiegelt: Kultur und Tradition, wirtschaftliche Interessen und politische Aufrichtigkeit, Sinn für historische Entwicklung und Gerechtigkeit, Entkolonialisierung und Befreiung, Umwelt- und Artenschutz sowie das Überleben einer Sprache, die Geschichte und Erinnerung ist. Unterdessen hat die chinesische Invasion das verschlossene Land genötigt, sich der restlichen Welt anzunähern. Allerdings unter der Bedingung Tibets, dass es seine Flamme hoch halten könne. Dieses Verlangen zu ignorieren würde bedeuten, sich zum Komplizen zu machen und eine Schuld auf sich zu laden, für die wir letztlich alle verantwortlich sind – die Schuld der unterlassenen Hilfeleistung für ein bedrohtes Volk.

Seit jeher versucht die Menschheit, der Zeit zu trotzen, die Geschichte ist wiederum Zeuge davon. Invasionen kommen und gehen, während das Rad sich weiter dreht. Doch die Mechanismen der Vernichtung haben sich im Lauf der Jahre so entwickelt, dass die Verluste sehr bald nicht mehr zu ersetzen sind. In diesem Sinne drängt die Zeit für Tibet, ein Land, das gleichzeitig Legende und konkrete Realität ist. Man darf jedoch niemals aus den Augen verlieren, dass dem derzeitigen Drama eine politische Auseinandersetzung zugrunde liegt und dass Tibet auf dem Wege eines gütlichen Dialogs zwischen den Parteien Herr über sein eigenes Schicksal werden kann, um diese Oase des Friedens zu bewahren, derer jeder bedarf.

Ani Patchen

Prinzessin, Nonne und Widerstandskämpferin

von Clara Osel

Blauer Himmel und weiß verschneite Gipfel – man wähnt sich fast im Land des Schnees. Aber wir befinden uns in Indien, in Dharamsala, der Hauptstadt der Exil-Tibeter. Hinter dem Lächeln und der sprichwörtlichen Freundlichkeit der Tibeter verbirgt sich in den meisten Fällen eine tragische Biografie. Als Ani Patchen in ihrem kleinen, dunklen und eiskalten Zimmer von ihrer bewegenden Geschichte erzählt, sieht man ihrem faltigen Gesicht die Spuren an, die zwei Jahrzehnte Gefängnis hinterlassen haben. »Als ich verhaftet wurde, war ich ein junges Mädchen, als ich aus dem Gefängnis kam, eine alte Frau!« Ihren Blick tief in den meinen versenkt, fuhr sie fort: »Nach dem Tod meines Vaters kämpfte ich gegen die chinesischen Soldaten, die unser Land besetzten, und wurde gefangen genommen. Ich habe die folgenden 21 Jahre im Gefängnis verbracht. Über ein Jahr lang trug ich Tag und Nacht Handschellen und Fußeisen. Während der endlosen Verhöre wurde ich oft kopfüber an der Decke aufgehängt und mit Knüppeln, Ketten und metallenen Peitschen geschlagen. Neun Monate verbrachte ich in einer winzigen, völlig dunklen Zelle. Den Tagesanbruch konnte ich nur am Gesang der Vögel erkennen. Oft bekam ich so wenig zu essen, dass ich ohnmächtig wurde. Das wenige, was wir erhielten, war ohnehin zu abscheulich, als dass es den Namen Nahrung verdient hätte. Doch ich meditierte weiter. Die meisten meiner Haftkameraden starben. Ohne die geringste Anstrengung eines Prozesses wurde meine Strafe um mehrere Jahre verlängert, weil mein Geist, wie man mir sagte, dem Dalai-Lama und den Exil-Tibetern treu geblieben sei! Während dieser furchtbaren Jahre sind all meine Verwandten hingerichtet worden. Als ich aus dem Gefängnis kam, fand ich heraus, dass ich die einzige Überlebende meiner Familie war. Ich hatte also noch Glück! Ich möchte Ihnen einige Beispiele für die unzähligen Qualen geben, die die Tibeter in verschiedenen Regionen des Landes erlitten haben:

In der Region Kham haben die Chinesen einen Lama mit Nägeln gekreuzigt. Dann haben sie ihm die Augen ausgestochen, die Ohren abgeschnitten und die Zähne eingeschlagen. Daraufhin zerteilten sie ihn langsam in einzelne Stücke. Als Erstes schnitten sie ihm die Finger ab, dann die Hälfte des Arms, den ganzen Arm, die Haut des Oberkörpers und so fort, bis er tot war. Alle Bewohner der Gegend mussten dieser Folter zusehen. Es war so furchtbar, dass mehrere Zuschauer, die wussten, dass sie sicher dasselbe Schicksal ereilen würde, lieber Selbstmord begingen, indem sie von der Brücke sprangen.

In Pakhoul, in der Region Amdo, unterdrückten die Chinesen die Bevölkerung so grausam, dass sie sich schließlich auflehnte. Die Chinesen nahmen die Anführer fest, einen gewissen Lhundroup und seinen Sohn Yudak. Dann gruben sie die beiden aufrecht stehend ein, so dass nur der Kopf heraussah. Schließlich stampften sie die Erde mit Vorschlaghammern fest. Als sich die Erde immer fester um die Körper der Gemarterten schloss, traten zunächst die Augen aus den Höhlen, dann schoss Blut aus ihrem Mund, und schließlich erbrachen sie die zerplatzten Organe. Auch hier musste die Bevölkerung den furchtbaren Todeskampf mitansehen.

In Zentraltibet lernte ich Lama Tchiguial kennen, der aus der Gegend von Kongpo stammte. Die Chinesen hatten ihm die Arme auf den Rücken gefesselt und ihn mit einem Seil am Sattel eines Pferdes festgebunden, das sie dann im Galopp davonjagten. Er überlebte die Tortur mit vielen Knochenbrüchen. Ein andermal war ich in dem grauenvollen Gefängnis von Drapchi in der Nähe von Lhasa inhaftiert. Etwa hundert der Gefangenen wurden auf den Friedhof gebracht, um der Exekution mehrerer Gefährten beizuwohnen. Ehe sie erschossen wurden, beleidigten die Chinesen die Verurteilten und zählten ihre Verbrechen auf. Dann drohten sie uns: ›Wenn ihr euch nicht ändert, erwartet euch dasselbe Schicksal!‹ An diesem Tag wurden elf Personen, unter ihnen vier Frauen, getötet. Der bedrückende Bericht einer von den Chinesen zugelassenen Kommission zog Reaktionen verschiedener internationaler Organisationen nach sich. Dank ihres Drucks wurde ich schließlich freigelassen.

Zunächst empfand ich nichts als Hass auf die Chinesen, weil sie zu Schlächtern des tibetischen Volks geworden sind. Dann begriff ich, dass die kommunistische Ideologie keinen Raum für Liebe und Mitgefühl lässt. Mir wurde auch bewusst, dass Mao, indem er sich des Todes von sechzig Millionen Menschen schuldig machte, ein so schweres *karma* auf sich lud, dass er darunter unendlich leiden würde. Ich bete nun dafür, dass ich in keinem meiner künftigen Leben fähig sein werde, irgendjemandem nur das geringste Leid zuzufügen. Ich begriff, dass meine eigene Situation das Resultat negativer Handlungen war, die ich in einem früheren Leben begangen hatte. Nur der erleuchtete Buddha kann die versteckten Gründe unserer Lebensumstände sehen und verstehen. Die Ereignisse kommen und gehen wie die Wellen des Meeres. Als ich gefoltert wurde, dachte ich immerzu daran, dass alle Lebewesen leiden müssen und dass die einzige Art, sich von diesem Leid zu befreien, die Beherrschung des Geistes sei. So habe ich meinen inneren Frieden gefunden. Mir wurde klar, wenn ich mich gegen die Demütigungen meines Feindes auflehnte, gäbe ich ihm in meinem Geist eine noch größere Bedeutung, so dass die negativen Gefühle bald überwögen. Dadurch wäre aber mein Leid nur noch größer geworden. Ich meditierte auch über die Leere, die jenseits der Begriffe »gut« und »böse« liegt. Alles löst sich dann in dieser Leere auf.

Trotz aller Leiden, die wir, das tibetische Volk, erdulden mussten, sind wir noch immer zum gewaltlosen Widerstand entschlossen. Wir kämpfen für eine gerechte Sache. Würden wir bewaffneten Widerstand leisten, so zöge das nur noch mehr Leid nach sich. Gandhi hat uns die Macht der Gewaltlosigkeit und der Gerechtigkeit beispielhaft vor Augen geführt! Dadurch wurde die Unabhängigkeit Indiens möglich. Auf diese Art müssen auch wir bis zum Ende kämpfen. Doch die Menschen dieser Welt müssen uns dabei unterstützen!«

Freiheit und Selbstbeherrschung

von Matthieu Ricard

Nach buddhistischem Verständnis bedeutet Freiheit vor allem Selbstbeherrschung. Sie istallerdings nur erreichbar, wenn man sich von der Unwissenheit und der Knechtschaft durchnegative Emotionen befreit hat. Manche Menschen verstehen unter Freiheit ein zügelloses Leben, in dem sie allen Antrieben nachgeben können. Doch durch solch ein Verhalten wird man nach buddhistischem Verständnis zum Spielball eines regellosen Gedankenstroms. Innere Freiheit besteht dagegen darin, dass man sich von dieser sklavischen Abhängigkeit befreit. Demzufolge schränkt Selbstbeherrschung unsere Freiheit nicht ein, sondern ermöglicht es, das eigene Leben wirklich in die Hand zu nehmen.

Um wahrhaft frei sein zu können, muss man das Übel der Selbstsucht überwinden. Wenn man nur gegen dasjenige ankämpft, was Unlust verursacht, und bis zur Besessenheit sucht, was Lust bereitet, dann gerät man unausweichlich in einen Strom der Enttäuschungen. Denn die äußere Welt entspricht niemals den launischen Erwartungen unseres Geistes. Frei zu sein, heißt die Fähigkeit zu besitzen, dem Pfad der Erleuchtung zu folgen. Um diesen Weg gehen zu können, muss man alle äußeren und inneren Hemmnisse in Gestalt von Trägheit, Zerstreutheit und negativen Gewohnheiten überwinden, die uns von der spirituellen Praxis abhalten und unseren Fortschritt behindern. Eine Freiheit, die eine Quelle des Glücks und dauerhafter Gelassenheit sein soll, ist in erster Linie von Altruismus geprägt. Zugrunde liegt dieser Einsicht, dass alle Wesen dieselben Hoffnungen und Wünsche und somit auch dasselbe Recht haben, ein Leben frei von Leid zu führen. Nach buddhistischer Auffassung gilt diese grundlegende Wahrheit nicht nur für uns Menschen, sondern für alle fühlenden Wesen. Deshalb müssen wir zu einer Form von Nächstenliebe gelangen, die von den Ketten des Egoismus vollkommen befreit ist. Von jener Freiheit singt Shabkar:

»Nichts hält mich fest an meinem Lagerplatz,
Wenn ich gehe, lasse ich nichts zurück.
Dort, wo ich bin, fragt niemand nach meinem
Woher und Wohin.
Ich, der entsagende Yogi, bin glücklich,
Und singe diesen Hymnus der Freude.

Ich habe das Haupt erhoben
Und den wolkenlosen Himmel gesehen,
Der mich an den absoluten, unendlichen Raum erinnert.
Ich habe eine grenzenlose Freiheit gefühlt,
Ohne Mitte und Ende,
Frei von allen unvollkommenen Ansichten.

Ich habe die Welt und alles Seiende gesehen
teilhabend an demselben Wesen,
Das mich an die Buddhaschaft erinnerte,
Die in jedem Wesen vorhanden ist.

Ich kenne den Status der Freiheit,
Frei sein von Anziehung und Abstoßung,
Frei von der Hoffnung auf Erfolg,
Und der Angst vor Misserfolg.
Losgelassen habe ich.«

Stille Wälder

Der Überlebenskampf der Umwelt von Galen Rowell

1981 leitete ich die ersten beiden amerikanischen Expeditionen, die seit der chinesischen Invasion 1950 ins tibetische Hinterland reisen durften. Für mich als Fotograf bedeutete dies die Chance meines Lebens. Bis zum Jahr 1981 lag ein Schleier des Schweigens über den entlegenen Gebieten Tibets. Was Naturforscher über die Region wussten, stammte aus Berichten, die mindestens dreißig Jahre alt waren. »Ich habe noch nie so viele verschiedene Vögel an einem Ort gesehen«, schrieb etwa der britische Forscher Kingdom Ward 1920. »Ein einziger großer zoologischer Garten«, notierte Joseph Rock 1930 im *National Geographic*. »Wo ich hinschaute, sah ich Wildtiere, die zufrieden grasten.« In den dreißiger Jahren berichtete ein deutscher Reisender, er habe eine Herde von zehntausend tibetischen Antilopen gesehen, heute eine vom Aussterben bedrohte Rasse. Und in den vierziger Jahren schrieb Leonard Clark: »Alle paar Minuten erspähten wir einen Bären oder einen Wolf auf Jagd, ganze Herden von Moschusochsen, Wildesel, Gazellen oder Dickhornschafe und Füchse. Das ist zweifellos eines der letzten unverdorbenen Großwildparadiese.«

Um diese Pracht zu sehen, war ich gekommen. Wir bezahlten eine enorm hohe Gebühr – 50 000 Dollar für die Erlaubnis, mehrere Naturforscher drei Wochen lang durch die Amnye-Machen-Berge im Nordosten Tibets zu führen. Dafür versprachen uns unsere chinesischen Gastgeber »unzählige seltene Vögel und Tiere, dichte, unberührte Wälder, wo Hochwild, Leoparden und Bären hausen, während die Wiesen und Geröllhänge unterhalb der Schneegrenze von Gazellen, Wildeseln und seltenen Moschustieren bevölkert sind«. Drei Wochen lang sind wir gewandert – über 160 Kilometer. Und gesehen haben wir buchstäblich nichts. Die wild lebenden Tiere waren verschwunden.

Meine zweite Expedition in diesem Jahre führte zur tibetischen Seite des Mount Everest. Ich legte 1600 Kilometer auf entlegenen Landstraßen zurück und sah kein einziges wild lebendes Säugetier. Meine Erfahrungen decken sich mit denen von Jetsun Pema, die im Jahr zuvor als Leiterin einer Delegation in Tibet zwölftausend Kilometer über Land gefahren war. Sie ist die Schwester des Dalai-Lama und war im Auftrag der tibetischen Exilregierung im indischen Dharamsala unterwegs. »Auf der langen Strecke, die wir zurücklegten«, schrieb sie, »sah man früher mehr Gazellen, Hirsche und Antilopen als Menschen. Jetzt ist mir auf der dreimonatigen Reise kein einziges dieser Wildtiere unter die Augen gekommen.«

Bevor die Chinesen kamen, hatte Tibet eine eigene Sprache und Religion, das Land besaß eine Währung, eine Post und eine unabhängige Regierung. Außerdem gab es das erfolgreichste Umweltschutzprogramm aller bewohnten Regionen der Welt. Naturschutzparks im westlichen Sinne existierten allerdings nicht. Ein offizieller Schutz von Wildtieren und Naturgebieten war in einem Land, in dem buddhistisches Mitgefühl für alle lebenden Geschöpfe an erster Stelle stand, gar nicht notwendig.

Der tibetische Buddhismus verbietet das Töten von Tieren. Den Kindern bringt man von Geburt an bei, dass jedes Lebewesen heilig ist. »Nirgendwo auf der Welt habe ich weniger Anzeichen von Hass, Eifersucht, Bosheit und Unbarmherzigkeit gesehen«, schrieb Hugh Richardson, der Handelskonsul von Britisch-Indien in Tibet, der in den vierziger Jahren in Lhasa lebte. »Das tibetische System hat ein Volk hervorgebracht, das selbstbeherrscht, intelligent, oftmals hoch gebildet, geschickt, bescheiden, würdevoll, menschlich und freundlich ist. Die Mehrheit der Menschen gibt sich Mühe, so weit als möglich in Eintracht mit der Natur zu leben.«

Die Invasion Tibets im Jahr 1950 war im Wesentlichen durch den Wunsch Chinas motiviert, die Kontrolle über die natürlichen Ressourcen Tibets zu erlangen. In China nennt man Tibet *hsi-tsang*, die »westliche Schatzkammer«, ein Name, der aus dem uralten Mythos hervorging, dass in Tibet Gold und andere

Reichtümer zu finden seien. Nach der Invasion verwendete China alle Anstrengungen darauf, Tibet zu befreien, indem es systematisch seine Kultur zerstörte. Bauern wurden in Kollektive gezwungen und angehalten, anstelle der traditionellen Gerste Winterweizen anzubauen. Dank dieser Maßnahmen wurden ein paar Jahre lang Rekordernten eingefahren, bis der Boden ausgelaugt war und Missernten folgten. Was noch schlimmer war, China benutzte einen Großteil des Weizens, um die chinesische Bevölkerung zu versorgen, da nach dem Bruch mit der Sowjetunion 1959 von dort kein Getreide mehr importiert werden konnte. Das Ergebnis war eine Hungersnot in Tibet, die erste seit Beginn der Geschichtsschreibung; sie dauerte bis 1963 an. Eine weitere Hungersnot folgte von 1968 bis 1973.

Die Invasoren machten sich einen Spaß daraus, wilde Tiere abzuschießen. 1973 berichtete Dhondub Choedon, ein Tibeter, der heute im indischen Exil lebt, dass »chinesische Soldaten Jagdausflüge mit Maschinengewehren organisieren. Sie schaffen das Fleisch auf Lastwagen fort und exportieren den Moschus und die Felle nach China.« Wichtige Lebensräume für Wildtiere waren bald überweidet, weil die Chinesen Nomadenfamilien anhielten, Vieh für den Export statt für den eigenen Bedarf zu züchten. Tibeter, darunter auch Kinder, wurden gezwungen, »unnötige Tiere« wie etwa Hunde zu töten. Dasselbe galt für Maulwürfe und Murmeltiere, die Getreide fraßen und wertvolles Weideland umgruben. Den Kindern teilte man Quoten für Kleintiere zu, die sie töten mussten. Konnten sie die Quoten nicht erfüllen, wurden sie bestraft.

Im Anschluss an meine ersten beiden Expeditionen im Jahr 1981 reiste ich zusammen mit einigen Wissenschaftlern zu einer Pressekonferenz nach Peking. Wir klärten die Reporter über die Tatsachen auf. »Die Wildtiere in dieser Region wurden drastisch dezimiert«, erklärte Rodney Jackson, dessen Untersuchung über Schneeleoparden im Juni 1986 als Titelgeschichte im *National Geographic* erschien. »Wir sind nach Tibet gekommen, weil uns die Chinesen falsche Informationen über die Wildtiere gegeben haben, die in dieser Region angeblich leben sollen. Wir haben für diesen Besuch viel Geld bezahlt. Diese Tatsache und die Einstellung, die einen unverantwortlichen Raubbau an den wild lebenden Geschöpfen gutheißt, kann die freundschaftlichen Beziehungen Chinas zu anderen Nationen gefährden, wenn sich daran nichts ändert.« Ein Pressebericht zu diesem Thema ist nie erschienen. Ein Korrespondent der *Associated Press* in den Vereinigten Staaten erklärte mir später, man könne es sich nicht leisten, unnötig negative Meldungen über China zu bringen, weil unangenehme Folgen für das *AP*-Büro in Peking zu befürchten seien.

Offiziellen Dokumenten zufolge wurde seit 1959 innerhalb der Grenzen Tibets Holz im Wert von 54 Milliarden Dollar geschlagen. Da die Tibeter nicht viel Holz als Brennstoff oder zum Hausbau benötigen, war der Großteil davon für China bestimmt. Die Vernichtung des Waldes im Südosten des Landes wurde mit Hilfe Tausender tibetischer Zwangsarbeiter durchgeführt. In Amdo hat man nach Angaben der Exilregierung des Dalai-Lama seit 1955 knapp fünfzig Millionen Bäume gefällt und Millionen von Hektar zu mindestens siebzig Prozent abgeholzt. Seit meiner letzten Tibetreise im Jahr 1993 sind einige Naturparks und Schutzgebiete geschaffen worden, aber echter Umweltschutz findet kaum statt. Im riesigen Changtang-Naturschutzreservat werden jährlich Zehntausende der seltenen Antilopen wegen ihrer Wolle abgeschlachtet. Trotz großer Bemühungen zahlreicher Organisationen, die sich heute für die Umwelt einsetzen, werden Wildtiere und Bäume stetig dezimiert, während die Zahl der Inhaftierten und der wertlosen Versprechungen wächst.

Tibets Martyrium

von Lobsang Sangyé

»In der Wirtschaft wie auch in der Politik ist sehr wenig Platz für Gerechtigkeit und moralische Prinzipien. Deshalb beobachtet man auf der Welt immer mehr Leid.«

Seine Heiligkeit, der Dalai-Lama

Land des Himmels, dem die Welt zu Füßen liegt – Tibet mit seinen Geheimnissen und weiten windgepeitschten Hochebenen lässt uns endlos träumen. Und doch befindet sich das Land am Beginn des 21. Jahrhunderts im Zustand der Agonie. Die »ruhmreiche friedliche Befreiung Tibets«, die 1951 von den chinesischen Kommunisten begonnen wurde, endet mit der Vernichtung einer tausendjährigen Kultur, mit 1,2 Millionen hingerichteten oder in den Hungertod getriebenen Tibetern, mit 254 zerstörten Tempeln. Von den 1 200 000 Tibetern (das entspricht einem Sechstel der gesamten Bevölkerung), die eines gewaltsamen Todes gestorben sind, kamen 175 000 im Gefängnis um, 156 000 wurden ohne Gerichtsverfahren hingerichtet, 413 000 verhungerten während einer jener Agrarreformen, auf die die marxistischen Ideologen so versessen waren; 92 000 starben unter der Folter, und an die zehntausend legten selbst Hand an sich, obwohl der Buddhismus Selbstmord nicht duldet.

Tibet verfügt über das hoch gelegenste Ökosystem der Welt mit den umfangreichsten Wasservorräten Asiens. Dort entspringen die größten asiatischen Flüsse, die die Lebensgrundlage Hunderter Millionen von Menschen bilden: Jangtsekiang, Gelber Fluss, Brahmaputra, Irawadi, Salwen, Indus. Diese Position ermöglicht es China, weiter seinen drohenden Schatten auf den indischen Subkontinent zu werfen. Aufgrund seiner geografischen Lage ist Tibet geradezu prädestiniert als Plattform für einen möglichen Atomangriff gegen Indien und Russland. Tibet kann für alles benutzt werden.

Durch seine kolonialen Plünderungen hat China das Land systematisch ausbluten lassen. Die Folgen sind noch nicht abzusehen. Tibet, »Spiegel der Götter«, ist zum Mülleimer Chinas geworden: vernichtete Wälder, ausgeraubte Bodenschätze, verschmutzte Flüsse sowie über das Land verstreute Nuklearstützpunkte. Mao hatte Recht mit seiner Vermutung, China würde Tibet mehr nehmen als geben: das Land ohne spirituelles Oberhaupt, das Volk nach und nach zerstreut in der Masse der angesiedelten Chinesen, die Fauna dezimiert.

Das einst gerühmte »Dach der Welt« ist ein Tor zur Hölle geworden. Die kommunistische Regierung leitet gerade die Endphase der Auslöschung des tibetischen Volkes ein. Seit jeher nimmt sie für sich in Anspruch, dass »die ruhmreiche friedliche Befreiung Tibets den Dalai-Lama und seine ganze Anhängerschaft vertrieben« habe. Die Botschaft ist klar: Die kommunistische Regierung Pekings will nicht nur ein chinesisches Tibet, sondern ein Tibet ohne Tibeter. Sie übersiedelt möglichst viele Chinesen nach Tibet mit dem Ziel, es den Tibetern unmöglich zu machen, ihre Kultur zu bewahren, geschweige denn zu revoltieren. In der Gegend von Kongpo kommen auf einen Tibeter 25 Chinesen. Die Landwirtschaft ist bereits in chinesischer Hand; die Tibeter, die keine Arbeit mehr finden, werden wie Untermenschen behandelt. Die willkürlichen Festnahmen (wer in den Straßen von Lhasa »Freiheit für Tibet« ruft, den erwarten zehn Jahre Gefängnis ohne Bewährung), die Zwangssterilisierungen junger Tibeterinnen werden fortgesetzt. Die Tibeter durchleben ihre letzte Tragödie unter

Ausschluss der Öffentlichkeit. Die offizielle Sprache ist Chinesisch, so dass das bis 1987 verbotene Tibetische zunehmend zur Sprache der Ungebildeten wird. Nach und nach wird den wenigen Schulen, die noch Tibetisch lehren, die Erlaubnis dazu entzogen. Die tibetische Schrift, Weltkulturerbe und eine von weltweit dreißig existierenden Schreibweisen, stirbt aus. Das Fernsehen ist eine heimtückische Waffe: Über hundert Sendestationen wurden eingerichtet, um fast ausschließlich chinesische Programme auszustrahlen.

Das Schicksal von Lhasa ist bereits besiegelt: Jüngsten Zählungen zufolge sind bereits 85 Prozent der Bevölkerung Chinesen. Der historische Kern nimmt nur drei Prozent der Fläche ein. Die heilige Stadt ist zu einer finsteren Ansammlung von Vororten mutiert. Karaoke-Bars schießen wie Pilze aus dem Boden. Am Abend verwandelt sich die Stadt in ein riesiges Bordell. Tausend junge chinesische Prostituierte gehen in den unzähligen Bars, in denen sich die erwerbslosen Tibeter betrinken, auf Kundenfang. In dem Chaos von Intoleranz und Gewalt, zu dem Lhasa sich entwickelt hat, verbirgt sich ein kleines Juwel – der Tempel von Jokhang, die heiligste Stätte der Tibeter. Doch selbst hier wurde die Altstadt abgerissen. Die Behörden von Peking planten diese große Räumung für Manöver gegen Aufständische. Denn seit den fünfziger Jahren versammeln sich die Demonstranten stets vor den Mauern des Jokhang, um von dort aus loszuziehen. Vor allem Mönche und Nonnen revoltieren. Viele von ihnen ziehen es irgendwann vor, zu sterben statt zu schweigen.

Die Klöster gelten gemeinhin als konterrevolutionäre Brutstätten und werden regelmäßig von der Polizei aufgesucht, begleitet von Gruppen zur politischen Umerziehung. Denn für die kommunistische Regierung stand es nie zur Debatte, ein spirituelles Leben in Tibet erneut zuzulassen. Die Mönche sind zu Marionetten geworden. In der so genannten autonomen Region von Zentraltibet ist alles nur Fassade. Diesem Volk, dem die Hände gebunden sind, ist es verboten, den Namen des Dalai-Lama auszusprechen. Wer die Dreistigkeit besitzt, seine Rückkehr zu verlangen, wird wie ein Hund ins Gefängnis geworfen. Wer es wagt, für ein unabhängiges Tibet zu demonstrieren, erhält eine drakonische Strafe: Er wird hingerichtet, durch Kopfschuss aus nächster Nähe und ohne Gerichtsverfahren. Diese Art von Hinrichtung ist äußerst rentabel, erlaubt sie es doch, die Organe der Opfer zu verkaufen. Und die Familie hat den Preis für die Munition zu zahlen!

Um die Botschaft von Frieden und universeller Verantwortung zu verbreiten, scheut der Dalai-Lama keine Mühen und reist um die ganze Welt: »Die Menschen müssen aufwachen!« Jedes Mal, wenn ein Land ihn einlädt, protestiert die chinesische Regierung auf diplomatischem Wege und versucht, durch wirtschaftliche Sanktionen Druck auszuüben. Doch der Dalai-Lama, dem 1989 der Friedensnobelpreis zugesprochen wurde, ist fest davon überzeugt, dass Toleranz, Altruismus und Liebe das gemeinsame Ziel aller Religionen sein müssen – ein Ziel, das es wiederzufinden gelte. Er befürchtet, dass das Schwinden des tibetischen

Buddhismus ein Ungleichgewicht schaffen würde, das uns alle beträfe, für das wir letztlich alle mitverantwortlich seien. So hat er gemeinsam mit der tibetischen Exilregierung vorgeschlagen, in Tibet ein Heiligtum des Friedens zu errichten. Währenddessen kippte die chinesische kommunistische Regierung den Atommüll in den tibetischen See Koko Nor, einen der größten Seen Asiens, und in die umliegende Steppe. Wer wird später für diese unverantwortlichen Taten geradestehen? Geködert von der Aussicht auf raschen Gewinn, geblendet durch die Illusion eines nahen Wirtschaftswunders wagt keine Regierung, dagegen zu opponieren. Indessen schrumpft die Welt, und das Handeln des Einzelnen wird zur Verantwortung aller. Und Gleichgültigkeit wird zur Komplizenschaft.

Anlässlich des Umweltgipfels von Rio de Janeiro (1992) äußerte der brasilianische Umweltminister José Antonio Lutzenberg die besorgten Worte: »Die moderne Industriegesellschaft gleicht einer fanatischen Religion. Wir plündern, vergiften, zerstören alle Ökosysteme des Planeten. Wir unterzeichnen Schuldanerkenntnisse, die unsere Kinder niemals werden zahlen können. Wir verhalten uns, als wären wir die letzte Generation auf Erden. Ohne eine radikale Veränderung in unseren Herzen, unseren Seelen und unseren Anschauungen wird die Erde am Ende aussehen wie die Venus: verbrannt und tot.«

Karma oder die Früchte der Wahrheit

von Matthieu Ricard

»Meine Handlungen sind mein Besitz,
mein Erbe und der Mutterschoß, der mich gebiert.«

Karma bedeutet im Sanskrit »Tat«. Der Begriff bezeichnet nach buddhistischem Verständnis das Gesetz von Ursache und Wirkung unter dem besonderen Blickpunkt der Erfahrung von Glück und Leid. Während bestimmte Formen des *karmas* offensichtlich sind – Hass erzeugt Qualen, Neid Unzufriedenheit –, sind andere Erscheinungsformen weitaus subtiler und betreffen den langfristigen Einfluss unserer Gedanken, Worte und Handlungen auf die Erfahrungen, mit denen unser Bewusstsein konfrontiert wird.

Der Einfluss des *karmas* manifestiert sich in Form verschiedener Dispositionen und Erfahrungen. Das Spezifische des *karma*-Begriffs liegt darin, dass er unsere Gedanken und Handlungen hinsichtlich des widerfahrenden Glücks oder Leids gewichtet. Es gibt also kein Gutes oder Schlechtes an sich, sondern nur das Gute und Schlechte, das unsere Worte, Gedanken und Taten in Form von Glück oder Leid erzeugen.

Es besteht in der Tat eine gewisse Übereinstimmung zwischen der Äußerung dieser Dispositionen in Form von Gefühlen, Stimmungen, individuellen Veranlagungen und dem Einfluss des Unbewussten. Gleichwohl geht der Begriff *karma* über eine solche psychologische Interpretation der Persönlichkeit hinaus. Denn die Dispositionen wirken sich nicht nur auf unsere Gedankenwelt aus, sondern auch auf die von uns sinnlich wahrgenommene Welt. Das Bewusstsein und die Welt der Erscheinungen sind keine streng voneinander getrennten Entitäten. Im Spiel der gegenseitigen Abhängigkeiten gestalten sie einander wie zwei Messerklingen, die man aneinander schärft. Der Buddhismus stellt sich die äußere Wirklichkeit nicht vollständig unabhängig vom Bewusstsein vor. Die Grenze zwischen Subjekt und Objekt ist fiktiv.

Man unterscheidet gemeinhin zwischen einem kollektiven *karma*, das heißt der Art und Weise, wie eine Kategorie von Wesen wie etwa die Menschheit allgemein die Welt wahrnimmt, und dem individuellen *karma*, das der Vielfalt der persönlichen Erfahrungen innerhalb dieses gemeinschaftlichen Wahrnehmungsrahmens entspricht. Das *karma*-Bewusstsein ist seinem Wesen nach pragmatisch. Es unterscheidet in Handlungen, die man verrichten, und solchen, die man vermeiden soll, um so das Leiden aufzuheben und dauerhaftes Glück zu erreichen. *Karma* ist daher nicht gleichzusetzten mit Schicksal. Der Mensch ist vielmehr das Ergebnis einer Vielzahl von Entscheidungen, die er (mit guter oder schlechter Absicht) bewusst fällt. Und jeden Tag steht er von Neuem an diesem Scheideweg. Es ist durchaus möglich, einen karmischen Prozess zu verwandeln, bevor er seine Wirkungen entfaltet – so wie man auch einem in die Luft geworfenen Stein ausweicht. Auf diese Weise kann es gelingen, Hass durch Liebe und Geduld, Habgier durch Freigiebigkeit und Neid durch Teilhabe am Glück anderer zu überwinden.

Wenn man sich allerdings auf den nihilistischen Standpunkt stellt, dass es außerhalb dieses zeitlich beschränkten Lebens nichts gibt, dann existiert kaum mehr ein Unterschied zwischen der buddhistischen Sichtweise und dem allgemeinen psychologischen Ansatz, demzufolge das individuelle Glück das höchste Daseinsziel ist. Erst in der Akzeptanz eines kontinuierlichen Bewusstseinsstroms von einer Existenz zur anderen gewinnt der *karma*-Begriff seine wahre Bedeutung. Somit würden die vom Bewusstsein angesammelten Absichten auch die zukünftigen Leben beeinflussen.

Alle diese karmischen Dispositionen beruhen letztlich auf der Unwissenheit, das heißt einer Wahrnehmung der Erscheinungen, die nicht ihrer wirklichen Natur entspricht. Denn nach buddhistischer Auffassung sind die Erscheinungen leer von substanziellen Merkmalen. Doch die Leerheit des Eigenseins der Erscheinungen zu erkennen, die als die unendliche Entfaltung einer Illusion oder eines Traums auftreten, ist das wirksamste Mittel, um sich von seinem schlechten *karma* zu erlösen. Wer sich von seinem *karma* ganz befreien konnte, hat auch jede Negativität in seinem Bewusstseinsstrom getilgt und den Schleier der Unwissenheit endgültig zerrissen. Diesen Zustand nennt man dann Buddhaschaft.

上海自行車配件

市电信局
直拨電話代办点
直拨公用电話

Der Begriff der Wiedergeburt

Von einem Leben zum anderen von Matthieu Ricard

Für den Buddhismus erklärt sich das Phänomen der Wiedergeburten aus der Kontinuität des Bewusstseinsstroms, der nicht auf das gegenwärtige Leben beschränkt ist. Viele Menschen stellen sich die Reinkarnation so vor, dass beim Tod des Körpers ein Teil des Ichs überdauert und in einen neuen Körper einzieht. Im Buddhismus ist das Ich aber nur eine Illusion und kann sich daher auch nicht reinkarnieren. Die Beziehung zwischen dem Bewusstseinskontinuum und dem Ich ist vielmehr dieselbe wie diejenige zwischen einem Fluss und seinem Namen, der nur eine begriffliche Benennung ohne Eigensein ist. Nach buddhistischer Auffassung ist die Wiedergeburt also keine Seelenwanderung *(Metempsychose)*, bei der eine ewige Seele als eigenständige und wirkliche Entität das Ich stützen würde. Wenn aber dem Ich kein Eigensein zukommt, dann muss man sich fragen, wie denn jenes unstete Prinzip beschaffen ist, das von Existenz zu Existenz wandert. Es handelt sich um die Fortdauer einer Funktion, und nicht einer konkreten Entität. Ein bestimmter Bewusstseinsstrom verfügt über Eigenschaften, die durch Handlungen, Worte und Gedanken geformt sind – ein Zustand des Nichtwissens oder Wissens – und unterscheidet sich darin von anderen Bewusstseinsströmen. Man könnte diese Funktion mit einer Welle vergleichen, die sich fortsetzt, ohne dass sich die Wassermasse mit ihr bewegt. Es gibt also keine Entität, die wiedergeboren werden würde, sondern nur den Nachhall von Handlungen, Worten und Gedanken, die die Parameter des Bewusstseinsstroms verändert haben. Die Wiedergeburt ist nichts anderes als das Ergebnis des auf die Bewusstseinsphänomene angewandten Gesetzes von Ursache und Wirkung.

Der Buddhismus spricht von sechs Welten der Wiedergeburt. Diese sind nicht mehr und nicht weniger real als unser gegenwärtiger Zustand. So sagt man beispielsweise, der Hass erzeuge eine wahre Hölle für uns und unsere Umgebung. Man darf also die Fähigkeit des Bewusstseins nicht unterschätzen, eine Welt zu erschaffen, die mit allem versehen ist, was wir Wirklichkeit nennen. Unser Geist ist fähig, unseren Erfahrungshorizont zu erweitern und sich in verschiedenen Situationen zu verfangen. Es ist daher ohne weiteres vorstellbar, dass er von Daseinszuständen erfährt, die sehr wenig mit unserer Alltagswelt zu tun haben, ihm aber ebenso konkret erscheinen. Deshalb ist es wichtig, dass wir in unserem gegenwärtigen Leben den Geist zu beherrschen lernen. Auf diese Weise vermeiden wir es, nach dem Tod in verschiedene leidhafte Traumwelten zu geraten. Der Buddha Shākyamuni sagte einmal, dass es keine konkreten Höllen gebe, sondern unser Geist Dinge so verdichte, dass sie uns als Hölle erschienen.

Unter den sechs Welten oder symbolischen Zuständen nimmt das menschliche Sein einen privilegierten Platz ein, weil das Leiden, das mit ihm verbunden ist, genügend Ansporn gibt, es zu überwinden, ohne unsere Freiheit übermäßig zu beschränken. Die Befreiung aus dem *samsāra* und die Erlangung der Buddhaschaft bedeuten das Ende der karmischen Wiedergeburten, soweit diese nicht aus der Liebe und aus Mitgefühl mit allen Wesen resultieren. Jedes Wesen hat die Möglichkeit, sich selbst aus dem *samsāra* zu befreien und die Erleuchtung zu erlangen, aber dadurch endet der ewige Kreislauf in der Welt noch nicht. Und doch haben unter dem Standpunkt der absoluten Wahrheit weder *samsāra* noch *nirvāna* ein Eigensein.

Kann man eigentlich Buddhist sein, ohne an die Wiedergeburt zu glauben? Seine Heiligkeit, der Dalai-Lama, spricht oft von zwei Arten der Spiritualität, einer weltlichen und einer religiösen. Die Erste besteht darin, dass man während des gesamten Daseins Nächstenliebe, Mitgefühl, Toleranz und andere grundlegende Tugenden praktiziert. Eine solche Spiritualität kann von den Werten des Buddhismus inspiriert sein, ohne dessen Lehre in ihrer Gesamtheit verpflichtet zu sein. In der Nacht, in der Buddha unter dem Bodhi-Baum die Erleuchtung erlangte, sah er vor seinem geistigen Auge den Ablauf aller früheren Leben vorbeiziehen, seines eigenen und des der anderen. Er lehrte auch, dass man seine Worte »nicht aus Achtung ihm gegenüber« annehmen, sondern »ihre Wahrheit durch die eigene Erfahrung entdecken« solle. Das bedeutet natürlich nicht, dass man die Worte des Buddha schon deshalb verwerfen könne, weil es die eigene gegenwärtige Unwissenheit nicht ermöglicht, ihre Wahrheit zu erkennen. Im Buddhismus gibt es drei Arten korrekter Beweise. Der Erste beruht auf der unmittelbaren Wahrnehmung (zum Beispiel eines Feuers), der Zweite auf der logischen Schlussfolgerung (wenn man Rauch sieht, kann man daraus schließen, dass es ein Feuer gibt, das man sehen kann, wenn man sich dorthin begibt), und der Dritte auf dem authentischen Zeugnis. In unserem Fall wäre dies das Zeugnis eines Menschen wie Buddha, der die Erleuchtung erlangt hat.

In manchen Fällen haben wir nichts weiter als das gültige Zeugnis. Diese Art von Beweis akzeptieren wir im alltäglichen Leben ständig. Wenn uns zum Beispiel die Naturwissenschaft über Atome belehrt, können wir diese zwar nicht sehen, aber wir schenken den übereinstimmenden Aussagen von einer Zahl ernsthafter Wissenschaftler Glauben. Im Falle der Wiedergeburt geht es darum, auf das Zeugnis des Buddha und vieler anderer bemerkenswerter Menschen zu vertrauen, die ihm nachfolgten und im Lauf der Jahrhunderte bestätigten, durch eigene Erfahrung eine unmittelbare Erkenntnis der Kontinuität des Bewusstseinsstroms erlangt zu haben.

Wenn man nicht von einer Kontinuität von Daseinszuständen ausgeht, müssten einige wesentliche Elemente des Weges zur Erleuchtung absurd erscheinen. Der Begriff des *karmas* – die Vorstellung, dass wir das Ergebnis einer großen Anzahl von Einzeltaten sind, die wir in der Vergangenheit aus freien Stücken ausführten – verlöre dann jeden Sinn. Der *bodhichitta*, der Wille, die Erleuchtung zu erlangen, um die Lebewesen aus dem leidhaften Kreislauf der Existenzen zu erlösen, wäre ebenso sinnlos. Dasselbe gälte für die so genannte Widmung der Verdienste, durch die man seine erworbenen Verdienste auf alle Lebewesen überträgt.

Darüber hinaus wäre alles verloren, wenn man in diesem konkreten Leben keine Befreiung erlangen würde. Natürlich erreicht ein *bodhisattva* am Ende seines Weges innerhalb einer bestimmten Existenz die Erleuchtung. Doch in der Zeitspanne eines einzigen Lebens ist es unmöglich, den Weg zu vollenden, der zu diesem Ziel führt. Der Buddha Shākyamuni hat immer wieder betont, dass seine Erleuchtung die Frucht der Verdienste und Erkenntnisse war, die er in drei unermesslich langen Zeiträumen ansammelte. Der Glaube an die Wiedergeburt begründet für den Buddhisten die Überzeugung, dass der spirituelle Weg zum Ziel führt und dass er mit all seiner Kraft voranschreiten muss.

Viele Aspekte des Buddhismus, insbesondere was im Zusammenhang mit der tiefen kontemplativen Wissenschaft steht, können also auch übernommen werden, wenn man kein bekennender Buddhist ist. Diese geistige Lehre, die auf der kontemplativen Erfahrung beruht, ist für alle wertvoll, ob sie Gläubige oder Atheisten sind. Der Sinn des buddhistischen Wegs zur Erleuchtung erschließt sich allerdings erst vollkommen, wenn man von einem über mehrere Existenzen gehenden Bewusstseinsstrom ausgeht. Aus diesen Gründen betrachtet der Buddhismus das Leugnen vergangener und künftiger Daseinszustände als falsche Ansichten.

Die Geschichte einer Wiedergeburt

Der reinkarnierte Khyentse Rimpoche von Matthieu Ricard

In der Maratika-Höhle in Ostnepal fand einst die wundersame Begegnung von Guru Padmasambhava mit Amitāyus, dem Buddha des unermesslichen Lebens statt. Am 28. Dezember 1995 kamen an jenem geheiligten Ort eine große Zahl von Lamas, Mönchen und Schülern aus verschiedensten Ländern zusammen. An der Spitze einer bunten Prozession von Mönchen und Laien, die brennende Räucherstäbchen in Händen hielten, blickte Trulshik Rimpoche, ein Weiser von damals 72 Jahren, prüfend zum Himmel. Nach einer Weile zerriss das Knattern von Hubschrauberrotoren die Stille der Berge. Unter den 22 Passagieren, die der Maschine entstiegen, war auch ein zweieinhalbjähriger Knabe: Die vor kurzem ausfindig gemachte Reinkarnation des Khyentse Rimpoche. Als die Mutter mit dem Kind im Arm erschien, überreichte ihm Trulshik Rimpoche einen langen weißen Schal. Und so als wäre der Knabe ganz mit der überlieferten Sitte vertraut, gab er den Schal dem Lama zurück und legte ihn ihm um den Hals.

Es war keine gewöhnliche Begegnung, denn Trulshik Rimpoche selbst war es, der von seinem abgelegenen Kloster zu Füßen des Everest aus den Knaben als die Wiederverkörperung von Dilgo Khyentse Rimpoche entdeckt hatte, seines geliebten Meisters. Trulshik Rimpoche war der bedeutendste Schüler von Khyentse Rimpoche, weshalb ihn Mitschüler nach dem Tod des Meisters im Jahre 1991 baten, dessen Reinkarnation ausfindig zu machen. In Träumen und Visionen empfing Trulshik Rimpoche immer wieder Hinweise auf dessen Identität. So träumte er eines Morgens kurz vor Tagesanbruch, dass sich 25 goldene *stūpas* in einer weiten Ebene erhoben, die sich zwischen dem Kloster Shechen und dem Kloster Kanying Shedrup Ling in Nepal erstreckte. Es schien ihm wie eine Eingebung, dass diese *stūpas* die Reliquien von Khyentse Rimpoche enthalten könnten. Als er sich fragte, welche wohl die Wichtigste sei, schwebte eine vor seinen Augen. Sogleich flog aus einem der Fenster ein herrlicher, exotisch anmutender Vogel heraus und begann zu singen. Trulshik Rimpoche trat näher und legte vor dem Vogel einen Zeremonialschal aus weißer Seide nieder. Die 24 anderen *stūpas* zogen daraufhin hinter dem ersten Schrein in Richtung des Klosters Kanying, in dessen Innerem sie verschwanden.

In einem weiteren Traum (oder vielmehr einer Vision, denn Trulshik Rimpoche vertraute uns an, dass er währenddesssen nicht schlief) erschien ihm Khyentse Rimpoche und rezitierte ein Gedicht, in dem er das Geburtsjahr des Kindes, den Namen der Eltern und den Ort offenbarte, an dem es zu finden sei. Trulshik Rimpoche maß dieser Vision anfangs nicht zu viel Bedeutung bei, doch sie setzte sich hartnäckig in seinem Geist fest. Bis zum April 1995 hielt er die Details geheim; dann schrieb er einen Brief an Shechen Rabjam Rimpoche, den Enkel von

Khyentse Rimpoche. Darin gab er die Einzelheiten des Gedichts von Dilgo Khyentse Rimpoche preis: dass man den Vater der Reinkarnation »unwandelbaren Diamant« nenne und die Mutter »herrliche Fackel«. Ihr Sohn, im Jahr des Hahns nordöstlich des Klosters Shechen geboren, sollte dem Vers zufolge »die unzweifelhafte Reinkarnation Paldjors« sein (einer der Namen von Khyentse Rimpoche).

Man musste nicht lange suchen. Es zeigte sich, dass der persönliche Name von Choling Rimpoche, eines engen Schülers von Khyentse Rimpoche, Mingiur Dewai Dordje lautete, der Name seiner Frau Dechen Paldrön. Sie hatten einen Sohn, der am 10. Tag des 5. Monats im Jahr des Hahns geboren war, am 30. Juni 1993, dem Jahrestag Padmasambhavas. Es wurde also ein Bote zu Trulshik Rimpoche mit der Antwort gesandt, dass man ihn gefunden hätte. Der Knabe war tatsächlich ein *yangsi*, ein ins Dasein Zurückgekehrter. Man muss hinzufügen, dass Trulshik Rimpoche die persönlichen Namen des Vaters und der Mutter des Kindes nicht kannte, da der Vater selbst ein Lama war und stets nur unter seinem Titel bekannt war. Dasselbe gilt für seine Frau.

Der Dalai-Lama bestätigte dann, dass es sich in der Tat um Khyentse Rimpoche handelte. Am 29. Dezember fand erneut eine schlichte Zeremonie in der Maratika-Höhle statt. Trulshik Rimpoche las dem Kind den Namen vor, den ihm der Dalai-Lama verliehen hatte, Urgyen Tenzin Jigme Lhundrup, und führte ihm zu Ehren das »Ritual des langen Lebens« durch. Die anwesenden Schüler fühlten, wie die Sonne, die tief in ihrem Herzen verborgen gewesen war, wieder über die ganze Welt zu scheinen begann. Das Bittgebet, das der Dalai-Lama einige Tage nach dem Tod von Khyentse Rimpoche formuliert hatte, hat sich erfüllt:

»Je mehr die Menschen der Hilfe bedürfen,
Desto unmittelbarer ist deine Liebe.
Um allen Wesen den Weg aus diesem dunklen Zeitalter zu weisen,
Zeige uns rasch das schöne Antlitz deiner Inkarnation!«

Zur Inthronisation des jungen *yangsi* Rimpoche im Dezember 1997 im Kloster Shechen kamen 15000 Menschen aus vierzig Ländern und über hundert große Lamas, die alle Schulen des tibetischen Buddhismus vertraten. Seit dieser Zeit wird das Kind in Shechen und in Bhutan erzogen. Wie eine Blume bei ihrem Erblühen immer schöner wird, so entwickelt es Qualitäten, die darauf hoffen lassen, dass es wie sein Vorgänger zum Wohle aller Wesen wirken wird.

Doch wie erlebte der Enkel des verstorbenen Meisters, Rabjam Rimpoche, all dies? »Als Khyentse Rimpoche starb, hatte ich nicht das Gefühl, dass er für immer weggegangen sei. Als ich dann hörte, dass er in sichtbarer Gestalt wiedergekehrt sei, war ich zunächst etwas irritiert. Es fiel mir schwer, etwas anderes als die eindrückliche Gestalt von Khyentse Rimpoche vor Augen zu haben. Ich sah mich plötzlich einem fröhlichen, aufgeweckten Knaben gegenüber … Aber bald entdeckte ich an ihm viele Verhaltensweisen, Eigenschaften und manchmal auch kleine Details, die mich verblüffend an Khyentse Rimpoche erinnerten. Einige erstaunliche Ereignisse, als er zum Beispiel Menschen erkannte, die ihm in seinem früheren Leben nahegestanden hatten, gaben mir letzte Gewissheit. Ich bin sehr glücklich, solch schöne Augenblicke erleben zu dürfen.«

»Möge ich Boot, Fähre und Brücke sein«

Zum *bodhisattva*-Gelübde von Matthieu Ricard

Das *bodhisattva*-Gelübde (*pranidhāna*) bringt die Verpflichtung zum Ausdruck, nicht nur in diesem Leben, sondern auch in allen künftigen das Leiden der fühlenden Wesen zu lindern, um sie zur Erleuchtung zu führen, dem einzig wahren Heilmittel des Leidens. Es handelt sich im Grunde um ein heroisches Versprechen, denn wenn man schon nicht wagen würde, ein Gelübde zu brechen, das dem eigenen Wohl dient, um wie viel weniger eines, das der unendlichen Vielzahl der Wesen gilt? Deshalb werden die *bodhisattvas* auch die »Helden der Erleuchtung« genannt.

Wie der Träger einer schweren Last unterwegs nicht rasten würde, so ist auch der *bodhisattva* hartnäckig bestrebt, sein Ziel zu erreichen. Alle Kräfte seines Körpers, seiner Worte und seines Geistes stellt er in den Dienst der fühlenden Wesen, wobei die sein Handeln bestimmende Eigenschaft das Mitgefühl ist, getragen von höchster Einsicht und Weitsicht:

»Möge ich der Zauberstein sein,
Das große Schatzgefäß, die Zauberformel,
Die Heilpflanze, der Wunschbaum,
Und die Kuh des Überflusses!

Wie die Erde und die anderen Elemente
Den unzähligen Wesen im unendlichen Raum dienen,
So möge ich in jeder Weise den Wesen nützlich sein,
Die den Raum bevölkern,
So lange, bis alle erlöst sind.«

Der erste Schritt des *bodhisattva* besteht darin, sich des unermesslichen und unaufhörlichen Leidens sowie der Tatsache bewusst zu werden, dass sich alle Wesen ohne Ausnahme nach dem Glück sehnen. Doch trotz ihrer unablässigen Bemühungen verschließen sie die Augen vor ihrem Glück und stürzen sich in das Unglück – als Folge der Unwissenheit. Indem der *bodhisattva* dieses unendliche Leiden der Wesen betrachtet, steigt in ihm ein tiefes Mitgefühl auf.

Der nächste Schritt besteht in der Erkenntnis seiner Machtlosigkeit. Wenn er nicht in der Lage ist, sein eigenes Leiden zu lindern und seine eigene Unwissenheit zu bezwingen, wie sollte er da anderen helfen können? Am Abgrund des *samsāra* steht er wie eine Mutter, die hilflos zusehen muss, wie ihr Kind von den Fluten eines reißenden Stroms fortgetragen wird; wie groß ihre Mutterliebe auch sein mag, sie kann das Kind doch nicht retten. So muss auch der *bodhisattva* sich auf die Suche nach Mitteln begeben, die ihn zur Hilfe befähigen.

Der Weg beginnt mit dem Fassen des Erleuchtungsgedanken, wobei sein Ziel darin besteht, durch höchste Erkenntnis die notwendigen Mittel zu erlangen, die Wesen endgültig zu befreien. Dabei kommt es entscheidend auf seine Motivation und Entschlossenheit an. Wie ein Bewässerungskanal sammeln und bündeln diese Tugenden die Energie seiner Handlungen. Wenn unser alleiniges Interesse der Befriedigung unserer spontanen Wünsche gilt, werden wir im günstigsten Fall genau dies erreichen. Wenn wir dagegen von dem Wunsch beseelt sind, die Wesen zu erlösen, dann wird letztlich auch diese große Hoffnung in Erfüllung gehen.

Im Streben des *bodhisattva* vereinigt sich auf diese Weise die Erkenntnis der höchsten Natur des Geistes und der Erscheinungen mit dem universellen Mitgefühl, das aus dieser Erkenntnis entspringt. Beide Aspekte sind für das Erreichen seines Ziels gleichermaßen wichtig – so wie auch der Vogel beide Flügel braucht, um zu fliegen.

Musik auf dem Dach der Welt

Zur regionalen Musiktradition Tibets von Mireille Helffer

Sämtliche Klöster des tibetischen Buddhismus räumen der Vokal- und Instrumentalmusik in ihren Riten einen wichtigen Platz ein. Schon im frühesten Alter lernen die Novizen die Texte, die später die Grundlage für ihre gemeinschaftlichen Festivitäten bilden, auswendig. Nach und nach werden sie dann in die Rezitationen und Gesänge der Älteren einbezogen. Eine wichtige Rolle kommt dabei dem Vorbeter oder Kantor zu, der die Gesänge intoniert und die Gruppe dirigiert, indem er die Zimbeln (*rolmo*) schlägt. Er leitet zudem die verschiedenen Teile des Rituals ein: lange, oft sehr schnell rezitierte Passagen, Litaneien mit einfachen Melodien und Rhythmen sowie »Koloraturgesänge« (*yang*). Zur Erhaltung dieser feierlichen Gesangstradition, bei der der Text durch bedeutungslose Silben ergänzt wird, die der Weiterführung der Melodielinie dienen, wurden spezielle Notationen (*yang yig*) entwickelt. Dabei werden die Silben oben mit Bogenlinien versehen, die Änderungen der Tonhöhe, der Tonfarbe und der Lautstärke sowie Zäsuren und Pausen angeben. Kleine Kreise, meist unter den Silben, markieren die Einsätze der Trommeln und Zimbeln.

In manchen Klöstern, insbesondere in den tantrischen Konventen Gyutö und Gyume, wird eine besondere Art des Kehlkopfgesangs gepflegt, die so genannte »Tantra-Stimme«, bei der gleichzeitig mit einem sehr tiefen Grundton ein dazugehöriger Oberton erklingt. Diese Technik hat auch westliche Musiker fasziniert, die von einem diphonischen Gesang sprechen und diesen in vielfältiger Weise einsetzen, welche jedoch mit der ursprünglichen Verwendung nichts gemein hat.

Zu den Schüttelinstrumenten gehören die Handglocke (*drilbu*) mit halbzepterförmigem Griff (*dordje*) und die kleine, sanduhrförmige Handtrommel (*damaru*); die bauchige Glocke (*shang*) für die Bönpos, die dem *drilbu* der Buddhisten entspricht; Zimbeln mit kleinem Mittelknauf (*silnyen*), deren kristallklarer Klang für das Opfer reiner Musik steht und die deshalb bei Ritualen für friedvolle Gottheiten eingesetzt werden. Schlaginstrumente sind die große Rahmentrommel (*nga*) und die Zimbeln mit tieferer Tonlage (*rolmo*), die meist als dumpfe Rhythmusinstrumente bei größeren Festen eingesetzt werden. Die kleinen Zimbeln (*tingshak*) klingen hingegen eher grell. Das Schlagholz (*gandi*) dient ausschließlich dazu, die Mönche zur Beichtzeremonie und zu anderen klösterlichen Ritualen zu rufen. Um lange Töne durchhalten zu können, werden Blasinstrumente immer zu zweit gespielt. Hierzu gehören Hörner (*dung*), Trompeten (*kangling*), lange, zusammenschiebbare Hörner (*dungchen*) und Oboen (*gyaling*), die mit Hilfe der Zirkuläratmung gespielt werden. Die Tibeter singen bei allen Gelegenheiten, sei es, um im Takt gemeinsame Arbeiten zu verrichten, um ihrer Freude bei Festtagen oder Hochzeiten Ausdruck zu geben, oder einfach beim geselligen Beisammensein. Trotz der Vielzahl an Dialekten gibt es gewisse Konstanten innerhalb der poetischen Ausdrucksweise, die reich ist an Metaphern und Bildern. Die Lieder (*she*) beinhalten oft eine Liebesbotschaft, wie beispielsweise das dem sechsten Dalai-Lama (1683–1706) zugeschriebene:

> *»Ist die Zeit der Blüten vorbei,*
> *Bekümmert dies die Biene nicht.*
> *Wenn ich von meiner Liebsten getrennt sein muss,*
> *Warum soll ich betrübt sein?«*

Die zentraltibetischen Liedformen *nangma* und *töshe*, die über denselben Aufbau verfügen, stehen im Exil wie in den besetzten Gebieten exemplarisch für die tibetische Volksmusik. Daneben gibt es im Bereich der religiösen Andachtslieder *(gur)* weiter entwickelte Formen, deren berühmteste mit dem Namen des heiligen Dichters Milarepa in Verbindung stehen.

Das Epos von Gesar, dem König von Ling, wurde von Sängern und seltener auch Sängerinnen weitergegeben, die sich auf dieses Heldengedicht spezialisiert hatten. In den Lagern der Nomaden oder in den Dörfern rezitierten sie vor allem in den Wintermonaten über Stunden und Tage hinweg die Taten des legendären Helden: von seiner wunderbaren Geburt über die Thronbesteigung sowie die Siege über die Feinde aus den vier Himmelsrichtungen bis zu seinem Abstieg in die Hölle. Vor einem begeisterten Publikum wechselten sich Prosaerzählungen und Reimlieder ab, wobei den Hauptgestalten des Epos jeweils bestimmte Liedformen zugeordnet waren. Ab dem Ende des 19. Jahrhunderts wurden verschiedene Versionen des Epos schriftlich niedergelegt, zunächst in Manuskriptform, dann gedruckt, so dass immer mehr Menschen Zugang dazu hatten. Gleichzeitig ging damit die Zahl der aktiven Sänger zurück, wenn man einmal davon absieht, dass einige ausgewählte Episoden des Epos in das Bühnenrepertoire aufgenommen wurden. Dennoch gibt es heute einige Amateure, die zwar keine ausgebildeten Sänger sind, aber anhand von gedruckten Texten die Lieder des Epos beherrschen.

Die Ursprünge des *lhamo* (Göttin)- beziehungsweise *ache-lhamo* (Schwester-Göttin)-Theaters, so genannt nach zwei im Prolog auftretenden weiblichen Gestalten, sind im Einzelnen nicht bekannt. Der Überlieferung zufolge soll der Urheber Thangtong Gyalpo (1361–1485 bzw. 1385–1464) gewesen sein, der heilige Brückenbauer. Der sechste Dalai-Lama hat im 17. Jahrhundert viel zur Entwicklung des *lhamo*-Theaters beigetragen, indem er die Bildung halbprofessioneller Schauspieltruppen förderte. Das aktuelle Repertoire umfasst nur etwa ein Dutzend Stücke religiöser und erbaulicher Art. Üblicherweise wurden sie im Hof großer Klosteranlagen oder in den Palästen des örtlichen Adels aufgeführt. Anlässlich des im Hochsommer stattfindenden Festes der geronnenen Milch (*shotön*) wurden sie auch in Lhasa gezeigt.

Das charakteristischste Merkmal dieser Aufführungen sind die koloraturreichen, szenisch dargestellten Lebensgeschichten großer Persönlichkeiten (*namthar,* Leben vollkommener Befreiung), die mit einer vom Publikum sehr geschätzten Falsettstimme dargebracht werden. Die Begleitung der Rezitative und Gesänge war früher auf eine große Zweifelltrommel sowie Zimbeln beschränkt. Heute werden zunehmend auch kleine Instrumentalensembles mit sechssaitigen Lauten, Violen, Flöten und Hackbrettern eingesetzt, teilweise auch mit westlichen Instrumenten wie Gitarre oder sogar Synthesizer.

Seit der Mitte des 20. Jahrhunderts sind die Tibeter gezwungen – sei es in ihrer eigenen Heimat oder im Exil –, sich mit einer fremden Kultur zu arrangieren. Sie mussten Fremdsprachen lernen und anwenden (Hindi, Nepali, Englisch, Chinesisch) und eine Musik hören, die nicht ohne Einfluss auf ihr eigenes musikalisches Empfinden blieb. Während die in den Klöstern gepflegte Musik noch weit gehend den klassischen Vorbildern verhaftet blieb, gilt dies für die weltliche Musik nicht mehr. Unter dem Eindruck der in den letzten Jahren geschaffenen Einrichtungen (wie chinesisch kontrollierte Ensembles oder das tibetische Kulturinstitut TIPA im indischen und westlichen Exil) ist die regionale Musik Tibets Ziel einer zunehmenden Folklorisierung geworden. Damit verbunden ist das Verschwinden bestimmter Stilrichtungen, eine Standardisierung des Repertoires und die Einführung neuer Instrumente. Es setzt sich heute offenbar ein Mischstil durch, der von indischen Akzenten, chinesischem Geist und Einflüssen aus Jazz, Popmusik, Rock und sogar Rap geprägt ist.

»Wie sich ein Regenbogen in den Himmel malt«

Heilige Rituale und Tänze von Matthieu Ricard

Die prächtigen Zeremonien im tibetischen Buddhismus dauern oft einen ganzen Tag oder länger, die großen *drupchen*-Jahresfeste (große Vollendung) sogar bis zu neun Tagen und Nächten ohne Unterbrechung. Im Rahmen dieser rituellen Festivitäten stellen oft Mönche aus farbigem Sand kunstvolle *mandalas* her, die das reine Land einer Gottheit darstellen. Am Ende der Feier wird das *mandala* wieder vernichtet, um an die Vergänglichkeit zu erinnern. Der Sand wird in einen Fluss geworfen. Alle Tiere, die in ihm leben, und alle Wesen, die aus ihm trinken, werden dadurch gesegnet. Bei manchen Anlässen schließen die Zeremonien mit Tänzen, die selbst eine Unterweisung in Bildern sind. Auf diese Weise werden die negativen Kräfte unterworfen, die Wesen zu ihrer höchsten Natur erweckt und vom Leiden erlöst. Für die Mönche sind diese Tänze Meditation und spiritueller Austausch mit der Laiengemeinschaft, die eng mit dem Kloster verbunden ist. Wie die heilige Musik durch das Ohr, der Segen eines spirituellen Meisters durch die Berührung, eine heilige Substanz durch den Geschmack und die Meditation durch den Gedanken befreien, so befreien diese Tänze durch das Auge. »Befreiung« meint Loslösung vom Joch der Seelengifte (Hass, Gier, Verblendung, Stolz und Neid).

Die Legende berichtet, dass sich bei bestimmten Anlässen der Buddha Shākyamuni auf dem Boden Indiens in Gestalt verschiedener Gottheiten manifestierte, die tausend erhabene Tänze ausführten, welche die verschiedenen Facetten ihres Wirkens zum Wohle der Wesen zum Ausdruck brachten. Diese Tänze waren spontan und ohne jede Zurückhaltung. Im *kālachakra*-Tantra heißt es: »Ohne Furcht, ohne Hintergedanken und ohne Anstrengung lässt man aus dem Raum des Geistes göttliche Gesten, unbekannte Tänze und nie gehörte Gesänge hervorquellen.« In Tibet geht die Tradition der heiligen Tänze (*tcham*) bereits auf die Einführung des Buddhismus im achten Jahrhundert n. Chr. zurück. Als der Guru Padmasambhava sich anschickte, die Erde für den Bau des ersten tibetischen Klosters zu weihen, soll er sich in die Luft erhoben und einen Tanz vollführt haben, um die Geister des Erdbodens zu unterwerfen. Die Stelle, auf die dabei sein Schatten fiel, legte in wunderbarer Weise den Grundriss des Klosters von Samye fest. Im Lauf der Zeit wurden die Tänze kodifiziert und mit Erläuterungen an Schüler weitergegeben. Diese Tradition ist bis heute ungebrochen. Große Heilige haben sie stets durch Neuerungen bereichert, die sie in Visionen empfingen. So ist zum Beispiel der akrobatische Heldentanz (*pasham*) von einer Vision des Paradieses Padmasambhavas inspiriert, die der große Meister Pema Lingpa im 15. Jahrhundert empfing. Er beschrieb sie so: »Auf dem Gipfel erhob sich ein Lichtpalast, so weit wie der Himmel. In der Mitte des Palastes saß in einem Raum aus gleißendem Licht und einem Geflecht von Regenbogen der Lotosgeborene. Er war von Bewahrern der Erleuchtung sowie männlichen und weiblichen Gottheiten umgeben, die in unzähligen Bewegungen tanzten und mit einer wohlklingenden Stimme sangen. Sie bildeten eine herrliche Wolke und wirkten in unvorstellbarer Weise zum Wohle der Wesen.« Der Dichter Lochen Dharmashri beschrieb die Tänze so:

»Der Tanz muss aus der Leerheit entspringen,
Frei sein von jeglichen Anhaftungen,
So wie sich ein Regenbogen in den Himmel malt.«

Das bedeutende *drupchen*-Fest, das in Tibet traditionell am zehnten Tag des fünften Mondmonats (Juni) abgehalten wird, ist eines der großen Ereignisse im Jahreslauf und lässt die Gläubigen zu Tausenden herbeiströmen. Auf eine Anregung von Dilgo Khyentse Rimpoche hin ließ man die Feierlichkeiten im Kloster Shechen im nepalesischen Exil alljährlich im April wieder aufleben. Seit 1985 wird das Fest auch wieder in Tibet organisiert. Etwa hundert Tänzer, allesamt Mönche, nehmen daran teil. Das Kloster besitzt eine Vielzahl von Kostümen aus schimmerndem Brokat sowie wunderbare handgefertigte Masken von lokalen Künstlern.

Stets zieht das Fest eine große Zahl von Gläubigen und Zuschauern an. Tagelang sind die Nomaden zu Fuß oder auf Tragtieren unterwegs, um dabei sein zu können. Im Umkreis des Klosters schlagen sie ihre weißen Zelte auf, unzählige helle Tupfen auf dem satten Grün der Wiesen. Sie sind in schwere Schaffelle gehüllt. Die Kinder mit ihren vom Wind geröteten Wangen suchen Zuflucht in den Mantelfalten der Frauen, die ihr Haar mit Korallen, Türkisen und Bernsteinen geschmückt haben. Wenn man die dahinter verborgene Symbolik nicht kennt, muten die dargebrachten Tänze oft etwas schaurig an. So treten zum Beispiel vier Tänzer in Totenkopfmasken und Skelettkostümen auf; sie symbolisieren damit den Tod des Ichs und das Fortschreiten des Geistes zur Erkenntnis. Das Skelett ist zugleich eine Mahnung an die Vergänglichkeit aller Dinge und ein Ansporn zur spirituellen Praxis.

Höhepunkt des Festes ist der »Tanz der acht Manifestationen des Gurus Padmasambhava«, der die Ankunft des Buddhismus in Tibet ins Gedächtnis ruft. Fast zweihundert Mönche nehmen daran teil. Padmasambhava tritt mit prächtigem Gefolge aus dem Tempel hervor und lässt sich auf einem Thron nieder, der in der Mitte des Platzes unter einem Sonnenschirm aus bunter Seide errichtet ist. Die Menschen werfen sich vor ihm und seinem Gefolge nieder und überreichen ihnen Zeremonialschals aus weißer Seide. In einer Atmosphäre intensiver Andacht beginnen nacheinander die acht Manifestationen des Padmasambhava zu tanzen. Nach einem rasenden Finale mit wilden Sprüngen kehren Dorje Drollö, der die friedensfeindlichen Kräfte in der Welt unterwirft, Padmasambhava und sein Gefolge in einer Prozession in den Tempel zurück, begleitet von einer Apotheose der Musik, wehenden Fahnen und religiöser Inbrunst. Mit dem Anbruch der Nacht zerstreuen sich die Besucher allmählich wieder. Bald liegt der Platz verlassen da, an dem soeben noch das Leben pulsierte.

Ein Meister des Tanzes

von Matthieu Ricard

Drudi ist ein 35 Jahre alter Mönch, der in der Nähe des Klosters Shechen in Osttibet geboren wurde. Die chinesische Unterdrückung war zu jener Zeit besonders grausam; die geringste religiöse Betätigung, und war es nur das Murmeln eines Gebets, wurde hart bestraft. Nach der relativen Lockerung, als Mao gestorben war, legte Drudi vor den Ruinen des Klosters die Mönchsgelübde ab. Anfang der achtziger Jahre des vorigen Jahrhunderts wurde auf eine Initiative von Dilgo Khyentse Rimpoche hin der Wiederaufbau des Klosters in Angriff genommen. Alte Mönche, denen über dreißig Jahre lang jegliche religiöse Praxis verboten worden war, konnten nun wieder vorsichtig beginnen, ihr Wissen zu vermitteln. Unter ihnen waren auch Meister heiliger Tänze. Dank ihrer Lehren ist Drudi heute in alle Aspekte dieser Kunst eingeweiht. Nachdem seine Ausbildung abgeschlossen ist, möchte er nun sieben Jahre in Nepal bleiben, um sein Wissen den 250 Mönchen des »neuen« Klosters Shechen in der Nähe von Kathmandu weiterzugeben. Während er seine Schüler aus dem Augenwinkel beobachtet, erläutert er uns, weshalb der *tcham* eigentlich eine Tanzmeditation ist.

Wie allen spirituellen Praktiken liegt auch der Kunst des Tanzes ein dreistufiger Aufbau zugrunde. Zunächst muss der Tänzer eine altruistische Haltung einnehmen, das heißt, das Gelöbnis erneuern, die Erleuchtung zu erlangen. Dann führt er in vollkommener Konzentration seinen Tanz vor. Am Ende beschließt er, seine erworbenen Verdienste dem Wohle aller Wesen zu widmen. Beim Tanz kommt es darauf an, dass der Ausführende die Gottheit klar vor Augen hat, die er darstellt, und sich allmählich vollkommen bewusst wird, dass er selbst die Gottheit ist, da in jedem Wesen die Buddha-Natur per se vorhanden ist. Er darf sich nicht von äußeren Erscheinungen ablenken lassen, sondern muss deutlich erkennen, dass die Welt nur ein Traum, eine Täuschung ist. Sein Geist muss wachsam, heiter, gelassen und frei von jeglichen Anhaftungen sein. Desweiteren muss er darauf achten, die Haltungen und Gesten der im *mandala* dargestellten Gottheiten genau nachzuahmen. Der fünfte Dalai-Lama (1617–1682) erläuterte dies genauer: »Der Tänzer muss die Falten seines Gewandes bewegen wie ein großer Garuda, der sich in die blauen Lüfte schwingt, das Haar schütteln wie der Schneelöwe seine türkise Mähne; sein Körper muss die Anmut eines Tigers haben, der den indischen

Dschungel durchstreift. Seine Bewegungen müssen weit und majestätisch sein, voller Anmut und Leichtigkeit, klar und präzise.« An anderer Stelle heißt es, dass der Tänzer sich so zart wie der Flügelschlag eines Adlers bewegen solle, als würden seine Füße einen Lotos auf den Boden zeichnen, unablässig *mantras* murmelnd.

Es genügt nicht, dass der Tänzer die Bedeutung der Tänze kennt, die er ausführt, er muss darüber hinaus auch über eine authentische Meditationserfahrung verfügen. Ein großer Meister aus dem Kloster Mindroling, auf das auch das Kloster Shechen zurückgeht, schrieb einmal:

> *»Die Geste des Tanzes*
> *Ist wie ein Spiegelbild der Erleuchtung.«*

Es erstaunt daher nicht, dass viele der besten Tänzer zugleich spirituelle Meister sind. Wenn solch eine Persönlichkeit tanzt, leuchtet ihre geistige Reife gleichsam in der Anmut der Bewegungen auf. Im Kloster Shechen wird von einem Mönch erzählt, der die rasenden Gottheiten mit einer solch überwältigenden meditativen Präsenz verkörperte, dass die Zuschauer zu zittern begannen, sobald er die Tanzfläche betrat. Manche der sich stets wiederholenden Tänze, wie zum Beispiel der Wurzeltanz der *nyingmapa*-Tradition, der im Inneren eines Tempels von 21 Tänzern mit schwarzem Kopfputz aufgeführt wird, können bis zu sieben Stunden ohne Unterbrechung dauern. Im Verlauf dieser Aufführung wandelt sich nicht der Tanz, sondern der Geist des Tänzers. Am Ende widmet er die Verdienste, die er durch die Darbringung erworben hat, dem Anliegen, dass er selbst und alle fühlenden Wesen vom Leiden und seinen Ursachen erlöst werden und die Buddhaschaft erlangen mögen. Diese Verdienste sind vergleichbar mit einem Wassertropfen, der in den Ozean fällt: Der Tropfen wird so lange Bestand haben wie der Ozean selbst. Eine spirituelle Praxis, die nicht dem Wohle aller Wesen gewidmet wird, ist hingegen wie eine Schneeflocke, die verdampft.

Erziehung im Exil

von Jetsun Pema

Liebe Kinder, ihr seid alle menschliche Wesen. Anders als Pflanzen und Blumen, die in der Sonnenhitze verwelken oder durch Hagel und Sturm ihre Blätter verlieren, könnt ihr euer Schicksal selbst in die Hand nehmen. Ganz gleich welche körperlichen Leiden einmal auf euch zukommen, ihr müsst euch immer ein ehrliches Herz und einen starken, festen Geist bewahren. Ihr müsst Wissen erwerben und mit den Waffen von Recht und Gesetz kämpfen. Liebe Kinder, ihr steht am Anfang eures Lebens. Werdet mit jedem Tag stärker, und verschwendet nicht eure kostbare Zeit!

Ansprache des 14. Dalai-Lama vor dem Tibetischen Kinderdorf

Das Tibetische Kinderdorf, auch unter der Abkürzung TCV bekannt, wurde 1960 gegründet, kurz nachdem der 14. Dalai-Lama, gefolgt von hunderttausend Flüchtlingen, vor den chinesischen Invasoren nach Indien geflohen war. Das Dorf liegt unweit der indischen Stadt Dharamsala am Fuße des Himalaya und bietet jungen Tibetern Zuflucht, die verwaist oder in großer Not sind. Anfangs mussten wir mit einem enormen Zustrom aus diversen Flüchtlingslagern zurechtkommen. Jeder Tag war ein Kampf ums Überleben, so dass wir hauptsächlich mit der Suche nach Arbeit und der Besorgung von Nahrungsmitteln beschäftigt waren. In erster Linie galt es, dem Leben der Flüchtlinge wieder Sinn zu geben und ihr Selbstbewusstsein zu stärken. Unser Volk litt an Mangelernährung und lebte unter elenden Bedingungen in Zelten; die Menschen arbeiteten im Steinbruch für den Straßenbau.

Tibetische Ausbildungseinrichtungen im indischen Exil gibt es seit den sechziger Jahren. Zu Beginn hatten wir nur vier Schulen. Heute, vierzig Jahre später, werden in Indien, Nepal und Bhutan an achtzig Schulen zur Zeit 30 000 Schüler unterrichtet; 44 000 haben ihre Ausbildung bereits abgeschlossen. Eine neuere Erhebung zeigt, dass 99 Prozent aller tibetischen Kinder eine Schule besuchen. Wir haben zwar unser Land verloren, aber dank des Weitblicks des Dalai-Lama war und ist die Ausbildung im Exil unsere höchste Priorität. Um eine demokratische Exilgemeinde aufzubauen, hat er weit reichende Änderungen in die Wege geleitet. Denn damit unsere jungen Leute ein Urteilsvermögen entwickeln und Verantwortung für das Schicksal des tibetischen Volkes übernehmen können, benötigen sie eine gute Ausbildung. Wir kümmern uns deshalb darum, innerhalb und außerhalb der Exilgemeinde Arbeitsplätze für unsere Schul- und Collegeabgänger zu finden.

In Tibet selbst haben die Behörden seit der chinesischen Invasion 1949 nichts unternommen, um die Qualität der Ausbildung zu verbessern. Das Erziehungssystem zielt nur auf die politische, soziale und kulturelle Indoktrination ab. Die chinesischen Behörden nehmen tibetische Kinder willkürlich in Haft und halten sie monate- und jahrelang fest, ohne auch nur der Form halber ein Gerichtsverfahren einzuleiten. Sie weigern sich, die Kinder in ihrer Muttersprache zu unterrichten und verletzen damit deren kulturelles Recht, als Tibeter behandelt und ausgebildet zu werden. Die Lehrer machen regelmäßig von körperlichen Strafen Gebrauch, die teilweise nach internationalem Recht als Folter anzusehen sind. Die meisten tibetischen Kinder haben keinen Zugang zu angemessenen Bildungseinrichtungen, weil zum einen die Gebühren sehr hoch sind, und zum anderen in abgelegenen Gegenden nur wenige Schulen existieren. Zudem haben die Eltern keine Beziehungen und können kein Bestechungsgeld zahlen. Oftmals werden die Kinder in weitaus schlechter ausgestatteten Grundschulen untergebracht als die chinesischen Kinder, und in gemischten Schulen sind sie Diskriminierungen aller Art ausgesetzt. Außerdem leiden sie auf dem Land und in Nomadengebieten unter einer unzureichenden medizinischen Versorgung.

Die Folge ist, dass immer mehr verzweifelte Familien ihre Kinder auf die gefährliche Reise quer durch den Himalaya schicken, damit sie im Tibetischen Kinderdorf eine gute Ausbildung erhalten. Jeden Monat heißen wir etwa sechzig Kinder und Teenager willkommen, die heimlich aus Tibet geflohen sind. Weil sie zeitlebens von den Chinesen verachtet wurden, andererseits aber nur Chinesisch lesen können, sind sie oftmals voller unkontrollierter Aggressionen. So ist es unsere Pflicht, ihnen durch den Unterricht in ihrer eigenen Sprache ihre Würde zurückzugeben.

Finanziell gesehen stehen wir vor großen Problemen. Manchmal haben wir nur ein Bett für zwei oder drei Kinder, und die Klassenzimmer sind überfüllt. Unser Hauptproblem ist der Neubau von Schulen. Da die meisten unserer mehreren Tausend Kinder ihre Familien nicht besuchen können, müssen wir die gesamte Zeit für sie sorgen, bis ihre Ausbildung abgeschlossen ist. Wir brauchen Geld, um sie mit Essen und Kleidern zu versorgen. Darüber hinaus müssen wir die Erzieher bezahlen, auch während der Schulferien. Die Arbeit des Tibetischen Kinderdorfs beschränkt sich also nicht auf die Schulbildung! Natürlich wäre alles, was wir bis jetzt erreicht haben, nicht möglich gewesen ohne den Segen und die stetige Führung des Dalai-Lama, die Großzügigkeit unserer vielen Sponsoren aus 42 Ländern der Erde und der Entwicklungshilfefonds, die uns in den vergangenen vierzig Jahren unterstützt haben. Unser aufrichtiger Dank gilt auch der indischen Regierung und ihrem großartigen Volk; sie haben sich immer großherzig gezeigt und die Tibeter gastfreundlich aufgenommen, die dieses Land liebevoll »Heimat fern der Heimat« nennen.

Auch wenn wir unser Land verloren haben, sind wir ein Volk, das durch unsere gemeinsamen Werte und unsere Kultur zusammengehalten wird. Im Exil durchlaufen wir unweigerlich einen Prozess der Assimilation, und dadurch gerät die Existenz der tibetischen Sprache, die das Medium unserer Werte und unserer Kultur ist, in Gefahr. Aus diesem Grund halten wir es für wesentlich, unsere Kinder in ihrer Muttersprache zu unterrichten. Wir haben Schulbücher verfasst, die die tibetische Kultur als Ganzes darstellen und ein breites Fächerangebot abdecken, das unmittelbar mit der tibetischen Tradition zu tun hat. Gleichzeitig wollen wir unseren Kindern eine zeitgemäße Erziehung geben. Seit 1993 bieten wir Kurse in Informatik und Kommunikationstechnologie an. Außerdem richten wir eine eigene Schule für hoch begabte Kinder ein. Im Tibetischen Kinderdorf verfolgen wir nicht nur das Ideal, gute Schüler heranzuziehen, wir wollen die Kinder auch dabei unterstützen, gute Menschen zu werden. Deshalb sorgen wir für eine moderne Ausbildung, die in den humanen Werten des Buddhismus wurzelt. Vermeiden wollen wir hingegen blinden Glauben, der bedeutungslos ist, und Aberglauben, der die Menschen in die Irre führt. In unserem Erziehungssystem legen wir großen Wert auf die Eigenverantwortung des Schülers, eine wichtige Voraussetzung für die harmonische Entwicklung seines Lebens. Der Grundbaustein unseres Dorfes ist die Familie. Durch Pflichtgefühl, Solidarität und das Bestreben, anderen ein gutes Vorbild zu sein, versuchen wir, eine familiäre Atmosphäre zu schaffen. Mitgefühl ist der Wesenskern der buddhistischen Lehre, und wir bringen den Kindern von früher Jugend an bei, sich um alle lebendigen Geschöpfe zu sorgen. In unseren Schulen setzen wir dies in die Tat um, indem wir zum Beispiel unseren indischen Nachbarn helfen. Alte Leute gehören auch zu den »Familien« im Dorf. Sie werden von den Kindern versorgt, die ihnen das Essen bringen und ihnen Gesellschaft leisten. So können die alten Menschen am Dorfleben teilnehmen und die lebendige Erinnerung an unsere Traditionen an unsere Kinder weitergeben. Die tibetische Kultur muss auf jeden Fall bewahrt werden. Sie umfasst menschliche, spirituelle und moralische Werte, die Teil des Welterbes sind und der gesamten Menschheit viel zu bieten haben. Als Bürger der Welt und in dem Bewusstsein, dass alle Nationen voneinander abhängig sind, wollen wir die unverzichtbaren Werte des Mitgefühls und der Toleranz vermitteln und hoffen, damit zum Frieden in der Welt beitragen zu können.

Plädoyer für die Unabhängigkeit Tibets

von Jamyang Norbu

Der Kampf um die Unabhängigkeit Tibets steuert auf eine tiefe Krise zu. Allein die Frage der tibetischen Identität, nicht nur als Nation, sondern selbst als historische Tatsache, ist heftig unter Beschuss. Jiang Zemin hat den Dalai-Lama aufgefordert, sich nicht nur vom Gedanken der tibetischen Unabhängigkeit zu verabschieden, sondern auch von der Vorstellung, dass es in der Vergangenheit jemals ein freies Tibet gegeben hat. Doch der Umstand, dass Tibet im Lauf seiner wechselvollen Geschichte zeitweise von fremden Mächten erobert wurde beziehungsweise einige tibetische Herrscher militärische Unterstützung aus dem Ausland erhalten haben, um die politische Kontrolle über das Land aufrechtzuerhalten, beeinträchtigt keineswegs Tibets berechtigten Status als freie Nation. Vermutlich gibt es kein Land auf der Welt, das nicht irgendwann einmal von einem anderen beherrscht wurde. Wenn überhaupt könnten gewiss nur wenige Mitgliedsstaaten der Vereinten Nationen ihre staatliche Selbstständigkeit einfordern, wenn sie eine bruchlose Geschichte einer kompromisslosen Unabhängigkeit vorweisen müssten.

Nur wenige Völker der Welt sind durch das Land, in dem sie leben, so klar definiert wie die Tibeter. Diese nationale Identität ist nicht nur durch die Geschichte und die Religion entstanden, sondern tief im Land selbst verwurzelt. Die Tibeter sind Menschen, die schon immer auf jener großen Hochebene abgeschieden vom Rest der Welt gelebt haben. Wer aus den Niederungen Nepals, Indiens und Chinas nach Tibet reist, erlebt einen unverkennbaren, dramatischen Eintritt in eine andere Welt. Überdies ist es den Tibetern schon sehr früh gelungen, durch die Einigung der verschiedenen Königreiche und Stämme eine starke Nationalidentität zu schaffen, die über die bloß lokale Zusammengehörigkeit hinausgeht.

Doch hinter der Fassade von Diskotheken, Karaoke-Shows und Drei-Sterne-Hotels wird heute eine kalt und unzweideutig formulierte Politik der »gnadenlosen Unterdrückung« und des »harten Durchgreifens« vollstreckt. Die Zwangsarbeitslager *(laogai)*, die Polizei, das Büro für Öffentliche Sicherheit (PSB oder *gonganju*), die Bewaffnete Volkspolizei (PAB), die Armee, das System der »gegenseitigen Überwachung« *(danwai)*, das durch Arbeitsverbände, Umerziehungsteams, Abteilungen für Nachbarschaftssicherheit und allgegenwärtige Informanten realisiert wird – all diese Organisationen arbeiten ganz offen und ungeniert. Sie werden in keiner Weise durch Institutionen gebremst, die auch nur im Entferntesten mit unabhängigen Gerichten, einer freien Presse oder Bürgergruppen vergleichbar wären. Auch Stimmen von moralischer oder religiöser Autorität kommen nicht zu Gehör. Bezeichnenderweise gibt es keinen einzigen Journalisten der internationalen Medien in Tibet, und von aufsässigen Studenten kann nicht die Rede sein. Selbst in den am schlechtesten regierten Ländern der Welt existiert die eine oder andere dieser Institutionen, um eine absolutistische Tyrannei, wie sie von den chinesischen Führern in Tibet ungestraft ausgeübt wird, zu behindern beziehungsweise zu vereiteln.

1998 hat Chen Kuiyuan, damals Sekretär der Kommunistischen Partei Tibets (und mächtigster Mann des Landes), in aller Deutlichkeit formuliert, dass einer vollständigen Integration Tibets innerhalb Chinas die tibetische Identität entgegenstünde. Der Gebrauch der tibetischen Sprache wird durch die offizielle chinesische Politik offen missbilligt, so dass sie in ihrer Existenz bedroht ist. Nur ein Beispiel für die rigorose Durchsetzung dieser Politik ist die Vertreibung von dreitausend Nonnen aus dem Serthar-Kloster in Osttibet im Juni 2001; dabei wurden die 1800 Unterkünfte der Nonnen dem Erdboden gleichgemacht. Die Frauen ziehen nun obdachlos durchs Land. Der junge Karmapa, ein von den Chinesen akzeptierter inkarnierter Lama, wurde ins Exil nach Indien getrieben, ebenso Agya Rimpoche, der von Peking ernannte Abt des Kumbum-Klosters. Und der vom Dalai-Lama anerkannte junge Panchen Lama ist, wie alle Welt weiß, spurlos verschwunden.

Die Hoffnung auf einen autonomen Status unter chinesischer Herrschaft ist nicht realistisch, da die Voraussetzung dafür ein chinesisches System wäre, das flexibel oder tolerant genug ist, abweichende politische oder gesellschaftliche Systeme innerhalb Chinas zu dulden. Autonome Gebiete sind in einer Nation wie etwa Indien vorstellbar, weil hier ein wirklich funktionierender multikultureller und multiethnischer Staatsaufbau vorhanden ist und demokratische Institutionen – wie Verfassung, freie Presse und Wahlen, unabhängige Rechtsprechung – die Regierung daran hindern würden, die Rechte anderer Gruppen zu beschneiden.

Der Grundsatz »eine Nation, zwei Systeme«, der für Hongkong galt, war eine Ausnahme, weil er sich für Peking als enorm vorteilhaft erwies. Hätte China diese Konzession nicht gemacht, wäre wahrscheinlich das Vertrauen in den Wirtschaftsstandort Hongkong geschwunden, und China wäre in eine ökonomische Katastrophe geraten. Doch anders als die Bürger Hongkongs sind die Tibeter leidenschaftlich davon überzeugt, dass sie sich in jeder Hinsicht – kulturell, ethnisch, sprachlich und charakterlich – von den Chinesen unterscheiden. Selbst wenn sich die wirtschaftliche Situation der Tibeter entschieden verbessern würde (was bisher nicht der Fall war), würde sich ihre Einstellung in dieser Hinsicht kaum ändern.

Es besteht kein Zweifel, dass die Lage Tibets düster aussieht, vor allem in Anbetracht der chinesischen Immigration. Doch dieser Umstand bedeutet noch lange nicht, dass es dafür keine Lösung gäbe. Stalin überschwemmte einst kleine, nichtrussische Nationen wie Litauen, Lettland und Estland mit russischen Einwanderern, und die ganze Welt dachte, diese Länder würden von der Landkarte verschwinden. Doch heute sind sie unabhängig, bekennen sich zu ihrer Flagge, sprechen ihre eigene Sprache und leben in Freiheit.

Der wichtigste, häufig unausgesprochene Grund für die Überzeugung vieler Leute, dass die Unabhängigkeit letztlich unerreichbar sei, besteht darin, dass sie sich unbewusst mit der Unantastbarkeit der chinesischen Macht abfinden. Es versteht sich von selbst, dass diese Einstellung nicht dem Geist des Buddhismus entspricht. Denn die entscheidende Lehre des Buddha besagt, dass alle Phänomene vergänglich sind. Das gefällige Bild, das die westlichen Medien von China als dynamischem, modernen Land mit einer aufregenden, stets wachsenden Wirtschaft zeichnen, bestärkt gewiss viele in der Meinung, China sei unbesiegbar. In Wirklichkeit befindet sich China in einer tiefen Krise. All der Lärm um das Wirtschaftswunder lenkt nur ab von der Misere des ganzen Systems. China versucht durch einen harten antidemokratischen Kurs den Problemen, die sich Russland nun stellen, zu entkommen, aber damit werden die Konsequenzen einer fünfzig Jahre währenden verheerenden kommunistischen Herrschaft bestenfalls verzögert. Die Korruption und Inkompetenz der Beamtenschaft ist unfassbar. Ein alarmierender Niedergang der Landwirtschaft, wachsende Wasserknappheit, katastrophale Umweltprobleme und die um sich greifende staatliche Ausbeutung der Bauern haben zu massiven Bevölkerungsverlagerungen vom Land in die bereits überfüllten Städte geführt. In den maroden Fabriken und auf dem Land kommt es immer öfter zu Unruhen. Großdemonstrationen und Krawalle von chinesischen Bauern und Arbeitslosen sind inzwischen an der Tagesordnung, so dass die Polizei es aufgegeben hat, die Teilnehmer festzunehmen und sich darauf beschränkt, die Anführer ins Gefängnis zu werfen oder in Arbeitslager zu stecken.

Wie Simon Leys, einer der besten Kenner der Gegenwart, sagt, ist die Kommunistische Partei »zynisch und vollkommen unglaubwürdig geworden. Sie hat sich in eine Mafia von Opportunisten verwandelt, die in allen Bereichen, die nicht ihrem persönlichen Vorteil dienen, vollkommene Inkompetenz beweisen«. Es ist durchaus denkbar, dass das Land bald in Anarchie und Chaos stürzt. In diesem Fall würden sich gewiss Möglichkeiten eröffnen, die tibetische Unabhängigkeit zu erkämpfen.

Andererseits erreichen wir unsere Unabhängigkeit nicht einfach, indem wir auf die Selbstzerstörung Chinas warten. Die Tibeter könnten zu diesem Prozess aktiv beitragen, indem sie innerhalb Tibets die Destabilisierung förderten und internationale Wirtschaftsmaßnahmen gegen China organisierten. Selbst auf individueller Basis könnten wir etwas bewirken, wenn wir auf den Kauf chinesischer Produkte verzichteten.

Heute genießt Tibet in aller Welt eine herausragende Aufmerksamkeit und Sympathie. Dass sich daraus nicht selbstverständlich auch eine politische Unterstützung für die Unabhängigkeit ableitet, ist beklagenswert. Aber die Möglichkeit, dieses internationale Wohlwollen in aktive Unterstützung für den Freiheitskampf zu verwandeln, ist zum Greifen nahe. Man braucht nicht viel Fantasie, um zu sehen, dass wir den wirtschaftlichen und diplomatischen Interessen Chinas in aller Welt schweren Schaden zufügen könnten, und zwar nur durch friedlichen Aktivismus – wenn wir unsere Ziele in Zukunft klarer definierten und entschiedener verfolgten. Die wahren Schlachten um nationale Freiheit werden vor Ort von verzweifelten Menschen ausgetragen, die nicht nur ihr Ansehen und ihre Karriere, sondern oft auch ihr Leben zu opfern bereit sind. Der unbeugsame Kampf eines Aung San Suu Kyi oder Nelson Mandela beflügeln freiheitsliebende Menschen in aller Welt.

1. Das Ziel muss eine aktive Bekämpfung der chinesischen Tyrannei sein. Wir müssen Mittel und Wege suchen, diese Tyrannei – in Tibet selbst und in der ganzen Welt – anzuprangern, selbst wenn das Vergeltungsmaßnahmen und Repressalien seitens der Chinesen zur Folge hat. Der Kampf in Tibet würde neuen Antrieb erhalten, wenn von außen nicht nur Sympathie beigesteuert würde, sondern die Menschen mit Geld, Ideen, ausgebildetem Personal und neuer Technologie unterstützt werden könnten.
2. Die Taten und Opfer der Patrioten müssen angemessen gewürdigt werden. Bisher haben wir es versäumt, die Opfer jener heroischen Männer und Frauen anzuerkennen, die ihr Land und ihr Volk höher achten als ihr eigenes Leben.
3. Die Demokratie muss das Fundament für den Freiheitskampf sein. Nur in einer wahrhaft demokratischen Gesellschaft werden Kreativität, Ideen und eine neue Führung auch Wirkung zeigen. Zwar wurde durch die Einführung der Demokratie im Exil ein Anfang gesetzt, aber es bleibt noch viel zu tun.

4. Die Hilfe suchende Mentalität der Menschen muss überwunden werden. Selbstverständlich brauchen wir die Unterstützung durch verschiedene Menschen und Nationen, aber wir dürfen uns nicht ausschließlich auf Beistand von außen verlassen. Es geht nicht darum, Hilfe zu verweigern, sondern zwischen notwendiger Unterstützung und bemitleidenswerter Abhängigkeit zu unterscheiden. Überdies verfolgt jede Nation ihre eigenen Interessen, die unter Umständen unseren zuwiderlaufen oder einfach nicht mit unseren Vorstellungen übereinstimmen.
5. Die tibetische Gesellschaft braucht dynamische und fortschrittliche Impulse. Dies steht keineswegs im Widerspruch zum Buddhismus, der tiefgründiges philosophisches und wissenschaftliches Denken mit schlichtem Volksglauben vereint. Aber wir müssen uns eingestehen, dass Tibeter an Aberglauben und Traditionen festhalten, die rückständig und schädlich sind und keineswegs mit den Lehren des Buddha übereinstimmen. Wir müssen ganz bewusst eine Modernisierung unserer Gesellschaft im Sinne der Reformen der Meiji-Zeit in Japan oder der Bengalischen Renaissance anstreben.
6. Die tibetische Politik muss säkularisiert werden. Auch wenn Tibet immer eine buddhistische Nation bleiben wird, muss die Regierung im Wesentlichen weltlich geprägt sein, sich auf das Feld der Politik beschränken und als oberste Priorität die Souveränität des Landes verteidigen und die Sicherheit und das Wohlergehen der Bevölkerung gewährleisten.
7. Die nationale Politik muss realistisch formuliert werden. Als Buddhisten sollten wir Tibeter auf Gewalt verzichten, es sei denn um unser Land zu verteidigen oder um das Überleben des tibetischen Volkes zu sichern. Dabei sollten wir uns vom politischen Testament des großen 13. Dalai-Lama leiten lassen: »Gebraucht friedliche Mittel, wenn sie angemessen sind; sind sie aber nicht angemessen, so zögert nicht, auf energischere Mittel zurückzugreifen.«
8. Die Souveränität Tibets ist heilig, unumstößlich und von allergrößter Bedeutung. Die Freiheit Tibets darf bei Verhandlungen niemals zur Disposition stehen, sie ist weder Notlösung noch Strategie. Sie ist unser heiliges Ziel. Zu oft in unserer Geschichte haben wir langfristige, ja fundamentale Interessen zugunsten kurzfristiger Vorteile geopfert. So war 1951 Amerika bereit, unsere Unabhängigkeit anzuerkennen, allerdings unter der Voraussetzung, die tibetische Regierung hätte das 17-Punkte-Abkommen abgelehnt.

Wir sind durchaus imstande, mit den Chinesen in Frieden und Freundschaft zu leben, aber erst wenn wir die Freiheit und Unabhängigkeit für unser Land wiedererlangt haben. So ist es für das tibetische Volk von größter Bedeutung, seine Grundsätze in der Unabhängigkeitsfrage nicht zu verwässern, auch nicht angesichts von Hindernissen und Verfolgung. Damit die Tibeter ihre Identität, Kultur und Religion bewahren können, muss die Hoffnung auf ein freies Tibet weiterleben. Der chinesische Schriftsteller Lu Xun sagte einmal: »Hoffnung kann man weder bekräftigen noch leugnen. Sie ist wie ein Pfad durch das Land: Am Anfang gab es noch keinen, da die Menschen jedoch unentwegt an derselben Stelle gingen, zeigte sich bald ein Weg.«

Die Zukunft Tibets

Seine Heiligkeit, der 14. Dalai-Lama

In Tibet verschlimmert sich die ohnehin schon schwierige Lage zusehends – nicht nur hinsichtlich der allgemeinen kulturellen Situation, sondern insbesondere für den Buddhismus. Es ist allgemein bekannt, dass die Menschenrechte tagtäglich missachtet werden und die Umwelt ausgebeutet wird. Kurz, Tibet ist das Opfer eines kulturellen Genozids. Doch die Kraft der tibetischen Seele ist ungebrochen, und die Menschen legen trotz der widrigen Umstände einen bemerkenswerten Willen an den Tag, ihre Kultur zu bewahren.

Die Ereignisse in Tibet lösen tiefe Verzweiflung aus. Dennoch bleibe ich optimistisch, denn die Dinge verändern sich, und dem kann sich auch die Volksrepublik China nicht verschließen. Vergleicht man die heutige Lage mit derjenigen vor fünfzehn oder zwanzig Jahren, stellt man erhebliche Unterschiede fest. Das gilt vor allem für die Intellektuellen, die meinen Bemühungen um eine für beide Seiten akzeptable Lösung positiv gegenüberstehen und mein Vorgehen unterstützen.

Auch den Chinesen wird die aktuelle Situation in Tibet zunehmend bewusster. Denn kein Mensch kann umhin, sich angesichts von Ungerechtigkeit und Leid betroffen zu fühlen und für die Opfer Sympathie zu empfinden, auch wenn die Hauptsorge nach wie vor der ökonomischen Entwicklung und der Stabilität des Landes gilt. Doch weder Gewalt noch Zwang können eine stabile Regierung herbeiführen. Eine solche Haltung erzeugt nur negative Gefühle.

Ich bin überzeugt davon, dass der von mir gewählte Mittelweg der Einzige ist, der auf Dauer Stabilität und nationale Einheit garantieren kann. Denn im Grunde wünschen wir uns ein gutes Einvernehmen mit den Chinesen. China muss aber seinerseits die freie Ausübung unserer Religion und Kultur sowie eine Wiedergutmachung der Schäden garantieren, die es diesbezüglich verursacht hat. Die Chinesen geben stets vor, dass in Tibet alles zum Besten bestellt sei und die Tibeter durchaus glücklich seien. Nur einige Exilanten, so behaupten sie, wollten im Ausland Probleme herbeireden. Doch wenn die Menschen in Tibet wirklich so glücklich wären, welchen Grund hätten dann die Exilanten, diese Behauptung aufrechtzuerhalten? Ich wäre im Gegenteil der Erste, der darüber äußerst erfreut wäre.

In der gegenwärtigen Situation ist das Exil eine Notwendigkeit, da es uns die Freiheit gewährt, unsere Ideale zu verfolgen. Um die tibetische Kultur weiterhin bewahren zu können, haben wir uns vor vier Jahren dazu entschlossen. Wir sind stolz darauf, dass es uns gelungen ist, unsere Kultur in ihrer ganzen Authentizität zu erhalten. Da wir die Chinesen als unsere Brüder und Schwestern betrachten, macht uns auch ihr Schicksal betroffen. Das Mitgefühl ist unabhängig von der Einstellung der Person, der man es entgegenbringt; Betroffenheit gegenüber einem wohlwollenden Menschen zu empfinden, wäre kein wahres Mitgefühl. Selbst wenn mir der andere feindlich gesonnen ist, ist er doch ein Mensch. Wie wir alle fürchtet er sich vor Leid und strebt nach Glück, und es ist sein gutes Recht, dem Leid aus dem Weg zu gehen und das Glück zu suchen. Ein solches Denken befähigt uns dazu, sich um das Wohl des anderen zu sorgen. Das ist die Grundlage für ein wahres Mitgefühl.

Die Nächstenliebe ist untrennbar mit dem Begriff der gegenseitigen Abhängigkeit verbunden, das heißt mit der Vorstellung, dass etwas nur in Verbindung mit etwas anderem bestehen kann. Alles in unserem Leben ist das Ergebnis von Ursache und Wirkung. Keine Veränderung, kein Ereignis treten ohne eine Reihe von Ursachen ein. Daraus folgt, dass unser Glück und Leid eng mit dem der anderen verbunden sind. Wenn das Wohlbefinden der Menschheit von ihrer Umgebung abhängt, so hängt das Glück des Einzelnen von seiner Geisteshaltung ab. Um zu wissen, was zu tun und was zu unterlassen ist, darf man dieses komplexe Geflecht nicht außer Acht lassen. Der Wunsch, Liebe und Zärtlichkeit ebenso zu geben wie zu empfangen, beweist diese Wechselbeziehung. Würde unser Wohlergehen aus sich selbst heraus bestehen ohne von anderen abzuhängen, hätte die Liebe keine Daseinsberechtigung.

Die Gründe, weshalb ich unbeirrbar an der Position der Gewaltlosigkeit festhalte, auch wenn manche zum bewaffneten Widerstand gegen China raten, sind spiritueller aber auch praktischer Natur. In theoretischer Hinsicht glaube ich, dass die Liebe ein unabdingbarer Bestandteil der menschlichen Natur ist. Einen Konflikt mit Vernunft statt mit Gewalt zu lösen, gibt uns das befriedigende Gefühl, gerecht zu handeln. Der Einsatz von Gewalt hingegen würde zwangsläufig auch beim anderen dauerhafte Ressentiments auslösen, die zur Grundlage neuer Konflikte werden würden. Es ist natürlich schwierig, von jemandem einen plötzlichen Sinneswandel zu verlangen, wenn sich nicht zuvor seine Geisteshaltung gewandelt hat. Doch ich bin zur Überzeugung gelangt, dass man die Haltung des anderen letztlich nur durch vernünftige und gütig vorgebrachte Argumente beeinflussen kann. Die Geschichte der Menschheit beweist, dass der Einsatz von Gewalt stets neue Gewalt hervorgebracht hat. Sie gleicht oft einem allzu starken Medikament, das zwar die Krankheit besiegt, doch dessen Nebenwirkungen die Gesundheit schädigen. Die Gewaltlosigkeit hingegen steht in tiefem Einklang mit unserer Natur.

Ob wir es akzeptieren oder nicht, Tibet und China waren schon immer Nachbarn und werden es immer bleiben. Es ist also von elementarer Bedeutung, dass die beiden Länder sich wieder als Freunde sehen. Sowohl die Chinesen als auch die Tibeter sollten über die Vorteile nachdenken, die aus einer solchen Haltung resultierten. Wir Tibeter haben bereits unendlich viel gelitten, warum sollten wir unsere Probleme durch den Einsatz von Gewalt noch vergrößern? Ein Herz zu haben für die Belange des anderen, das ist das Wichtigste überhaupt.

Auszug aus einem im Februar 1998 in Dharamsala gegebenen Interview.

Ein Jahrhundert des Dialogs

Seine Heiligkeit, der 14. Dalai-Lama

Von den rund sechs Milliarden Einwohnern unserer Erde behaupten viele, sie seien Christen, Juden, Moslems, Buddhisten oder anderer Konfession, nur weil es sich um die Religion ihrer Eltern handelt. Doch es gibt nur wenige, die im Grunde ihres Herzens wirklich gläubig sind. Es scheint so, als würden die meisten Menschen der Religion keine wahre Bedeutung mehr beimessen.

Auf der anderen Seite gibt es verschiedene lebendige Religionen, von denen jede über besondere Praktiken und metaphysische Auffassungen verfügt. Manch einer würde sich wünschen, es gäbe nur eine, und zwar die seine, doch diese Haltung ist unrealistisch. Sowohl unsere Charaktere als auch unsere Erwartungen sind so unterschiedlich, dass letztlich die Religionen diese Vielfalt widerspiegeln. Ich persönlich bin buddhistischer Mönch, ich glaube an den Buddhismus, weil ich ihn studiert und praktiziert habe. Natürlich bin ich davon überzeugt, dass der Buddhismus für mich der beste Weg ist. Aber wie könnte ich es wagen zu behaupten, er sei für alle Menschen der beste Weg? Die Ablehnung anderer Religionen führt nur zu Intoleranz und Fanatismus. Dafür gibt es täglich tragische Beispiele. Einer der Gründe für diese Exzesse ist meiner Ansicht nach unsere allzu oberflächliche Haltung. Wir begnügen uns oft mit der Behauptung: »Ich glaube an diese oder jene Religion.« Doch einer Religion anzuhängen, reicht noch nicht aus, um ihren Reichtum zu erfassen. Das Entscheidende ist eine tiefe innere Überzeugung. Ließe man sich wirklich auf eine spirituelle Erfahrung ein, würde man erkennen, dass auch die anderen Wege Wohltaten hervorbringen.

Die intolerante Einstellung ist auch darauf zurückzuführen, dass die Vertreter der verschiedenen religiösen Richtungen die anderen Traditionen gar nicht oder nur wenig kennen. Dabei würden interreligiöse Treffen der eingeschränkten Wahrnehmung ganz natürlich ein Ende setzen.

Heutzutage ist eine große Hinwendung zum Buddhismus, vor allem zum tibetischen Glauben zu beobachten. Für viele ist aber nur der exotische Aspekt anziehend. Sie sagen sich: »Endlich etwas anderes, Einzigartiges und Aufregendes.« Doch die einfache Suche nach etwas Neuem kann keine dauerhaften Früchte tragen.

Andere interessieren sich ernsthaft für den Buddhismus, seine Philosophie, seine Ethik und seine Meditationstechniken. Sie studieren und praktizieren sie, um sich innerlich zu verändern. Einer wachsenden Anzahl von ihnen gelingt es, im tibetischen Buddhismus Methoden zu finden, um negative Emotionen wie Begierde oder Hass zu zügeln und stattdessen Liebe und Mitgefühl zu entwickeln. Ich denke, diese Menschen werden mehr Beständigkeit beweisen und tatsächlich eine wohltuende Wirkung verspüren.

Es ist offensichtlich, dass man seine innere Überzeugung berücksichtigen und den Weg wählen muss, der dem eigenen Wesen am meisten entspricht. Deshalb bin ich der Meinung, dass man auch in anderen Religionen bestimmte Elemente finden kann, die beseelen und die Möglichkeit eröffnen, den eigenen Glauben zu vertiefen. So haben mir christliche Brüder und Schwestern erzählt, sie hätten in den kontemplativen buddhistischen Praktiken ein Mittel gefunden, die Lehre Christi besser umzusetzen. Ebenso bin ich überzeugt davon, dass die Buddhisten viel von den Christen lernen könnten, vor allem was den Dienst am Nächsten angeht. Dennoch ist es im Allgemeinen sinnvoller, dem spirituellen Weg und den Bräuchen seines eigenen Landes zu folgen, mit denen man aufgewachsen ist und die auch die Vorfahren schon praktiziert haben. Deshalb ist es für mich immer schwierig, die buddhistische Lehre im Westen zu vermitteln, denn ich fürchte, dadurch allzu viele Menschen zu einem überstürzten Religionswechsel zu bewegen.

Wie auch immer, das Wichtigste ist, ein glückliches und sinnerfülltes Leben zu führen. Damit das Leben aber einen Sinn erhält, muss es zum Wohl der anderen beitragen. Denn es ist absurd, allein glücklich sein zu wollen, während die anderen leiden. Die menschliche Gesellschaft ist vielmehr von gegenseitiger Abhängigkeit und Wertschätzung geprägt. Wie kann man beispielsweise durch Reichtum glücklich werden, wenn es denen, die mit uns leben, an allem mangelt? Den anderen möglichst viel Gutes zu tun, steigert auch das eigene Wohlbefinden.

Ich habe das 20. Jahrhundert oft als das »Jahrhundert der Gewalt« bezeichnet. Es scheint, als hatte diese Gewalt zumindest einen Vorteil: Sie hat die Menschheit dazu gezwungen, reifer zu werden. Mehr als früher wird heute von Mitgefühl und Gewaltlosigkeit gesprochen. Wenn wir uns wirklich darum bemühen, könnte das 21. Jahrhundert ein »Jahrhundert des Dialogs« werden. Das wäre mein innigster Wunsch.

Die Autoren

Seine Heiligkeit, der 14. Dalai-Lama Tenzin Gyatso, das geistliche und weltliche Oberhaupt der Tibeter, wurde am 6. Juli 1935 in Taktser im Nordosten von Tibet als Kind von Bauern geboren. Im Alter von zwei Jahren wurde er als Reinkarnation seines Vorgängers erkannt, des 13. Dalai-Lama, des Buddhas des Mitgefühls (Avalokiteshvara). Am 22. Februar 1940 wurde er in Lhasa inthronisiert. Die Tibeter nennen Seine Heiligkeit *Yeshin Norbu* oder *Kundun*, »Gegenwart«. 1989 wurde ihm der Friedensnobelpreis verliehen. Bei dieser Gelegenheit bekräftigte er seine Überzeugung, »dass Tibet mit den Waffen der Wahrheit, des Mutes und der Entschlossenheit befreit werden kann. Unser Kampf muss frei von Hass und Gewalt bleiben.«

Monisha Ahmed, Anthropologin, hat an der Universität Oxford mit einer Arbeit über die Tradition der Webkunst promoviert. Sie ist Mitbegründerin des Ladakh Arts and Multicultural Outreach Trust und arbeitet mit den Kunsthandwerkern und Künstlern Ladakhs.

Matthew Akester ist selbstständiger Forscher und auf die Geschichte, Geografie und die Denkmäler Zentraltibets spezialisiert.

Philippe Cornu, Schüler von Sogyal Rimpoche, ist Dozent an der Fakultät für orientalische Sprachen in Paris. Er hat zahlreiche traditionelle tibetische und chinesische Texte ins Französische übersetzt und ist Autor des Standardwerks *Dictionnaire du Bouddhisme*. Er hält Vorträge über die Lehren von Sogyal Rinpoche und wirkt regelmäßig an den Aktivitäten des buddhistischen Studien- und Meditationszentrums Rigpa Nice mit. Auf Deutsch ist von ihm der Band *Tibetische Astrologie* (Berlin 1999) erschienen.

Jigmé Douche ist Graphiker, Kalligraf und Spezialist für die Schriften Zentralasiens. Als Kenner der tibetischen Kalligrafie ist er eine unbestrittene Autorität. Seit 1980 verbindet er sein Wissen über die tibetische Kultur mit der ausübenden Pflege ihrer vom Untergang bedrohten Schrift. Er arbeitet zur Zeit über die tibetische Kalligrafie als *dharma*-Kunst und ihre Weitergabe.

Olivier und Danielle Föllmi leben mit vier tibetischen Kindern abwechselnd in den Alpen und im Himalaya. Olivier Föllmi fotografiert seit 25 Jahren den Himalaya; seine Bilder wurden vielfach ausgezeichnet, u. a. von World Press Photo. Danielle Föllmi, Anästhesistin, hat in tibetischen Schulen Ernährungs- und Gesundheitsprogramme initiiert. Im Bemühen um einen harmonischen Ausgleich zwischen Tradition und Modernisierung haben sie HOPE gegründet, eine Bildungsinitiative für den Himalaya. Als Verfasser von 14 Büchern möchten sie dazu beitragen, dass das reiche Erbe Tibets nicht verloren geht. www.follmi.com.

Mireille Helffer ist Ehrendirektorin am Centre National de la Recherche Scientifique (CNRS) und Beauftragte am Musée National des Arts Asiatiques-Guimet. Die Musikethnologin mit dem Spezialgebiet »Musik des Himalaya« unternahm zahlreiche Reisen nach Nepal, Ladakh und zu tibetischen Exilgemeinschaften. In ihren Veröffentlichungen befasst sie sich vor allem mit dem tibetischen Gesar-Epos und den Musikinstrumenten und dem liturgischen Repertoire der buddhistischen Klöster Tibets. Zurzeit widmet sie sich dem Studium der musikalischen Traditionen des Klosters Shechen.

David P. Jackson ist Professor an der Universität Hamburg. Der renommierte Tibetologe ist mit Veröffentlichungen über die tibetische Malerei hervorgetreten.

Jamyang Norbu ist einer der herausragenden tibetischen Schriftsteller unserer Zeit und hat sich vor allem mit seinen Essays über die tibetische Politik und Kultur einen Namen gemacht. Für seinen Roman *The Mandala of Sherlock Holmes* wurde ihm der Crossword Book Award verliehen. Der Musikethnologe und Direktor des Tibetan Institute of Performing Arts hält Vorträge über die tibetische Kultur und den Kampf um die Freiheit Tibets. Er ist Gründungsmitglied der Widerstandsbewegung von Mustang an der Grenze zwischen Nepal und Tibet.

Corneille Jest, Ethnologe, ist Ehren-Forschungsleiter am Centre National de la Recherche Scientifique (CNRS). Er befasst sich mit der Lebensweise und der wirtschaftlichen Situation der Bevölkerung des tibetischen Zentralasien und des Himalaya. Weiterhin engagiert er sich für die Erhaltung des architektonischen Erbes dieser Gebiete.

Jetsun Pema, ehemalige Bildungsministerin der tibetischen Exilregierung, ist die jüngere Schwester des Dalai-Lama. Als Leiterin der Stiftung Tibetan Children's Village (TCV), der sie seit 1964 vorsteht, kümmert sie sich um fast 25 000 tibetische Flüchtlingskinder. 1994 verlieh ihr der Kashag, der Ministerrat der tibetischen Regierung, in dankbarer Anerkennung ihrer Verdienste um die Wahrung der tibetischen Kultur und Religion im Exil den Ehrentitel »Mutter Tibets«.

Die gelernte Orientalistin **Claude B. Levenson** arbeitet als Übersetzerin und Journalistin. Seit 1984 hat sie zahlreiche Artikel, Übersetzungen der Lehren des Dalai-Lama und ein Dutzend Bücher über Tibet veröffentlicht, darunter eine Biografie des 14. Dalai-Lama.

Der Arzt und Tibetologe **Fernand Meyer** ist Studiendirektor an der École Pratique des Hautes Études. Der ehemalige klinische Leiter der Pariser Krankenhäuser und Forschungsleiter am CNRS (Umwelt, Gesellschaften und Kulturen im Himalaya) wurde vor allem durch die Veröffentlichung von *Le Système médical tibétain* (dt. *Tibet und seine Medizin*, Frankfurt 1992) bekannt. Wenige verstehen es wie er, die tibetische Medizin aus westlicher Sicht zu erklären.

Clara Osel, lange Zeit Aktivistin bei Greenpeace, lebt seit zwanzig Jahren bei den tibetischen Lamas im Himalaya. Sie hält sich hauptsächlich in Nepal auf. Die talentierte Fotografin ist auch in mehreren humanitären Projekten in Tibet engagiert.

Die Ethnohistorikerin **Françoise Pommaret** ist Forschungsbeauftragte am CNRS. Sie gilt als herausragende Kennerin Bhutans, wo sie seit 22 Jahren als Forscherin und Beraterin arbeitet. Zurzeit ist sie Leiterin des vom französischen Außenministeriums finanzierten Projekts »Éducation Bhoutan«.

Die erste Indienreise im Jahre 1967 brachte für **Matthieu Ricard**, französischer Dolmetscher des Dalai-Lama, Begegnungen mit großen tibetischen Meistern. Nach seiner Dissertation über Zellgenetik im Jahre 1972 wurde er Mönch im Himalaya. Er lebt heute im Kloster Shechen. Seit nunmehr dreißig Jahren fotografiert er spirituelle Meister, das klösterliche Leben und die Kunst und die Landschaften Tibets, Bhutans und Nepals.

Janet Rizvi hat an der Universität Cambridge in Geschichte promoviert und ist Schriftstellerin und Forscherin. Ihr Spezialgebiet ist der westliche Himalaya; sie interessiert sich vor allem für Ladakh, wo sie seit zwei Jahren lebt.

Der bekannte Bergfotograf und Abenteurer **Galen Rowell** betreibt mit seiner Frau die Fotoagentur Mountain Light, Inc. Seine vielfach ausgezeichneten Aufnahmen wurden in angesehenen Galerien gezeigt. Er war Expeditionsleiter bei vielen Bergbesteigungen im Himalaya und hat zahlreiche Bücher veröffentlicht, darunter mit dem Dalai-Lama *My Tibet*.

E. Gene Smith war Schüler bei einem Lama, ehe er 1968 nach Indien umzog. Zu diesem Zeitpunkt wurde er auch Mitarbeiter der amerikanischen Kongressbibliothek. Als reisender Archivar hat er eine kostbare Sammlung bewahrt: Die ursprünglichen Schriften des Buddha, Schriften von buddhistischen Weisen Tibets aus den letzten zwölf Jahrhunderten und die ersten Kommentare indischer Buddhisten. Er gilt als der kenntnisreichste Tibetologe unserer Zeit. 1997 eröffnete Gene Smith in Cambridge (Vereinigte Staaten) ein tibetisch-buddhistisches Zentrum.

Bibliografie

Arpi, C, *Tibet, le pays sacrifié*, Calmann-Lévy, 2002.

Cabezón, José Ignacio, Jackson, Roger R.: *Tibetan Literature. Studies in Genre*, Snow Lion, New York 1996.

Cornu, Philippe, *Handbuch der tibetischen Astrologie*, Theseus Verlag, Berlin 1999.

Cornu, Philippe, *Dictionnaire encyclopédique du bouddhisme*, Seuil, 2001.

Cornu, Philippe, *Guide du bouddhisme tibétain*, Éditions Sélène, Livre de Poche, 1998.

Cornu, Philippe, Longchenpa, *La liberté naturelle de l'esprit*, Seuil, 1994.

Cornu, Philippe, *Padmasambhava, la magie de l'Éveil*, Seuil, Points sagesse, 1997.

Cornu, Philippe, *Tibet. Culture et histoire d'un peuple*, La Maisnie-Tredaniel, 1998.

Crook, John, Osmaston, Henry (Hg.), *Himalayan Buddhist Villages: Environment, Resources, Society and Religious Life in Zangskar, Ladakh*, Delhi, Motilal Banarsidass, Bristol, University of Bristol, 1994.

Dalai-Lama, Howard C. Cutler, *Die Regeln des Glücks*, Lübbe, Bergisch Gladbach 2001.

Dilgo Khyentsé Rinpotché, *Les cents conseils de Padampa Sangyé*, Éditions Padmakara, 2000.

Douche, Jigmé, Ricard, Matthieu, *Poèmes tibétains de Shabkar*, Albin Michel, 2001.

Essen, G.-W., Thingo, T.-T., *Die Götter des Himalaya: Buddhistische Kunst Tibets, Die Sammlung Gerd-Wolfgang Essen*. 2 Bände, Prestel Verlag, München 1989.

Föllmi, Olivier, *Les bergers de l'hiver*, Éditions de La Martinière, Paris 1999.

Föllmi, Olivier, *L'Horizon des dieux*, Éditions de La Martinière, Paris 1998.

Föllmi, Olivier, *Hommage au Tibet*, Éditions de La Martinière, Paris 1995.

Föllmi, Olivier, *Bhoutan. Le Temps d'un Royaume*, Éditions de La Martinière, Paris 1993.

Irène Frain, Jetsun Pema, *Elles feront refleurir le monde*, Presses de La Renaissance, 2002.

Goepper, Roger, Jaroslav, Poncar, *Alchi: Ladakh's Hidden Buddhist Sanctuary*. The Sumtsek, Hirmer, München 1996.

Helffer, Mireille, *Les chants dans l'épopée tibétaine de Gesar*, nach dem *Livre de la Course de cheval*, Librairie Droz, Genève-Paris, 1977.

Helffer, Mireille, *Mchod-rol, les instruments de la musique tibétaine*, CNRS Éditions/Éditions de la Maison des Sciences de l'Homme, Paris 1994.

Jackson, David Paul, *A History of Tibetan Painting: the Great Tibetan Painters and their Traditions*, Verlag der Österreichischen Akademie der Wissenschaften, Wien 1996.

Jackson, David Paul, »Tibetische Thangkas deuten, Teil 1: Die Hierarchie der Anordnung«, in *Tibet und Buddhismus*, Nr. 50–3, S. 22–27, »Tibetische Thangkas deuten,Teil 2: Übertragungslinien und Anordnung«, in *Tibet und Buddhismus*, Nr. 50–4, S. 16–21, 1999.

Jest, Corneille, *Dolpo: communautés de langue tibétaine du Nepal*, 1975.

Jest, Corneille, *Un pèlerinage tibétain*, A. M. Métaillé, 2001.

Jest, Corneille, *La turquoise de vie: un pèlerinage tibétain*, A. M. Métaillé, 2001.

Levenson, Claude B., *Ein Dalai Lama wird geboren. Wiedergeburt und Berufung des 14. Dalai Lama*, Herder, Freiburg 1999.

Levenson, Claude B., *Le chemin de Lhassa, voyages au Tibet*, Éditions Lieu Commun, 1985–1990.

Levenson, Claude B., *1949–1959 la Chine envahit le Tibet*, Éditions Complexe, 1995.

Levenson, Claude B., *La messagère du Tibet. Le retour du Panchen-Lama*, Arles, P. Picquier, 2000.

Levenson, Claude B., *La Montagne des Trois temps*, Calmann-Lévy, 1995.

Levenson, Claude B., *Dalai-Lama. Die autorisierte Biographie des Nobelpreisträgers*, Benziger, Düsseldorf 1991.

Levenson, Claude B., Laziz Hamani, *Symbole des Buddhismus*, Brandstätter Verlag, Wien 1996.

Lexikon der östlichen Weisheitslehren. Buddhismus. Hinduismus. Taoismus. Zen, O.W. Barth, München 1994.

Meyer, Fernand, Tsewang J. Tsarong, Asshauer, Egbert, *Tibet und seine Medizin*, Umschau/Braus, Frankfurt 1992.

Midal, Fabrice, Thich Nhat Hanh, *Tibetische Mythen und Gottheiten*, Theseus Verlag, Berlin 2002.

Norberg-Hodge, Helena, *Leben in Ladakh*, Herder, Freiburg 1993

Norbu, Jamyang, *Le Mandala de Sherlock Holmes*, Arles, P. Picquier, 2001.

Rinpoché, Patrul, *Die Worte meines vollendeten Lehrers*. Arbor Verlag, Schönau 2001.

Pommaret-Imaeda, Françoise, Schicklgruber, Christian, *Bhutan. Festung der Götter*, Paul Haupt, Bern 1997.

Pommaret, Françoise, *Bhutan*, Edition Temmen, Bremen 2002.

Pommaret, Françoise, (Hg.), *Lhasa: Lieu du divin. La capitale des dalai-lamas*, Éditions Olizane, Genève 1997.

Pommaret, Françoise, *Le Tibet*, Éditions Découvertes Gallimard, Paris 2002.

Radhu, Abdul Wahid, *Caravane Tibétaine*, Bearbeitung von Roger du Pasquier, Paris, Éditions Peuples du Monde, 1991.

Rhie, Marylin M., Thurman, A. F. Robert. *Wisdom and Compassion*, Harry N. Abrams, New York 1991.

Ringou, Tulku Rinpotché, *Et si vous m'expliquiez le bouddhisme*, Nil, 2001.

Ricard, Matthieu, *L'esprit du Tibet. La vie et le monde de Dilgo Khyentsé*, maître spirituel, Seuil, Paris 2001.

Ricard, Matthieu et Carisse Busquet (übers.), *Shabkar, autobiographie d'un yogi tibétain*, Band 1 und 2, Albin Michel, 1997.

Ricard, Matthieu, Revel, Jean-François, *Der Mönch und der Philosoph. Buddhismus und Abendland. Ein Dialog zwischen Vater und Sohn*, Kiepenheuer & Witsch, Köln 1999.

Ricard, Mathieu, *Moines danseurs du Tibet*, Albin Michel, Spiritualité, 1999.

Rizvi, Janet, *Ladakh, Crossroads of High Asia*, Oxford University Press, Neu Delhi 1996.

Rizvi, Janet, *Trans-Himalayan Caravans: Merchant Princes and Peasant Traders in Ladakh*, Oxford University Press, Neu Delhi 1999.

Rowell, Galen, In *The Throne Room of the Mountain Gods*, Sierra Club Books, 1986.

Rowell, Galen, *Mountains of the Middle Kingdom*, Sierra Club Books, 1983.

Shantidéva, *Bodhicharyavatara*. Französischer Titel: *La marche vers l'Éveil*, Éditions Padmakara, 1991.

Smith, Gene u. a., *Among Tibetan Texts: History and Literature of the Himalayan Plateau (Studies in Indian and Tibetan Buddhism)*, Kurtis Schaefer, 2001.

Stein, R. A., *La civilisation tibétaine* (übers. von J. E. Stapleton), Dunod, Paris 1962.

Stevens, John, *Sacred Calligraphy of the East*, Shambhala, 1980.

Thich Nhat Hanh, *Wie Siddhartha zum Buddha wurde. Eine Einführung in den Buddhismus*, Theseus Verlag, Berlin 1998.

Van Grasdorff, Gilles, Pema, Jetsun, *Tibet, mon histoire: autobiographie*, 1996.

Vandor, Ivan, *La musique du bouddhisme tibétain*, Paris, Buchet-Chastel, 1976.

Bildlegenden

S. 2–3: Bunte Gebetsfahnen sind in der tibetischen Welt allgegenwärtig. Reisende bringen sie auf Berggipfeln an, Dorfbewohner auf Hausdächern, bei Ortseingängen und an Klosterpforten. In den Tälern trägt der Wind die aufgedruckten Segenswünsche mit sich fort und verbreitet so eine schützende Energie. O. & D.F.

S. 4–5: Gewitterstimmung auf dem 3500 Meter hohen Zanskar-Plateau Ende August. Der Hügel über dem Dorf Pipiting wird gekrönt von einer Kapelle und einem großen *stūpa*. Im Herbst bringen die Dorfbewohner die Gersten- und Weizenernte ein und sammeln auf dem weitläufigen Hang über dem Dorf Feuerholz. Die verschneiten Gipfel sind etwa 6500 Meter hoch. O. & D.F.

S. 6–7: Im Brahmaputra-Bogen, einer der letzten noch unerforschten Gegenden der Welt, ragt der verschneite Gipfel des 7756 Meter hohen Namchak Barwa auf. Dort windet sich der mächtige Fluss, den man in Tibet Tsangpo nennt, durch die Berge des Himalaya, die er 150 Kilometer später und 2700 Meter tiefer verlässt. Erst 1998 entdeckten amerikanische Forscher den legendären verborgenen Wasserfall, dessen Existenz seit langem vermutet wurde. M.R.

S. 10: Dilgo Khyentse Rimpoche (1910–1991), Einsiedler, Gelehrter, Dichter, Künstler und Lehrmeister des 14. Dalai-Lama. Der große Meister des tibetischen Buddhismus hat entscheidend zur Erhaltung des spirituellen Erbes von Tibet beigetragen. Als ein Mensch, den die innere Reise in außergewöhnliche Erkenntnistiefen geführt hat, war er für alle eine unerschöpfliche Quelle der Liebe und Weisheit. M.R.
S. 15: Khyentse Rimpoche während eines Rituals in Bhutan. Die Kultgegenstände und die Zeichen auf seinem Gewand haben alle eine symbolische Bedeutung während der Meditation. So steht etwa die Krone mit den fünf Schädeln, die Khyentse Rimpoche trägt, für die Überwindung der fünf Seelengifte Hass, Gier, Unwissenheit, Stolz und Neid. M.R.

S. 16–17: Große Meister aus Vergangenheit und Gegenwart. Von links nach rechts und von oben nach unten: Dzongsar Khyentse Chökyi Lodrö (1893–1959), seine Frau Khandro Tsering Chödrön und Dudjom Rimpoche (1904–1987) im Kloster Samye in den fünfziger Jahren, sowie Dilgo Khyentse Rimpoche (1910–1991) in der tibetischen Provinz Amdo, 1954. (unbekannter Fotograf). Der fünfte Dzogchen Rimpoche (1872–1935) in Osttibet, der große Yogi Thokden Shakya Shri (1853–1919), die Inkarnation von Dzongsar Khyentse Chökyi Lodrö (geboren 1961) in Darjeeling im Jahre 1969, sowie der 16. Karmapa, Rigpai Dorje (1924–1982), in Sikkim im Jahre 1966. (Arnaud Desjardins)

S. 18–19: Nach dreißig Jahren im indischen Exil wird Dilgo Khyentse Rimpoche 1985 von zwei *gyaling* spielenden Mönchen in den Ruinen des Klosters Shechen (Osttibet) empfangen. M.R.

S. 20–21: Mit den traditionellen weißen Schals in den Händen drängen sich Mönche und Lamas am Eingang des Klosters Shechen, um an der Begrüßungsfeier für Shechen Rabjam Rimpoche teilzunehmen, den Titularabt des Klosters, der aus Bhutan zu Besuch kommt. M.R.

S. 22–23: Gläubige warten darauf, von Pewar Rimpoche den Segen zu empfangen, einem der letzten spirituellen Meister, die noch im Osten Tibets wirken. Auf den Gesichtern der Menschen spiegelt sich eine Frömmigkeit, die auch eine Jahrzehnte andauernde chinesische Unterdrückungspolitik nicht brechen konnte. M.R.

S. 24–25: Im strömenden Regen harrt eine Schar von Nomaden stundenlang am Eingang eines Zeltes aus, um einen spirituellen Meister zu sehen, der nach der chinesischen Invasion viele Jahre im Exil verbringen musste und nun nach Osttibet zurückgekehrt ist. M.R.

S. 26–27: Bei der Ankunft Dilgo Khyentse Rimpoches im Jahre 1988 erschien über dem Kloster Palpung (Kham, Osttibet) ein doppelter Regenbogen. Für die Tibeter ist der Regenbogen ein Glückszeichen. Dieses Kloster ist das Einzige in der Gegend, das von den kommunistischen Chinesen nicht zerstört wurde. Insgesamt wurden in Tibet über 6200 Klöster dem Erdboden gleichgemacht. M.R.

S. 28–29: Am Ende einer mehrmonatigen Unterweisung in Nepal im Jahre 1973 stellt sich Khyentse Rimpoche mit Trulshik Rimpoche, dem Abt des Klosters, in dem er zu Gast weilte, dem Fotografen. An ihrer Seite Rabjam Rimpoche (rechts) und Trunang Gyaltrul Rimpoche, die als Reinkarnationen zweier Meister von Khyentse Rimpoche gelten. (Marylin Silverstone, Shéchèn Archives, M.R.)

S. 30: Kangyur Rimpoche (1897–1975), einer der großen tibetischen Meister des 20. Jahrhunderts. Er lebte viele Jahre als Einsiedler, bevor er Tibet von Ost nach West durchwanderte und allen, die es wünschten, Unterweisungen gab. Er war ein visionärer Meister, der zahlreiche Schriften hinterließ. Noch vor der chinesischen Invasion verließ er Tibet und rettete so einen wahren Schatz an Texten. Er lebte im indischen Darjeeling, wo er unter anderem auch viele Schüler aus dem Westen unterwies. M.R.
S. 31: Jigme Khyentse Rimpoche, der jüngste Sohn von Kangyur Rimpoche. In ihm vereint sich auf exemplarische Weise Liebe zu seinen Eltern und völliges Vertrauen gegenüber seinem spirituellen Meister. M.R.

S. 32–33: Neben einem Wasserfall in der Nähe des Zugangs zu Paro Taktsang in Bhutan lebt eine alte Nonne in einer kleinen Einsiedelei. Der Ort ist nur über einen gegen die Felswand gelehnten gekerbten Baumstamm zu erreichen. Paro Taktsang (Tigerhöhle) gehört zu den heiligsten Stätten Padmasambhavas: Es heißt, er sei auf einem Tiger dorthin geflogen. O. & D.F.

S. 34–35: Blick vom Hepori, einem Berg bei Samye in Zentraltibet, auf den Tsangpo (Brahmaputra). Das von Padmasambhava und Shantarakshita unter der Schirmherrschaft von König Trisong Detsen gegründete Kloster Samye (775 n. Chr.) war das erste große buddhistische Kloster im Land des Schnees. M. R.

S. 36–37: Wie vollendet der Dalai-Lama in spiritueller Hinsicht auch ist, er lässt sich doch immer wieder von großen Meistern aller buddhistischen Schulen unterweisen. Hier empfängt er gerade von Dilgo Khyentse Rimpoche, einem seiner wichtigsten spirituellen Lehrer, eine Initiation (Dharamsala, Indien, 1991). M. R.

S. 38–39: Der Dalai-Lama und Khyentse Rimpoche verabschieden sich mit einer Berührung der Stirn zum Zeichen der spirituellen Gemeinschaft. Über zehn Jahre lang gab Khyentse Rimpoche dem Dalai-Lama regelmäßig Unterweisungen. Bei diesen Gelegenheiten verbrachten die beiden großen Meister oft eine oder zwei Wochen miteinander. Dieses Bild zeigt ihren letzten Abschied. Wenig später starb Khyentse Rimpoche. M. R.

S. 40–41: Einige Jahre später begegnete der Dalai-Lama Khyentse Rimpoche wieder, wenn auch in Gestalt eines Kindes, das als Reinkarnation des verstorbenen Meisters gilt. M. R.

S. 42: Die Inthronisation des reinkarnierten Khyentse Rimpoche im nepalesischen Kloster Shechen 1991. Zu diesem Anlass kamen fast 15 000 Gläubige aus über vierzig Ländern zusammen. M. R.
S. 43: Seine Heiligkeit, der 14. Dalai-Lama bei der Einweihung des neuen Klosters Shechen im indischen Bodh-Gayā. M. R.

S. 44: Eine junge Frau mit ihrem Kind in der Menge der Gläubigen. M. R.
S. 45: Urgyen Tenzin Jigme Lhundrup, der reinkarnierte Khyentse Rimpoche, betrachtet von seinem Fenster aus die heiligen Tänze im Hof des Klosters Shechen. Man vergleiche hierzu eine ähnliche Aufnahme mit seinem Vorgänger, siehe Seite 10. M. R.

S. 48–49: Auf dem Hochplateau des Zanskar-Gebirges treibt ein Dorfbewohner seine Ziegen in den Stall, um sie vor den Schneeleoparden in Sicherheit zu bringen. Nachts sollen hier böse Geister ihr Unwesen treiben, so dass sich niemand mehr hinaus wagt. O. & D. F.

S. 50–51: Im September löst in Zanskar die Erwärmung des Gesteins durch die Sonneneinstrahlung in den Tälern heftige Thermikwinde aus, während die hohen Gipfel bereits im Eis erstarrt sind. Sturmböen fegen durch die Ebene, so dass man auf dem Weg von Zongla nach Padum gegen den Wind ankämpfen muss. O. & D. F.

S. 52–53: Im äußersten Norden von Ladakh, westlich des Depsang-Plateaus, vereinigen sich zwei siebzig Kilometer lange Gletscher zu einer Gletscherfront mit einer Höhe von über fünfzig Metern und einer Breite von mehreren Kilometern. Für die Karawanen, die über die Handelsroute und den Karakorum-Pass von Yarkand nach Leh zogen, war die Durchquerung des 5400 Meter hoch gelegenen Depsang-Plateaus ein Leidensweg. O. & D. F.

S. 54–55: In der Abenddämmerung kehrt ein Reiter in das Sommerlager Dorchen in Ladakh zurück. Die Hirten von Rupshu leben nach uralten Traditionen und fristen ein äußerst gefährdetes Dasein, da sie vollständig von ihren Herden und den Weiden abhängig sind. Im Winter suchen sie Zuflucht an einem Salzsee, der meist vom Schnee verschont bleibt. O. & D. F.

S. 56–57: Im Licht der untergehenden Sonne vergnügen sich zwei Kinder in der Nähe des aus Yakwolle gewebten Zelts. Sie leben auf einer Alm bei Lhubu in Tibet. Der an einer Kette liegende Hund ist für den Schutz des Lagers vor Wölfen und Leoparden unentbehrlich. O. & D. F.

S. 58–59: Auf dem weiten Hochplateau von Rupshu in Ladakh ziehen Hirten mit ihren Yaks zu einem neuen Lager. Vier Mal im Jahr, wenn die Tiere die umliegenden Hänge abgeweidet haben, verlassen die Nomaden ihre Weideplätze und lassen sich in einem anderen grünen Tal in der Nähe einer Quelle nieder. O. & D. F.

S. 60: Ein Mönch mit der für seinen Orden typischen Haartracht in einem Dorf des nepalesischen Barbung-Tals am Fuße des Dhaulagiri-Massivs. O. & D. F.
S. 61: Das einsam stehende Haus des Dorfvorstehers von Yulchung hoch über dem Tal des Zanskar-Flusses. An der Silhouette der Zanskar-Kette sind die Zone des Aufeinandertreffens der zentralasiatischen Gebirge mit dem indischen Subkontinent sowie die Auswirkungen der Kontinentaldrift gut zu erkennen. O. & D. F.

S. 62–63: Das an einem Berghang errichtete Kloster Karcha beherrscht die 3600 Meter hoch gelegene Ebene von Zanskar. In den weißen Unterkünften sind die Zellen der 150 Mönche des Klosters untergebracht. Oberhalb davon liegen die ockerfarben gestrichenen Kapellen, in denen die Mönchsgemeinschaft betet. O. & D. F.

S. 64–65: In Bodh-Gayā, dem Ort, an dem der Buddha Shākyamuni vor über 2500 Jahren die Erleuchtung erlangte, gab der Dalai-Lama 1985 und 2002 die Initiation in das Tantra des Rades der Zeit (*kālachakra*-Tantra). Etwa 400 000 Pilger aus dem Himalaya sowie Exiltibeter aus der ganzen Welt kamen zu der heiligen Stätte, um seine Unterweisung zu hören. O. & D. F.

S. 66: Der Buddha Shākyamuni – »weder Heiliger noch Prophet, noch Gott, sondern Erwachter«. M.R.

S. 87: Ausschnitt aus einer Serie von Rollbildern, so genannten *thangkas*, die die zahlreichen Leben des Buddha Shākyamuni auf dem Weg zur Erleuchtung darstellen. Die Vorlage zu diesen im *karma-gardri*-Stil gemalten Bildern stammt von dem großen Meister Situ Panchen Tchökyi Jungne (1699–1774). M.R.

S. 88–89: Landkarte von Tibet, die der Künstler Tenzin Norbu in Nepal gemalt hat. Sie zeigt Tibet vor der Zerstückelung im Zuge der chinesischen Invasion im Jahre 1950. Das ursprüngliche Staatsgebiet ist heute aufgeteilt in die Autonome Region Tibet, die Verwaltungsbereiche Qinghai, Gansu und Gebiete, die den chinesischen Provinzen Sichuan und Yunnan zugeschlagen wurden.

S. 90–91: Der 14. Dalai-Lama, von zahlreichen Mönchen umgeben, im Gebet unter dem Bodhi-Baum, in dessen Schatten der Buddha Shākyamuni vor 2500 Jahren die Erleuchtung erlangte. Dieser Ort, auch unter dem Namen »Diamantenthron Indiens« bekannt, liegt in der Nähe des nordindischen Bodh-Gayā. Er ist der wichtigste Pilgerort für Buddhisten aus aller Welt. M.R.

S. 92: Die wunderbare Geburt des Guru Padmasambhava in einer Lotosblume im Danakosha-See in Gestalt eines achtjährigen Knaben. M.R.
S. 93: Guru Padmasambhava wird in Tibet als zweiter Buddha verehrt. Er brachte im achten Jahrhundert n.Chr. den Buddhismus aus Indien nach Tibet. Diese große Statue im Kloster Paro Kyichu in Bhutan entstand auf eine Anregung von Dilgo Khyentse Rimpoche. M.R.

S. 94–95: Die Darstellungen der Gottheiten des tibetischen Buddhismus enthalten eine reiche Symbolik. So repräsentieren die beiden Augen die Weisheit und die Methoden, die zum Wohl der Wesen eingesetzt werden, während das Lächeln für das Mitgefühl steht. O. & D.F.

S. 96 u. 97: In der buddhistischen Tradition sind die Beschützer des *dharmas* zum größten Teil böse Geister, die Padmasambhava bei seiner Ankunft in Tibet bezwang. Er nahm ihnen den Eid ab, dass sie nie mehr Schaden anrichten, sondern die Lehren des Buddha bewahren. M.R.

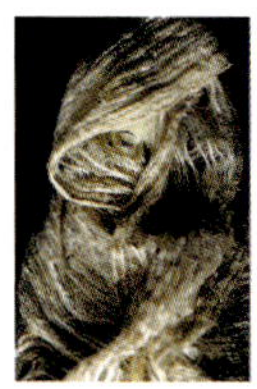

S. 98: Eine Göttergestalt in einem Haus in Zanskar, die mit einem *khathak*, einem weißen Tüllschal als Symbol der Verehrung, bedeckt ist. Um einen Gast oder einen Freund zu ehren, legt man ihm diesen Schal um die Schultern. O. & D.F.
S. 99: Mondaufgang an einem Septemberabend über dem Kali-Gandaki-Tal in Mustang. Die karge Landschaft, der klare Himmel und die stillen Täler im Himalaya verleihen diesem Ereignis einen besonderen Zauber. O. & D.F.

S. 114: Auf der Klosterburg Wangdipodrang beobachtet ein Dorfbewohner junge Mönche. Er trägt einen *kho*, das traditionelle Gewand der Männer. O. & D.F.
S. 115: Ein junger Mönch im *dzong* in Tongsa in Zentralbhutan. O. & D.F.

S. 116–117: Zwei junge Mönche beim Spiel im *dzong* in Tongsa. Das klösterliche Leben ist oft sehr fröhlich, vor allem in Bhutan, wo die Tradition noch lebendig ist. O. & D.F.

S. 118–119: Beim *tshechu-Fes* im Kloster Gantey in Bhutan amüsieren sich die Mönche über die Possen eines Novizen, der scherzhaft die Menge aus dem Hof scheucht, in dem die Mönche tanzen. O. & D.F.

S. 120–121: In der Klosterburg Tongsa nehmen junge Mönche unter einem Vordach, das hauptsächlich als Regenschutz dient, unter den wachsamen Augen eines Meisters gemeinsam ihre Mahlzeit ein. Die Mahlzeiten beginnen stets mit einem sehr melodiösen Lied zu Ehren Buddhas. O. & D.F.

S. 122: Ein junger bhutanischer Mönch im *dzong* in Tongsa. O. & D.F.
S. 123: In Tibet Mönch zu sein, erfordert großen Idealismus: Jedes Vorhaben muss den chinesischen Behörden zur Genehmigung vorgelegt werden, jede Erwähnung des Dalai-Lama wird mit Gefängnis bestraft. Spitzel überwachen alle Aktivitäten, und regelmäßig tauchen in den Klöstern Umerziehungstrupps auf. O. & D.F.

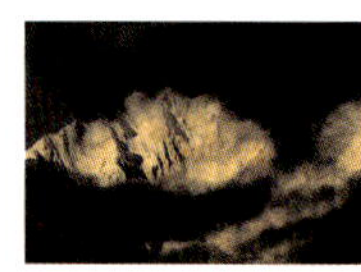

S. 124–125: Die über viertausend Meter hohe Ostflanke des Kangchendzönga gehört zu den spektakulärsten Anblicken. Der Kangchendzönga, »die fünf großen Schatzkammern des Schnees«, ist mit 8586 Metern der dritthöchste Gipfel der Welt. O. & D.F.

S. 126–127: Während des Sommermonsuns ist das Paro-Tal in die neblige und geheimnisvolle Stimmung Bhutans getaucht. Das Königreich ist das einzige Land im Himalaya, in dem das gesamte Leben nach den Regeln des tibetischen Buddhismus organisiert ist. O. & D.F.

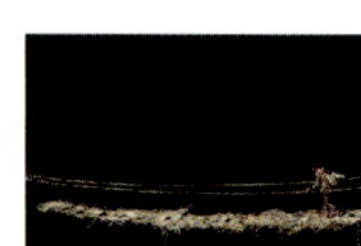

S. 128–129: Auf viertausend Meter Höhe ermöglicht diese provisorische Brücke aus Seilen, die mit Steinen beschwert sind, den Zugang zum Kloster Phugtal. Ein Mönch transportiert in einem Weidenkorb Steine für den Bau einer Brücke, die auch Tiere überqueren können. O. & D.F.

S. 130–131: Im Licht der untergehenden Sonne schimmert auf einem Bergkamm in Shade ein kleiner *stūpa*. Die tibetische Bezeichnung für diese Bauwerke, die meist Reliquien, heilige Texte oder Devotionalien bergen, ist *chorten*. Sie bestehen aus fünf symbolträchtigen Formen (Viereck, Kreis, Dreieck, Halbkugel, Flammenzunge), die längs einer vertikalen, Erde und Himmel verbindenden Achse die fünf Elemente (Erde, Wasser, Feuer, Luft, Äther) repräsentieren. *chorten* fungieren gleichsam als Brücke, die von der Welt der Sinneswahrnehmungen in das Reich des zeitlosen Wissens führt. Als spirituelle Kraftorte strahlen sie Frieden und Glück aus. O. & D.F.

S. 132–133: In Begleitung von Mönchen aus dem Kloster Phugtal reitet ein tibetischer Meister in den abgelegenen Ort Shade, um dort eine Initiation zu geben. Trotz des Schwindel erregenden Pfads kann er nicht absteigen, denn die Mönche lassen keine körperliche Anstrengung des verehrten Meisters zu. Doch für ihn, der im südindischen Exil lebt und nicht an die archaischen Sattel Zanskars gewöhnt ist, ist dieser Weg eine harte Prüfung. O. & D.F.

S. 134–135: Abendlicht auf den Hängen des sechstausend Meter hohen Kangla Gachu in Bhutan. Es gibt unzählige unbestiegene Gipfel, doch meist ist es verboten, sie zu erklimmen, denn in den Augen der Dorfbewohner sind sie die Wohnsitze der lokalen Gottheiten. Die Bhutaner gehen äußerst ehrfürchtig mit der Natur um; wenn sie Abfälle verbrennen, fügen sie stets Weihrauch zur Besänftigung der im Tal hausenden Geister hinzu. O. & D.F.

S. 136–137: Der 130 Kilometer lange Motup ist im Winter für die durch den Schnee abgeschnittenen Täler Zanskars die einzige Verbindung zur Außenwelt. Die Kälte (bis minus dreißig Grad) lässt selbst die Wasserfälle erstarren. O. & D.F.

S. 138–139: Herbstmorgen in den Tälern von Gangte in Bhutan. Bhutan, das kaum größer ist als die Schweiz, ist ein reines Agrarland. Die Bauern sind zu 95 Prozent Eigentümer ihres Grunds, auf dem meist ein mit religiösen Malereien verziertes Wohnhaus steht. Sie bauen hauptsächlich Reis, Gerste und Buchweizen an. O. & D.F.

S. 140: Aufgrund der hohen Berge, der dichten Vegetation und der häufigen Niederschläge, die oft zu Bodenerosionen führen, gibt es in Bhutan kaum ein Straßennetz. Auf der einzigen Straße, die das Land von Ost nach West durchquert, führen nur zwei Kilometer geradeaus – die restlichen tausend bestehen aus Kurven. Die meisten Dörfer sind deshalb nur zu Fuß erreichbar. O. & D.F.

S. 141: Auf dem Motup sind zahlreiche durch Wirbel entstandene Luftblasen im Eis eingeschlossen. Um sicher über das Eis zu gelangen und sich seiner Tragfähigkeit zu vergewissern, muss man es bei jedem Schritt mit einem Stock abklopfen. Die Schuhe der Bewohner von Zanskar sind aus Fell gemacht und wegen der Gamaschen zwar ideal für den Schnee, aber für das Eis eher ungeeignet, da sie sehr rutschig sind. O. & D.F.

S. 142–143: Sobald sie laufen können, werden die Kinder in Zanskar für häusliche Aufgaben herangezogen: Wolle spinnen, die jüngeren Geschwister hüten, Viehdung aufsammeln, der getrocknet wird und zum Heizen dient. Die Eltern bringen Amulette auf den Mützchen der Säuglinge an, um sie vor Krankheiten und bösen Geistern zu schützen. O. & D.F.

S. 144–145: Diese beiden Hirtinnen aus der Region Kham sind ins Tal gestiegen, um sich in einem Marktflecken, zu amüsieren. Ihre Mäntel aus Ziegenleder ziehen die Hirten niemals aus, auch im Sommer nicht; sie regulieren ihre Körpertemperatur dadurch, dass sie sich nicht zu sehr anstrengen. O. & D.F.

S. 146–147: Eine der wichtigsten Aufgaben eines Klosters ist die Ausbildung. Die Novizen stehen morgens um halb sechs auf und studieren bis zum Einbruch der Dunkelheit. Diese scheinbare Härte und Disziplin mindert die Lebensfreude der Kinder keineswegs. Die Gelübde werden erst im Alter von zwanzig Jahren abgelegt, so dass die Jugendlichen Zeit haben, über ihre Lebensziele nachzudenken. M.R.

S. 148–149: In Lhasa unterhalten sich zwei Tibeter bei einem Glas Gerstenbier *(tchang)*. Verachtet und vom Arbeitsmarkt ausgeschlossen, verfallen viele junge Leute in der Stadt der Langeweile und dem Alkohol. O. & D.F.

S. 150–151: Vor dem erneuten Abschied und zum Zeichen der spirituellen Gemeinschaft berührt Khyentse Rimpoche mit seiner Stirn diejenige eines Freundes, eines großen Gelehrten aus Osttibet, den er nach dreißig Jahren indischem Exil wiedersieht. M.R.

S. 156–157: Durch den Schnee ist im Winter der Zugang nach Ladakh auf dem Zozi-Pass versperrt, über den man auf die Südseite des Himalaya und nach Kaschmir gelangt. In Ladakh liegt selten Schnee. Das Klima ist sehr trocken, und die Temperatur im Schatten schwankt zwischen Null und minus dreißig Grad. O. & D.F.

S. 158–159: Zanskar liegt im nördlichen Teil des Hohen Himalaya und ist dadurch vor den heftigen Witterungsschwankungen der Südseite geschützt. Die Gerstenfelder werden mit dem Schmelzwasser der Gletscher bewässert. Da die Wassermenge je nach Jahreszeit schwankt, werden Dorfbewohner gewählt, die für eine gerechte Verteilung des Wassers auf den Feldern sorgen. O. & D.F.

S. 160–161: Im Herbst entfaltet sich auf den Feldern von Zanskar eine bunte Farbenpracht. Als erstes Gemüse werden Erbsen getrocknet. Dann wird der Weizen geerntet und von den Tieren ausgetreten. Schließlich bringen die Familien die reife Gerste ein, das Hauptnahrungsmittel für das ganze Jahr. O. & D.F.

S. 162–163: Auch wenn der Ort Schii in der Hochebene von Zanskar isoliert liegt, ist er reich an Naturgütern. Das Gras ist saftig, das Vieh gesund, und es gibt reichlich Butter. Durch die Bäche der beiden Täler können die Felder gut bewässert werden, und selbst im Winter scheint oft die Sonne, *stūpas* (so genannte *chorten*) gemahnen an die Lehre Buddhas und schützen das Dorf mit ihrer segensreichen Ausstrahlung. O. & D.F.

S. 164–165: In den langen Wintermonaten bietet das Gustor-Fest im Kloster Karcha in Zanskar willkommene Abwechslung und Gelegenheit für den Austausch von Neuigkeiten. Auch heute noch halten Eltern Ausschau nach geeigneten Ehepartnern für ihre Kinder. Die Frauen tragen bei der Hochzeit den traditionellen *peyrak*, eine mit Silber, Türkisen und Korallen geschmückte Kopfbedeckung, die von der Mutter vererbt wird. Er symbolisiert eine Kobra, die Beschützerin Buddhas. O. & D. F.

S. 166–167: Für die Nomaden von Rupshu in Ladakh ist der Yak ein unentbehrliches Nutztier. Er trägt die Lasten der Familie und liefert gute Wolle, aus der Zelte gewebt werden. Die weiblichen Yaks *(dris)* geben Milch, aus der man Käse macht. Wenn ein Yak stirbt, wird sein Fell als Teppich verwendet; in den Hörnern werden Kräuter aufbewahrt, und der Schwanz dient als Fliegenwedel. Da die Hirten Buddhisten sind, töten sie die Tiere im Allgemeinen nicht. O. & D. F.

S. 168–169: So nützlich der Yak ist, ist er doch ein eigenwilliges und schwer zu zähmendes Tier. Für die Bauern aus Bhutan, die im Tal wohnen, bedeutet es ein hartes Stück Arbeit, ihre Rinder auf die Alm zu bringen. Yaks können sehr gut in Höhen über viertausend Meter überleben und fürchten die Kälte so wenig, dass es ihnen nichts ausmacht, durch einen eisigen Bach zu waten. O. & D. F.

S. 170–171: Auf der Wanderschaft transportieren die Hirten von Rupshu ihre Kinder auf dem Rücken der Yaks. Da Yaks schreckhafte Tiere sind, können sie Kinder leicht mit einem Hornstoß verletzen. Deshalb werden sie früh mit dieser Gefahr vertraut gemacht. O. & D. F.

S. 172–173: Auf dem Changtang-Plateau in fünftausend Meter Höhe führt ein tibetischer Hirte seine Yaks auf die vom Frost verdorrten Grasweiden. Im Winter sind die harten Lebensbedingungen für Mensch und Tier besonders spürbar. O. & D. F.

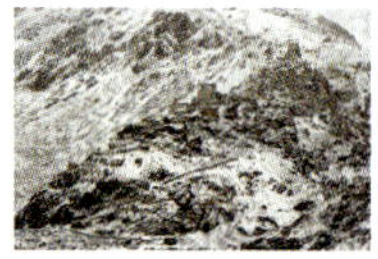

S. 174–175: Weil die Quelle versiegte, musste das alte Dorf Gya in Ladakh verlassen werden. Früher unterstanden die Bewohner von Ladakh den Weisungen des Talvorstehers, der im *khar* wohnte, einem herrschaftlichen Haus hoch über dem Tal. Heute lassen sich viele Dorfbewohner in der Nähe von Wasserläufen und Feldern nieder, um ein einfacheres Leben zu führen. O. & D. F.

S. 176–177: Im Lager Tasapuk durchleben die Hirten von Rupshu ihren bisher schlimmsten Winter. Das ganze Tal ist schneebedeckt, die Tiere sind geschwächt und sterben vor Hunger und Kälte. Die Lebensumstände der Wanderhirten auf den Hochebenen sind äußerst hart. Die durchschnittliche Lebenserwartung ist eine der niedrigsten unter allen Himalaya-Völkern. O. & D. F.

S. 178–179: In Charkha, einem Dorf im Dolpo-Tal, macht diese junge Mutter ihr Neugeborenes, das sie mit einem selbst gewebten Schal schützt, mit dem Schnee bekannt. Auf dem Mützchen hat sie ein esoterisches Symbol befestigt, das das Kind durch seine positiven Energien schützen soll. O. & D. F.

S. 180–181: In der Region Kham bauten Dorfbewohner auf 3840 Meter Höhe das von Soldaten der Roten Armee zerstörte Kloster Minyag vollständig wieder auf. Zwischenzeitlich wurde eine *nyingmapa*-Klosterschule angegliedert. Mit Unterstützung einiger Mönche unterrichtet hier ein alter Meister. Am Abend schließen die Pilger ihre Reittiere im Innenhof ein, um sie vor wilden Tieren zu schützen. O. & D. F.

S. 182–183: Im Minyag-Konka-Massiv an der Grenze zwischen der tibetischen Hochebene und der chinesischen Sichuan-Ebene herrschen rasch wechselnde Witterungsbedingungen. Im Morgennebel zieht eine Pferdekarawane zum Kloster Minyag. O. & D. F.

S. 184–185: Auf dem »Gefrorenen Fluss« Motup in Zanskar begleitet ein Vater mit einigen Dorfbewohnern seinen Sohn auf dem zwölf Tagesmärsche langen Weg zur Schule in Ladakh. Jeder Schritt auf dem Eis muss mit einem Stock überprüft werden. O. & D. F.

S. 186: Nachdem Lobsang Tundup seinen Sohn in die Schule begleitet hat, ziehen er und die Dorfbewohner auf dem einzigen Weg über den zugefrorenen Fluss wieder hinauf nach Zanskar. Ein Schneesturm überrascht die Reisenden, die sich vor dem einsetzenden Tauwetter und den Lawinen in Sicherheit bringen müssen. O. & D. F.
S. 187: Der Frost hat auf der einsamen Straße nach Jumlam (Zanskar) diese Eishand gebildet. O. & D. F.

S. 188–189: Vier junge Frauen aus dem Dorf Thsumi bringen zwischen Eismoränen Lebensmittel aus dem Kloster Minyag in das Basislager am Minyag Konka, dem heiligen Berg von Kham. Die tibetischen Frauen scheinen oft kräftiger und vitaler zu sein als die Männer, die generell zurückhaltender wirken. O. & D. F.

S. 190–191: Im Winterlager Tasaphuk in Ladakh versuchen Hirten in rasendem Tempo einen *khathak* zu ergreifen, einen im Schnee liegenden Tüllschal. Gelingt ihnen dies, ist die Tat ein Zeichen für ein glückliches neues Jahr. Das *tsechu-Fest*, das am zehnten Tag des ersten tibetischen Monats begangen wird, ist das einzige große Fest im Winter. O. & D. F.

S. 192–193: Nach einer kurzen Rast am Ufer des Motup wärmen Dorfbewohner ihre Hände an der letzten Glut, bevor sie wieder aufs Eis gehen, bis zum Abend wandern und in einer Höhle Obdach für die Nacht suchen. Ihre Reise dauert zwölf Tage. Die gewebten Mäntel aus krappgefärbter Wolle schützen nicht nur vor Kälte und Funkenflug, sondern auch bei Stürzen auf dem Eis. O. & D. F.

S. 200: Dieser alte Mann Surle auf dem Hochplateau von Zanskar weiß nicht, wie alt er ist. Angesichts der vier Generationen, die nach ihm kommen, muss er an die achtzig Jahre sein. Obwohl er gelähmt ist, kann er sich noch nützlich machen und das Korn auf dem Dach vor den Sperlingen schützen. O. & D. F.
S. 201: In der rauen Welt des Himalaya drückt eine Mutter die Liebe zu ihrem einjährigen Kind mit ihrer heiteren Gegenwart aus, die ihm Vertrauen und Unabhängigkeit schenkt. O.& D. F.

S. 202: Wie alle Kinder in Zanskar liebt es dieser kleine Junge, das lebendige Treiben in der Winterküche zu beobachten. Hinter dem Mittelpfosten spielt er mit dem Schatten der Petroleum- oder Öllampe. Der düstere, ungeheizte Aufenthaltsraum ähnelt einer Höhle. Selbst in den kältesten Wintermonaten legt man dort niemals die Kleider ab. Im Inneren herrschen null, draußen bis zu minus dreißig Grad. O. & D. F.

S. 203: Ltopden sitzt in der Mitte des Raums und serviert seinen Gästen mit einer Kupferkelle *tchang*, das traditionelle Gerstenbier. Im Winter kommen die Nachbarn fast jeden Abend zusammen, um miteinander zu trinken, zu lachen und zu singen. Zu vorgerückter Stunde lässt man den Kopf auf die Schulter des Nachbarn sinken und schläft so bis zum Morgen. O. & D. F.

S. 204: Ein Sonnenstrahl dringt in das Zelt eines Hirten auf der Alm von Charkha im Dolpo-Tal. O. & D. F.

S. 205: Eine Nomadin vor ihrem Herd. In der Mitte des aus Yakhaar gewebten Zelts befindet sich eine Öffnung als Rauchabzug. Im Herd brennt Tag und Nacht ein Feuer aus getrocknetem Dung. M. R.

S. 206: Ein junger bhutanischer Mönch meditiert in der aus Holz erbauten Klosterschule von Tongsa. O. & D. F.

S. 207: Dieses Mädchen aus einem Barbung-Dorf im unteren Dolpo-Tal trinkt im Licht eines Sonnenstrahls, der in die dunkle Holzküche dringt. Aus Respekt gegenüber den anderen gießt sie das Wasser in den Mund, ohne den Familienkrug mit den Lippen zu berühren. O. & D. F.

S. 208: Eine Mutter aus Zanskar hat ihren Säugling in eine mit getrocknetem Ziegendung gefüllte Decke gehüllt, die ihm als Wiege dient. Das Dorf wird die Geburt des Kindes erst in fünf Jahren feiern, denn nur jedes zweite Kind erreicht dieses Alter. O. & D. F.

S. 209: Zwei kleine Mädchen aus Zanskar in geschwisterlicher Zuneigung. Da es nur wenige Dinge gibt, die ihnen alleine gehören, streiten sie fast nie miteinander. Außerdem kümmern sich die älteren Kinder bereits sehr jung wie zweite Eltern um ihre jüngeren Geschwister und bauen so eine überaus liebevolle Beziehung auf. O. & D. F.

S. 210–211: Ein Kind in Zanskar genießt die Festmahlzeit und leckt die Reste von süßem Reis in seiner Schale auf. Diese Nachspeise ist ein seltener Luxus, denn Zucker und Reis müssen aus den Tälern geholt werden, zudem benötigt Reis eine längere Kochzeit, da der Siedepunkt in dieser Höhenlage bei 80 °C liegt. O. & D. F.

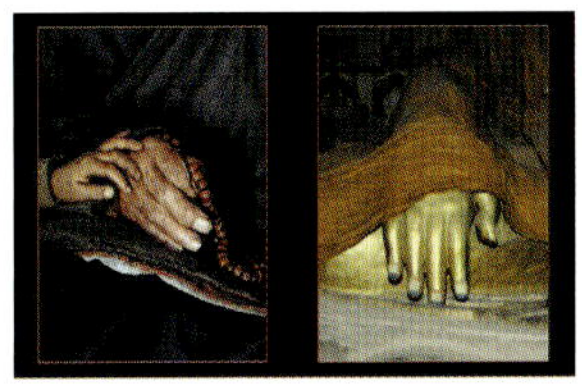

S. 212: In dem Dorf Ura in Bhutan genießt ein Kind die Gesellschaft seines still betenden Großvaters. O. & D. F.

S. 213: In der Kapelle eines Klosters in Zanskar berührt die Statue des Buddha Shākyamuni mit der Hand die Erde, um sie als Zeugin seiner Erweckung anzurufen. O. & D. F.

S. 214: Dieser staubbedeckte Mann bessert ein Stück der Straße aus, die zum Phugtal-Kloster führt. Er hat seinen Ohrring verloren, ein Schmuckstück, das dem Volksglauben nach verhindert, dass man als Esel wiedergeboren wird. Um die Instandhaltung der Straße kümmern sich alle Dorfbewohner, die mit dem Kloster verbunden sind. O. & D. F.

S. 215: Herbstliche Windböen fegen über die Ebene von Zanskar und wirbeln den Staub auf. Dieses Kind, das draußen spielt, weint wegen eines kleinen Streits. O. & D. F.

S. 216: Ein Darde-Mädchen aus dem Da-Tal. Ein Großteil der Darden lebt in dem Talkessel des Indus zwischen Kargil in Indien und Skardu in Pakistan. Sie sind das nördlichste im Himalaya lebende Volk, das sich zum Buddhismus bekennt. O. & D. F.

S. 217: Seit er als neunte Reinkarnation des Lhangpo Rimpoche, des spirituellen Oberhaupts des Klosters Korzok in Ladakh erkannt wurde, leitet dieser Knabe das Fest im Kloster. Seine tibetischen Eltern leben im zweitausend Kilometer östlich gelegenen Darjeeling. O. & D. F.

S. 218: In seiner Holzküche in dem kleinen Dorf Ura in Bhutan betet dieser alte Mann für das Wohl seiner Mitmenschen. O. & D. F.

S. 219: Eine Frau während der Initiation in das Tantra des Rades der Zeit *(kālachakra-Tantra)*, die der Dalai-Lama im Kinnaur-Tal erteilt. Mit dem Gebet ehrt sie ihren spirituellen Meister. O. & D. F.

S. 220: Im ehemaligen Königspalast von Mustang ist die junge Dienerin aus Lho Mantang ein seltener Lichtblick. O. & D. F.

S. 221: Junge Tibeterin in der Nähe von Darjeeling, 1968. Der klare und fröhliche Blick zeichnet alle Tibeter aus. M. R.

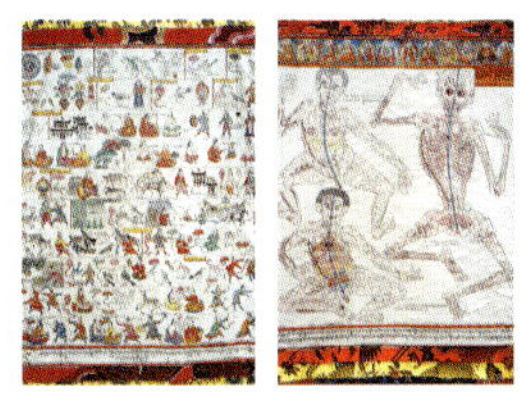

S. 222: Detail aus einer Folge von 79 Leinwandbildern *(thangkas)*, die die *Vier Tantras* illustrieren, einen Basistext der tibetischen Heilkunde mit einem Kommentar aus dem 17. Jahrhundert. Diese drei anatomischen Studien zeigen die oberen, mittleren (bis zu den inneren Organen des Rumpfs) und tiefen (bis zum Skelett) Gewebeschichten. M. R.

S. 241: Detail aus der gleichen Serie wie oben. Von oben nach unten wird in einer Art Bildergeschichte das Verfahren der Pulsmessung zu ärztlichen oder prognostizierenden Zwecken vorgeführt. M. R.

S. 242–243: Auf der Wiese vor dem Kloster Shechen in Osttibet warten Lamas und Mönche darauf, endlich dem Meister Khyentse Rimpoche begegnen zu dürfen, der nach dreißig Jahren Exil nach Tibet zurückkehrt. M. R.

S. 244–245: Gebetsfahnen, wie man sie in Bhutan überall sieht. Die Einheimischen bedrucken sie mit verschiedenen Symbolen, um sie dann von einem Lama segnen zu lassen. Befestigt werden sie an Bambusstöcken; ein- bis zweimal im Jahr ersetzt man sie durch neue. M.R.

S. 246–247: In Tibet (hier in der Region Minyak) sind oft ganze Hügel mit flatternden Gebetsfahnen übersät. M.R.

S. 248–249: Weihrauchwolken steigen vor dem Kloster Shechen in Tibet auf. Um den Segen für das Kloster und die umgebende Laiengemeinschaft zu erneuern, werden regelmäßig Opfer dargebracht. Auf ihren Pferden umrunden die Nomaden im Galopp den Steinkegel und rufen dabei laut die lokalen Gottheiten an: »Ki ki soso la gyalo!« (»Mögen die Götter siegreich sein!«) M.R.

S. 250–251: Ein älterer Mönch kontempliert hoch über dem Kloster Thangboche in Nepal mit Blick über das Khumbu-Tal. Hinter ihm wiegen sich unzählige Gebetsfahnen im Wind. M.R.

S. 252–253: Ein heftiger Windstoß lässt die Gebetsfahnen im Sturm knattern und weht den Schleier vom Gesicht Nyima Lhamos, einer jungen Tibeterin, die in tiefer Andacht versunken ist. Sie kam im Januar 2002 mit 300 000 weiteren Menschen aus dem buddhistischen Himalaya, der tibetischen Diaspora, in das indische Bodh-Gayā, den heiligsten Ort der Buddhisten. Zehn Tage wird sie hier bleiben, um eine positive Energie aufzubauen. »Wo ein Wille ist, ist auch ein Weg«, lehrte einst Buddha Shākyamuni. Die Pilger in Bodh-Gayā hoffen, dem Wind Keime des Friedens anvertrauen zu können. O. & D.F.

S. 254: Khyentse Rimpoche nimmt einer Gruppe von Novizen die buddhistischen Gelübde ab, die so genannte »dreifache Zufluchtsformel«. Am Ende der Zeremonie schneidet er ihnen die letzte Haarlocke ab, die beim Scheren des Schädels bewusst stehen gelassen wurde, und verleiht ihnen einen neuen Namen. Die Novizen erhalten im Kloster eine Ausbildung und legen frühestens mit zwanzig Jahren die Mönchsgelübde ab. M.R.
S. 255: Anlässlich eines Rituals im Kloster Shechen schreitet ein Mönch mit einem Weihrauchstab durch die Reihen. Tibetischer Weihrauch wird aus hundert verschiedenen Duftstoffen und Heilkräutern hergestellt, die mit geweihten Substanzen vermischt werden. Er dient als Opfergabe. M.R.

S. 256–257: Nach dem Tod von Dilgo Khyentse Rimpoche im September 1991 brachten Würdenträger, Mönche und die tibetische Gemeinde sieben Wochen lang jeden Freitag, dem Tag seines Todes, auf dem *stūpa* von Bodhnath das Opfer der hunderttausend Butterlampen dar. M.R.

S. 258–259: Khyentse Rimpoche führt im Hof des Klosters Paro Kyichu in Bhutan eine Feuerzeremonie *(jinsek)* durch, ein rituelles Opfer, bei dem den visualisierten Gottheiten bestimmte Substanzen dargebracht werden. Es gibt vier verschiedene Arten von Feueropfern, die den vier Arten des erleuchteten Handelns entsprechen (Befriedung, Wachstum, Anziehung und Unterwerfung). M.R.

S. 260: Das Lächeln des jungen inkarnierten Lamas Dakpo Tulku leuchtet aus der Menge der Mönche heraus. M.R.
S. 261: Junge Nomadin aus der Region Kham. M.R.

S. 262–263: Während der öffentlichen Probe des jährlichen Tanzfestes tragen die Tänzer weder Masken noch Kostüme, sondern schmücken ihre einfachen Mönchsgewänder mit bunten Schals. M.R.

S. 264: Von links nach rechts und von oben nach unten: 1. Der Ursprungs-Buddha Samantabhadra (»der allumfassend Gute«), der die absolute Erkenntnis symbolisiert. 2., 3. und 4. sowie S. 265: 1. und 2.: Die »Fünf Familien der Siegreichen«, die die fünf Weisheiten symbolisieren, den geläuterten Aspekt der fünf Seelengifte; 3. Vajrasattva, der Buddha der Läuterung, und 4. Guru Padmasambhava. M.R.

S. 266–267: Dieser fünffarbige Regenbogen erschien plötzlich am Himmel, als Khyentse Rimpoche das Kloster Dzongsar (Kham, Osttibet) betrat. Die Tibeter interpretieren solche Erscheinungen als Glückszeichen. M.R.

S. 268–269: In der Nähe des *stūpa* von Swayambhūnath im Tal von Kathmandu wird die Statue des Buddha mit Gittern vor den Affen geschützt; zusätzliche Vorhängeschlösser sollen professionelle Antiquitätenräuber abhalten. O. & D.F.

S. 270: Ein Sonnenstrahl dringt durch das Dachfenster einer Kapelle des Klosters Lingshed in Ladakh und beleuchtet diese Buddha-Statue. O. & D.F.
S. 271: Nachdem er sich zwei Jahre lang auf staubigen Straßen niedergeworfen hat, ist dieser junge Mönch aus Changtang jetzt in Lhasa angekommen und betet inbrünstig vor dem heiligen Jokhang-Tempel. O. & D.F.

S. 272–273: Gebetsfahnen. Die Energie des Windes verbreitet die aufgedruckten Gebete. O. & D.F.

S. 274: Dieses Porträt von Dilgo Khyentse Rimpoche spiegelt die einzigartige Mischung aus innerer Kraft und Weisheit wider, die einen spirituellen Meister auszeichnet. M. R.

S. 275: Der junge wiedergeborene Lama Jigme Khyentse Rimpoche betrachtet ein Opfer von Butterlampen. Ihr Licht symbolisiert das Bewusstsein, das aus der geistigen Verwirrung befreit. M. R.

S. 276: Dieser tibetische Mönch wirft sich erschöpft vor dem Jokhang-Tempel in Lhasa nieder, den er nach einer dreimonatigen Reise erreicht hat. Nach vielen leidvollen Jahren in seiner besetzten Heimat verbindet er mit dem heiligen Tempel die Hoffnung auf ein erneuertes spirituelles Leben. M. R.

S. 277: Zur Begrüßung eines verehrten Freundes faltet man die Hände und spricht einen leisen Gruß, der in etwa lautet: »Ich grüße das erleuchtete Wesen in dir.« Der in neuerer Zeit aufgekommene Händedruck ist niemals so fest wie im Westen. Er ist eher sanft und ähnelt einer Liebkosung. Oft hält man die Hand seines Gegenübers während des Gesprächs fest. M. R.

S. 278: Bei der Einweihung einer Schule für Flüchtlinge im indischen Bir begrüßt der Dalai-Lama sichtlich gerührt einen Jungen, der ihm die dramatische Geschichte seiner Familie erzählt, die noch in Tibet lebt. O. & D. F.

S. 279: Bei seiner Rückkehr von Brasilien, wo er am Umweltgipfel teilnahm, wird der Dalai-Lama in Exil Dharamsala von seinem Volk herzlich willkommen geheißen. Es ist immer ein tiefes Erlebnis, dem Dalai-Lama zu begegnen, vor allem für diejenigen, die ihn zum ersten Mal sehen, wie dieses Kind und seine Mutter. O. & D. F.

S. 283: Auszug aus dem *Lalitavistarasūtr*, der Biografie des Buddha. Die Figur am Ende des Textes stellt einen der buddhistischen Mönche dar, die nach Indien gingen, um die *sūtras* wiederherzustellen.

S. 288–289: Für Buddhisten und Hindus ist der Kailash (»Silberberg«, von den Tibetern Kangkar Tise genannt, »Weißer Schneeberg«) ganz im Westen Tibets einer der heiligsten Berge. Für die 65 Kilometer lange Umgehung brechen die tibetischen Pilger bereits um drei Uhr morgens auf und sind erst bei Einbruch der Dunkelheit wieder zurück. Dabei müssen sie auch einen 5860 Meter hohen Pass überwinden. Manche messen die gesamte Strecke mit der Länge ihres Körpers ab, indem sie sich ständig niederwerfen; dafür benötigen sie dann zwanzig Tage. Touristen nehmen sich für die Tour drei Tage Zeit. Auf dem Bild sieht man die Treiber der 15 Yaks unserer kleinen Pilgergruppe am Morgen des ersten Tages. M. R.

S. 290: Eine Nomadin aus Osttibet mit ihrem Kind auf dem Weg zu den Hochweiden. M. R.

S. 291: Wenn die Tibeter ein bestimmtes Alter erreicht haben, verbringen sie den größten Teil des Tages mit Gebeten. Auf einer Blumenwiese in 4500 Meter Höhe dreht diese Nomadin ihre Gebetsmühle. M. R.

S. 292–293: Eine Nomadenfamilie auf den Sommerweiden. Die Kühe kalben im Sommer. Nur dann finden die *dris* genug Gras, um ihren Nachwuchs zu ernähren. M. R.

S. 294: Ein Mönch vom Kloster Shechen in Osttibet betrachtet während seiner Pilgerreise zum Berg Amnye Machen die unendliche Weite der Hochebenen. M. R.

S. 295: Das in viertausend Meter Höhe gelegene Kloster Phugtal in Zanskar. Es wurde im zwölften Jahrhundert gegründet. In dem Kloster leben 52 Mönche, die dem Gelugpa-Orden angehören. O. & D. F.

S. 296 u. 297: Dieser Pilger aus Kham verneigt sich vor dem Bildnis seines geistlichen Oberhaupts, des Dalai-Lama. Er ist seit über drei Jahren unterwegs in das über tausend Kilometer entfernte Lhasa. Alle drei Schritte wirft er sich zu Boden und berührt mit der Stirn die Erde. O. & D. F.

S. 298–299: Ein Pilger umrundet zum Zeichen seiner Hingabe das Kloster Ganden. O. & D. F.

S. 318–319: Der Potala in Lhasa ist der Sitz der Dalai-Lamas. Die Grundmauern stammen aus dem siebten Jahrhundert, der Hauptbau aus dem 17. Jahrhundert. Als größtes Bauwerk Asiens umfasst es über tausend Räume. Am Fuß des Hügels hängen die Pilger Gebetsfahnen auf, um die Verehrung für ihr geistliches Oberhaupt zu bekunden. O. & D. F.

S. 320–321: Diese Familie aus Amdo hat eine Pilgerreise nach Lhasa unternommen, um sich im Jokhang-Tempel niederzuwerfen. Für diesen Anlass haben alle ihre Festtagskleider angelegt. O. & D. F.

S. 322–323: Bar Khor, eine belebte Gasse in Lhasa, verläuft um den Jokhang-Tempel, den die Pilger betend umwandeln. O. & D. F.

S. 324–325: Das Kind ist eingeschlafen, während es auf seinen Vater wartete, der auf dem Wochenmarkt von Shigatse in Tibet Butter verkauft. O. & D. F.

S. 326–327: Die Pilger falten die Hände unter dem Kopf, vor dem Herzen, als Zeichen des Respekts vor dem Körper, dem Wort und dem Geist Buddhas. Während sie sich zur Erde niederwerfen, berühren sie sich an fünf Körperstellen (Stirn, beide Hände und beide Knie), weil sie dies nach ihrer Auffassung von den fünf Seelengiften reinigt, die unser Dasein einschränken: Hass, Gier, Unwissenheit, Stolz und Neid. Immer wenn sie sich aufrichten, streichen sie mit den Händen über den Boden, damit er das Leiden aller lebenden Wesen in sich aufnimmt. Sie erheben sich gereinigt, in Erwartung der Segnungen und des Mitgefühls Buddhas.

S. 328–329: Oktober 1989, Lhasa, Tibet. Chinesische Soldaten in der Gasse Bar Khor, die um den Tempel Jokhang herumführt. (© Springer-Liaison/FSP).

S. 330–331: Wenn eine Familie sich entschließt, auf Pilgerfahrt zu gehen, ist sie oft Monate unterwegs, da die Entfernungen zu den Wallfahrtsorten sehr groß sind. Um überleben zu können, muss sie unterwegs betteln, wie hier in der kleinen Gasse Bar Khor im Zentrum von Lhasa. Die Vorübergehenden spenden gern, denn auf diese Weise verrichten sie ein frommes Werk. O. & D. F.

S. 332–333: Auf einer Hauptverkehrsstraße in Lhasa wirft sich ein Pilger auf dem Weg zum Jokhang-Tempel nieder. Die Stadt ist inzwischen zu 85 Prozent chinesisch. Der historische Kern umfasst nur noch drei Prozent der Gesamtfläche der Stadt. O. & D. F.

S. 334–335: Ein Kind im tibetischen Dort Sakya. O. & D. F.

S. 336–337: Bevor sie den Jokhang betreten, werfen sich die Pilger mehrere Stunden vor dem Eingang nieder. Die Schirme, die vor der Sonne schützen, sind mit einem der acht Glück verheißenden Symbole verziert. In der Mitte erkennt man das Rad des Gesetzes, das an die Lehre Buddhas und den »Mittleren Weg« gemahnt. O. & D. F.

S. 338–339: Die Hauptkapelle des Tempels befindet sich in einem Innenhof, in dem gerade ein Pilger mit seiner Gebetsmühle umhergeht. Diese aus Kupfer gefertigten Mühlen, in die das *mantra »Om mani padtna hum«* eingraviert ist – eine Erinnerung an Buddha und seine Lehre –, sind mit gedruckten Gebeten gefüllt. Wenn man sie im Uhrzeigersinn von links nach rechts dreht, soll ihre Heil bringende Wirkung verstärkt werden. O. & D. F.

S. 340–341: Gebete murmelnd entzündet eine Frau aus Kham im Jokhang-Tempel Butterlämpchen. In diesem Meer an Lichtern erstrahlt die fromme Inbrunst der Pilger umso mehr. O. & D. F.

S. 342–343: Am Ende einer langen Zeremonie, die ohne Unterbrechung sieben Tage und sieben Nächte dauert, opfern die Teilnehmer Butterlampen. Jeder hält ein Licht in Händen und ist zum Zeichen der gegenseitigen Unterstützung über einen weißen Schal mit seinem Nachbarn verbunden. Mit einem melodiösen Gesang bitten sie darum, in ihren späteren Leben den Weg zur Erleuchtung gemeinsam gehen zu dürfen. M. R.

S. 364: Diese Mönche aus dem Kloster Shechen (Kham, Osttibet) spielen auf alphornartigen Blechblasinstrumenten (*dungchen*, wörtlich: große Muschelhörner), die bis zu vier Meter lang sein können. M. R.
S. 365: Ein junger Musiker schlägt auf eine Zimbel *(rolmo)* mit einer sehr hellen Klangfarbe. Diese mächtigen Becken bestehen aus einer Legierung von fünf Metallen. Ein Instrument mit einem schönen Klang wird im Kloster wie ein Schatz gehütet. M. R.

S. 366 u. 367: Tanz des »Goldopfers« *(serkyem)*, aufgeführt von 21 Tänzern in Brokatkleidern und mit einer großen schwarzen Kopfbedeckung, die von Sonne und Mond gekrönt ist. Auf der Brust tragen sie einen silbernen Spiegel. Ihre schwarzen Schürzen sind mit Furcht erregenden Grimassen bestickt. Mit diesem Tanz wird zugleich die Vorhalle des Klosters gesegnet, die während des jährlichen Festes zum *mandala* wird. M. R.

S. 368 u. 369: Die friedvollen Masken symbolisieren die Weisheit, die zornvollen hingegen die Verwandlung der Seelengifte. Für die Masken werden Stofflagen auf modellierte Tonformen geklebt. Anschließend werden die Gesichtszüge mit einer glühenden Eisenspachtel ausgeformt. Zum Schluss werden sie kunstvoll bemalt. O. & D. F.

S. 370: Dorje Drollö, eine der Manifestationen des Padmasambhava. Der Höhepunkt des jährlichen Tanzfestes ist die Darstellung der acht Manifestationen des Padmasambhava, ein historischer Tanz, mit dem die Ankunft des Buddhismus in Tibet gefeiert wird. Padmasambhava gab diesem zornvollen Aspekt in Paro Taktsang (Tigerhöhle) Ausdruck, wo er die Dämonen und lokalen Gottheiten unterwarf und zum Wohle künftiger Generationen eine Unzahl von spirituellen Schätzen versteckte. M. R.
S. 371: Die Mönche von Shechen haben ihre heiligen Tänze schon oft im Westen gezeigt. Doch trotz dieser Aufführungen wurden sie nie zur bloßen folkloristischen Schau, sondern bewahrten vielmehr die heilige Kraft des authentischen *tcham*. Die Mönche bleiben ganz bei sich, so dass es keinen Bruch gibt zwischen Meditation und Tanz. Wenn es einen solchen Bruch gäbe, wäre der Tanz nur noch gymnastische Übung, ein seelenloses Spektakel. M. R.

S. 372–373: Tänze der Schwarzmützen *(shanag)* während des *tchechu-Fests* auf der Klosterburg Wangdipodrang. Die farbigen und tiefsinnigen Zeremonien faszinieren die Dorfbewohner, auch wenn ihnen manchmal der eigentliche Sinn entgeht. O. & D. F.

S. 374–375: »Der Tanz muss aus der Leerheit entspringen,
Frei sein von jeglichen Anhaftungen,
So wie sich ein Regenbogen in den Himmel malt.«
(Lochen Dharmashri)
Der *tcham* ist eine Tanzfolge, bei der die Präsentation der Masken und Kostüme eine Form des Gebets ist. Von den Tänzern geht eine Faszination aus, der man sich nicht entziehen kann. Während der Vorsänger das Rezitativ in einer sehr tiefen Tonlage erklingen lässt, begleitet von Zimbeln, Hörnern, Oboen und Trommeln, wirbeln die Tänzer über den Platz. M. R.

S. 376–377: Während einer Gasttournee durch Frankreich vergnügen sich die Mönche an einem klaren Wintermorgen am Meer. Abends werden sie dann bei ihren Tanzdarbietungen auf den bretonischen Bühnen die Schwerkraft vergessen machen. M. R.

S. 380–381: Dieses Mädchen von der Alm Lhubu unweit des tibetischen Klosters Ganden hält einen aus Wolle geflochtenen Strick mit einer bunten Troddel in der Hand, mit dem es seine Ziegenherde antreibt. O. & D.F.

S. 382–383: Blick auf den heiligen Berg Kailash vom Ufer des Manasarovar-Sees in Osttibet. Der 4600 Meter hoch gelegene, 320 Quadratkilometer große See ist die höchstgelegene Süßwasserfläche der Welt. Man nennt ihn auch »unbesiegbaren Türkis-See« oder Anavatapta, »See der unvergänglichen Frische« sowie »See des göttlichen Lotos«. M.R.

S. 384–385: Eine stolze junge Mutter in Surle, einem viertausend Meter hoch gelegenen kleinen Weiler auf dem Zanskar-Plateau, mit ihrem ersten Kind. Seine Kleider hat sie selbst gewebt und genäht. O. & D.F.

S. 386–387: Blick vom Kloster Stonde auf das Zanskar-Hochplateau am Fuß des Hohen Himalaya, dessen 6500 Meter hohe Gipfel teilweise die Monsunwolken abhalten. Rund zwölftausend Bauern leben hier in etwa fünfzig kleinen Dörfern, die über drei Täler verstreut sind. Jede Familie besitzt ein eigenes Lehmhaus und Terrassenfelder. O. & D.F.

S. 388–389: Im nördlichen Teil Tibets liegt der Koko-Nor-See, einer der größten Seen Asiens. O. & D.F.

S. 390–391: Der »Gefrorene Fluss« in Zanskar friert nie vollständig zu, da er zu viel Wasser führt. Nur die Oberfläche erstarrt zu Eis, wobei der Uferbereich häufig einbricht, wenn der Wasserspiegel aufgrund der Kälte sinkt. Über das Eis zu gehen, erfordert viel Geschick und Aufmerksamkeit. Der Fluss strömt in einer tiefen Schlucht, wo die Sonne nur wenige Stunden am Tag scheint. O. & D.F.

S. 392–393: Chönzon, ein Mädchen aus Zanskar, mit ihrer Öllampe, die die Küche erhellt. Ein wenig kokett trägt sie das Ziegenleder, das sie schützt und ihren Rücken warm hält. Chönzon ist 17 Jahre alt. O. & D.F.

S. 394–395: Ein Hirte treibt im Talkessel des Tso Kar, des »weißen Sees« in Ladakh, seine Herde. In der Stille dieser unberührten Gebirgswelt zu wandern, weckt ein Gefühl der Zeitlosigkeit. O. & D.F.

S. 396–397: Bei Sonnenaufgang überquert eine Karawane auf der Karas-Route den 4400 Meter hohen Pensi-Pass. Diese Frühjahrsroute ermöglicht es im Winter, Zanskar zu verlassen. Nachts geht man auf dem gefrorenen Schnee voran und tagsüber, wenn die Wärme ein Fortkommen im Schnee unmöglich macht, schläft man. Diese Reise ist geradezu von magischem Reiz. O. & D.F.

S. 398–399: Der höchste aller Gipfel, die Krone des Dachs der Welt, ist im Westen als Mount Everest bekannt. In Nepal heißt der Berg seit Jahrhunderten Sagarmatha (Stirn des Ozeans), in Tibet Jomolangma (Göttin des Eises). Er erhebt sich in der Mitte der Himalaya-Kette, die 2400 Kilometer lang ist, bis auf 8848 Meter.

Glossar

bardo (tibet., wörtl.: Zwischenzustand). Man unterscheidet mehrere Arten von bardo, so zum Beispiel den *bardo* des Traums, den *bardo* des erleuchteten Zustands, den *bardo* im Augenblick des Todes etc. Meist ist jedoch der Zwischenzustand von Tod und Wiedergeburt gemeint.

Befreiung Der Akt, durch den man das Leid und den Kreislauf der Existenzen überwindet. Dies führt jedoch nicht zwangsläufig zur Erlangung der Buddhaschaft.

Bewusstsein Der Buddhismus unterscheidet mehrere Bewusstseinsebenen: eine materielle, subtile und äußerst subtile. Erstere entspricht der Tätigkeit des Gehirns. Unter der Zweiten verstehen wir üblicherweise das Bewusstsein, unter anderem die Fähigkeit, über sein eigenes Dasein nachdenken und eigenständige Urteile fällen zu können. Die dritte und wichtigste Ebene ist die so genannte grundlegende Luminosität des Geistes.

bodhisattva (sanskr., wörtl.: Erleuchtungswesen). Ein Wesen, das durch die Ausübung des vollkommenen Mitgefühls die Buddhaschaft anstrebt. *bodhisattva* hat das Gelübde abgelegt, selbst Erleuchtung zu erlangen und alle Wesen aus dem ewigen Kreislauf der Wiedergeburten, dem *samsāra*, zu erlösen.

Buddha (sanskr., wörtl.: der Erwachte). Ein Wesen, das die beiden Schleier der Unwissenheit zerrissen hat, den Schleier der verdunkelnden Emotionen und den Schleier, der die Erkenntnis verhindert. Stattdessen hat es die Erkenntnis der höchsten Natur aller Dinge und der wahren Natur der vielfältigen Erscheinungen erlangt – die vollkommene Erleuchtung.

Buddha-Natur Dieser Zustand bezeichnet die höchste Natur des Bewusstseins, die von allen Schleiern der Unwissenheit befreit ist. Da jedes Wesen dieses Potenzial besitzt, ist es prinzipiell allen möglich, vollkommene Erleuchtung und damit die Buddhaschaft zu erlangen.

dharma (sanskr., wörtl.: tragen, halten). Dieser zentrale Begriff des Buddhismus ist außerordentlich vielschichtig. Im weitesten Sinne umfasst er das kosmische Gesetz, die große Ordnung, der unsere Welt unterliegt. Dem gängigen Verständnis nach bezeichnet er die Lehre des Buddha, der dieses Gesetz erkannt und formuliert hat. Der *dharma* manifestiert sich in zwei Aspekten, dem *dharma* der Übertragung, das heißt den Schriften und Lehren, und dem *dharma* der Verwirklichung, das heißt, den Eigenschaften, die der Übende auf seinem spirituellen Weg entwickelt.

Dualität Im Buddhismus bezeichnet dieser Begriff einerseits die Unterscheidung zwischen Subjekt (das Bewusstsein) und Objekt (die geistigen Bilder und die äußere Welt), und andererseits zwischen dem Selbst und dem anderen. Die Überwindung dieser dualistischen Sichtweise ist eines der Erleuchtungsmerkmale.

Eigensein Die den äußeren Erscheinungen zugeschriebene Eigenschaft, unabhängige Phänomene zu sein, die aus sich selbst heraus existieren und mit Eigenschaften ausgestattet sind, die nur ihnen zukommen.

Emotionen, negative (oder unheilsame) Darunter versteht man alle aus der Selbstsucht hervorgehenden Regungen, die den Geist beunruhigen und verdunkeln. Zu diesen Seelengiften, die die Ursache des Leidens sind, gehören vor allem Gier, Hass, Unwissenheit, Stolz und Neid.

Erleuchtung (oder Erwachen) Ausdruck für das Erlangen der Buddhaschaft. Damit verbunden ist die vollkommene Einsicht in den relativen (die Art, wie uns die Dinge erscheinen) und höchsten Daseinsmodus (deren wahre Natur), in die Natur des Geistes und die Welt der Erscheinungen. Diese Erkenntnis ist die Voraussetzung für die Bekämpfung der Unwissenheit und der daraus resultierenden Leiden.

Erscheinungswelt Die Welt der äußeren Phänomene. Sie scheinen über ein Eigensein zu verfügen, doch ihre wahre Natur ist die Leerheit. Indem wir das Verständnis dieser Erscheinungen ständig weiterentwickeln, nähern wir uns Schritt für Schritt der Erleuchtung.

Geist (siehe auch Bewusstsein). Im Buddhismus ist das charakteristische Merkmal des Geistes die Täuschung, da die Aufeinanderfolge von Bewusstseinsaugenblicken den Eindruck einer Kontinuität vermittelt. In seiner absoluten Form ist der Geist durch drei Eigenschaften definiert: Leerheit, Klarheit (die Fähigkeit, alles zu erkennen) und spontanes Mitgefühl.

Ich (oder Selbst) Ungeachtet der Tatsache, dass wir ein in steter Verwandlung befindlicher Ereignisstrom sind, der sich mit anderen Lebewesen und der Welt in einem gegenseitigen Austausch befindet, hängen wir der Überzeugung an, dass es in uns eine Entität gibt, die sich nicht verändert und die wir deshalb schützen und zufriedenstellen müssen. Die Selbstanalyse zeigt aber, dass das Ich in Wahrheit über keine substanzielle Wirklichkeit verfügt.

Idealismus Eine philosophische Strömung, der zufolge die Welt der Erscheinungen nur eine Projektion des Geistes ist.

karma (sanskr., wörtl.: Tat). Im Buddhismus versteht man darunter üblicherweise, dass jede Handlung durch eine andere bedingt ist und selbst wiederum eine Kette von Handlungen auslöst. Nach der Lehre Buddhas ist das Schicksal der Wesen – ihre Freude, ihr Leiden und ihre Weltwahrnehmung – weder durch Zufall noch durch den Willen einer allmächtigen Wesenheit bedingt. Diese Daseinszustände sind vielmehr das Ergebnis früherer Handlungen, wie auch ihre Zukunft durch negative oder positive Taten bestimmt wird. Man unterscheidet zwischen einem kollektiven *karma*, das unsere allgemeine Weltwahrnehmung definiert, und einem individuellen *karma*, das unsere persönlichen Erfahrungen bestimmt.

Leerheit (sanskr.: *shūnyatā*). Die Unbeständigkeit bzw. Nicht-Wesenhaftigkeit der belebten und unbelebten Erscheinungen. Das Begreifen der Leerheit (oder Leere) durch Weisheit bedeutet die Verwirklichung des *nirvāna*.

Leiden (sanskr.: *duhkha*). Zentraler Begriff der Vier Edlen Wahrheiten.

Logik (sanskr.: *pramāna*, tibet: *tsema*). Mittel zur Erlangung der richtigen Erkenntnis. Man unterscheidet zwischen einer konventionellen und einer absolut gültigen Erkenntnis. Erstere belehrt uns über die scheinbaren Eigenschaften der Dinge, Letztere ermöglicht es uns, die höchste Natur der Erscheinungen zu erkennen. Beide sind in ihrem jeweiligen Anwendungsbereich gültig. Sie umfassen alles, was unmittelbar wahrgenommen oder durch Schlussfolgerung hergeleitet werden kann, sowie alles, was sich auf der Grundlage verlässlicher Zeugnisse erschließen lässt.

mādhyamika (sanskr., wörtl.: Vertreter des mittleren Weges). Die am höchsten entwickelte Philosophie des Buddhismus. Ihr Name resultiert daraus, dass sie die beiden Extreme – Sein oder Nicht-Sein – ablehnt. Da alle Phänomene in Abhängigkeit von bestimmten Bedingungen entstehen, haben sie kein eigenes Sein und sind deshalb leer von einem unvergänglichen Selbst.

Meditation Einübung in eine neue Wahrnehmungsweise der Dinge. Man unterscheidet zwischen analytischer und kontemplativer Meditation. Gegenstand der Ersteren ist meist ein bestimmtes Thema (z. B. der Begriff der Vergänglichkeit) oder eine Eigenschaft, die man entwickeln möchte (z. B. Mitgefühl). Letztere erlaubt es uns, die höchste Natur des Geistes zu erkennen und jenseits des begrifflichen Denkens in ihr zu verweilen.

Mitgefühl (oder Erbarmen) Der Wille, alle Wesen vom Leiden und dessen Ursachen, den negativen Handlungen und der Unwissenheit, zu erlösen. Das Mitgefühl gehört zusammen mit der Güte (dem Wunsch, dass alle Wesen Glück erfahren und dessen Ursache erkennen mögen), der Mitfreude und dem Gleichmut (mit dem man die drei vorgenannten Regungen allen Wesen unterschiedslos entgegenbringt) zu den Vier Erhabenen Verweilzuständen.

nirvāna (sanskr., wörtl.: Verlöschen) Ein Zustand der Befreiung von Unwissenheit und Verblendung. Je nachdem, ob man der Sichtweise des *mahāyāna* oder *hīnayāna* anhängt, spricht man von verschiedenen Ebenen des *nirvāna*.

samsāra (sanskr., wörtl.: Wanderung). Der Kreislauf der Existenzen, eine Folge von Wiedergeburten, die ein Wesen innerhalb der verschiedenen Existenzweisen durchläuft, solange es nicht Erlösung erlangt hat und ins *nirvāna* eingegangen ist. Die Einsicht in die wahre Natur des Geistes und die damit verbundene Befreiung aus dem *samsāra* sind nur möglich, wenn man die Leerheit erkannt und alle negativen Emotionen zerstreut hat.

Schau Unter Schau versteht man die unmittelbare, nicht-begriffliche Wahrnehmung der Leerheit aller Dinge, unter Meditation hingegen einen Bewusstseinszustand, der diese Leerheit erkennt und zur Erfahrung des Erwachens führt. Das Ziel ist das daraus entstehende altruistische Handeln.

Schleier Dasjenige, was den dualistischen Geist trübt. Der emotionale Schleier, das Hindernis zur Befreiung, entsteht durch die drei »Seelengifte« Verblendung, Gier und Hass. Der Erkenntnisschleier, das Hindernis der höchsten Erkenntnis, bezeichnet die fehlende Einsicht in die wahre Natur der Erscheinungen.

sūtra (sanskr., wörtl.: Leitfaden). Lehrreden des Buddha, die von seinen Schülern aufgezeichnet wurden und im zweiten Teil des buddhistischen Kanons zusammengefasst sind.

Taten Eine Tat ist positiv, wenn sie einem selbst und anderen nützt, und negativ, wenn sie anderen und sich selbst schadet. Jede physische, geistige oder verbale Handlung ist nach buddhistischer Auffassung mit einem Samenkorn vergleichbar, das Frucht tragen wird – oft auch erst in einem späteren Dasein.

Unbeständigkeit (sanskr.: *anitya*) Im Buddhismus spricht man von einer groben und einer subtilen Unbeständigkeit, wobei die grobe den sichtbaren Veränderungen entspricht, die subtile hingegen auf der Tatsache beruht, dass nichts auch nur für den geringsten vorstellbaren Zeitraum gleich bleibt.

Unwissenheit (sanskr.: *avidyā*) Bezeichnet eine falsche oder verblendete Auffassung von den Wesen und Dingen, die diesen eine wirkliche, unabhängige und konkrete Existenz zuschreibt.

Vier Edle Wahrheiten Grundlage der buddhistischen Lehre. Diese sind 1. Die Wahrheit vom Leiden, das im Kreislauf der bedingten Wiedergeburten allgegenwärtig ist. 2. Die Wahrheit von der Entstehung des Leidens: die negativen Gefühlsregungen, vor allem das Begehren, die es zu beseitigen gilt. 3. Die Wahrheit von der Aufhebung des Leidens: eine spirituelle Schulung, der man sich unterziehen muss, um Befreiung zu erlangen. 4. Die Wahrheit vom Weg, dem achtfachen Pfad, der zur Überwindung des Leidens führt.

Wahrheit Die relative oder herkömmliche Wahrheit entspricht unserer empirischen Welterfahrung. Die absolute Wahrheit hingegen ist das Ergebnis einer strengen Analyse, aus der sich ergibt, dass die Erscheinungen kein Eigensein haben.

Weg Darunter versteht man im Buddhismus die spirituelle Schulung, den achtfachen Pfad, der es ermöglicht, sich aus dem Kreislauf der Existenzen zu befreien und die Buddhaschaft zu erlangen.

Wiedergeburt (oder Reinkarnation). Aufeinander folgende Bewusstseinszustände, deren markanteste Phasen der Tod, der *bardo* und die Geburt sind.

Register

Danksagung

Aus tiefstem Herzen danken wir
denjenigen, die uns mit ihrer
Integrität und Weisheit geleitet
und inspiriert haben,
unserer buddhistischen Familie

Denjenigen, die mit ihrer
heiteren Gegenwart und ihrer
Großzügigkeit die Bilder zu
diesem Buch ermöglicht haben,
unserer Himalaya-Familie

Den vielen großartigen Freunden
für ihre stetige Ermunterung
und wertvolle Hilfe,
unserer Familie im Westen

Unseren Angehörigen für ihre
liebevolle Unterstützung und Geduld,
unserer Familie durch Blutsbande,

die alle auf ihre unverzichtbare Weise zur
Entstehung dieses Buchs beigetragen
haben.

Bildnachweis

Alle Fotografien wurden von Oliver und Danielle Föllmi und Matthieu Ricard aufgenommen, mit Ausnahme der Bilder auf den folgenden Seiten:
S. 16/17 N&B © Shechen Archives;
S. 28/29 Marilyn Silverstone/Shechen Archives;
S. 328/329 Michael Springer (Gamma).
Die Fotografien von Olivier und Danielle Föllmi (in den Bildlegenden mit O. & D.F. gekennzeichnet) sind bei der Agentur Rapho in Paris erhältlich (www.rapho.com).
Die Aufnahmen von Matthieu Ricard (mit M.R. gekennzeichnet) vertreibt die Agentur Vu in Paris (www.agencevu.com).
Alle Kalligrafien wurden von Jigmé Douche angefertigt.
Weiter Informationen über die Autoren und ihre Veröffentlichungen erhalten Sie im Internet (www.follmi.com) und unter der Adresse shechen@12pt.com.

Titel der Originalausgabe: *Himalaya bouddhiste*
Erschienen bei Éditions de La Martinière, Paris, 2002

Die Deutsche Bibliothek – CIP-Einheitsaufnahme
Ein Titeldatensatz für diese Publikation ist bei
Der Deutschen Bibliothek erhältlich

Sonderausgabe der 2002 im Knesebeck Verlag erschienenen
deutschen Erstausgabe

Ein Unternehmen der La Martinière Groupe

Aus dem Französischen von Eliane Hagedorn, Bettina Runge
und Clemens Wilhelm
Aus dem Englischen von Sonja Schuhmacher
Satz: satz & repro Grieb, München
Printed in Singapore

ISBN 978-3-89660-597-9

www.knesebeck-verlag.de